60 Jahre Institut für Zeitgeschichte München – Berlin

Horst Möller / Udo Wengst

60 Jahre Institut für Zeitgeschichte

München – Berlin

Geschichte – Veröffentlichungen – Personalien

R. Oldenbourg Verlag München 2009

Bibliografische Information der Deutschen Nationalbibliothek

Die Deutsche Nationalbibliothek verzeichnet diese Publikation in der Deutschen Nationalbibliografie; detaillierte bibliografische Daten sind im Internet über <http://dnb.d-nd.de> abrufbar.

© 2009 Oldenbourg Wissenschaftsverlag GmbH, München
Rosenheimer Straße 145, D - 81671 München
Internet: oldenbourg.de

Das Werk einschließlich aller Abbildungen ist urheberrechtlich geschützt. Jede Verwertung außerhalb der Grenzen des Urheberrechtsgesetzes ist ohne Zustimmung des Verlages unzulässig und strafbar. Dies gilt insbesondere für Vervielfältigungen, Übersetzungen, Mikroverfilmungen und die Einspeicherung und Bearbeitung in elektronischen Systemen.

Umschlagentwurf: Dieter Vollendorf, München
Gedruckt auf säurefreiem, alterungsbeständigem Papier (chlorfrei gebleicht).
Satz: Schmucker-digital, Feldkirchen bei München
Druck: Grafik+Druck, München
Bindung: Buchbinderei Kolibri, Schwabmünchen

ISBN: 978-3-486-59048-7

Inhalt

Vorwort...	7
Das Institut für Zeitgeschichte 1949–2009 (Horst Möller)........	9
Institutschronik (Hellmuth Auerbach/Hermann Weiß/ Udo Wengst)...	101
Institutsveröffentlichungen.................................	149
Personalienverzeichnisse:	
– Mitglieder des Kuratoriums bzw. Stiftungsrats............	191
– Mitglieder des Wissenschaftlichen Rats bzw. Wissenschaftlichen Beirats	195
– Wissenschaftliche Mitarbeiter und Mitarbeiterinnen.......	199
– Direktoren und Stv. Direktoren	204
– Verwaltungsleiter	204

Vorwort

Anläßlich des 50-jährigen Bestehens des Instituts für Zeitgeschichte München-Berlin vor zehn Jahren ist eine umfangreiche Festschrift erschienen, die die Arbeit des Instituts detailliert bilanziert. Dies kann aus Anlaß des 60-jährigen Bestehens nicht wiederholt werden. Die Institutsleitung hält es jedoch für angemessen, eine kleinere Festgabe zu publizieren, die in Text und Chronik eine Fortschreibung der Institutsgeschichte sowie aktualisierte Veröffentlichungs- und Personalienverzeichnisse enthält. Damit gewinnt der Leser nicht nur eine Gesamtübersicht über die vielfältigen Aktivitäten des Instituts seit dessen Gründung im Jahr 1949, sondern erhält auch einen Eindruck davon, in welchem Ausmaß das Institut im Service-, Publikations-, Forschungs- und Ausstellungsbereich sowie auf dem Feld der politischen Bildungsarbeit seine Arbeit nochmals intensiviert hat.

Horst Möller

Udo Wengst

Horst Möller

Das Institut für Zeitgeschichte
1949–2009

I.

Zeitgeschichte ist alt, so alt wie die Geschichtsschreibung, schrieb doch bereits Thukydides Zeitgeschichte. Zeitgeschichte als der jeweils jüngste Gegenstandsbereich der Geschichtswissenschaft altert; da sie jünger ist als ihre anderen Disziplinen, altert sie schneller. Dies ist um so paradoxer, als sie ewig jung bleibt, immer wieder ihren Gegenstandsbereich verjüngt, erweitert, verändert: „Das augusteische Zeitalter", „Das Zeitalter der Staufer", „Das Zeitalter der Reformation", „Das Zeitalter der Französischen Revolution und Napoleons", „Das Zeitalter Bismarcks" – sie alle bleiben epochal gesehen, was sie sind, mag die Forschung auch noch so viel Neues zutage fördern. Die Relativität historischer Epochen ist durch die Nähe zum Betrachter definiert, und auch da begegnet wiederum ein Paradox: Mit der zeitlichen Distanz relativiert sich auch ihr Ausmaß. Dem heutigen nicht-professionellen Betrachter ist Napoleon, Metternich und Bismarck fast gleich weit entfernt, dem Althistoriker mögen die Vorstellungswelt und die Lebensumstände Caesars und Ciceros gegenwärtiger sein als diejenigen Luthers oder Friedrichs des Großen, der Mediävist mag Nikolaus von Kues besser verstehen als Heinrich von Treitschke. Zeitgeschichte aber bedeutet für den Historiker wie für den Laien in jedem Falle Nähe zur eigenen Zeit, mehr oder weniger eigene Geschichte, zumindest aber ihre unmittelbare Vorgeschichte.

Der erkennende Historiker steht zu seinem zeitgeschichtlichen Erkenntnisgegenstand nicht notwendig in Distanz: Die Distanzierung des Untersuchungsgegenstands ist oft erst Teil seiner Arbeit und Voraussetzung ihrer Wissenschaftlichkeit. Zwischen der prinzipiellen Relativität historischer Interpretation und dem von Max Weber so genannten regulativen Postulat der Objektivität oszilliert die wissenschaftliche Erforschung der Geschichte: In dieser Hinsicht unterscheidet sich die Zeitgeschichte nicht von der alten, mittelalterlichen oder frühneuzeitlichen

Geschichte. Doch sieht sich dieses methodische Postulat, das exemplarisch auf die von Martin Broszat 1985 geforderte „Historisierung" des Nationalsozialismus[1] hinausläuft, angesichts der ideologisch aufgeladenen Diktaturen des 20. Jahrhunderts vor ungeheure Herausforderungen gestellt. Nach Auschwitz könne man keine Gedichte mehr schreiben, hat Theodor W. Adorno einst gesagt – er kannte Paul Celans „Todesfuge" noch nicht. In Analogie könnte man formulieren: Nach Hitler und Stalin gelte das für die deutschen Geisteswissenschaften und über sie hinaus normative historische Prinzip des „Verstehens" nicht mehr, das von Johann Martin Chladenius über Justus Möser, Herder und Ranke bis zu Ernst Troeltsch, Friedrich Meinecke und Hans Georg Gadamer seine Gültigkeit behalten hatte. Doch könnte man einwenden: Diese Einschätzung mochte 1945 plausibel erscheinen, indes werde sie durch die großen zeitgeschichtlichen Werke, die seit den 1950er Jahren veröffentlicht wurden, widerlegt. Und doch gilt, was Hans-Dietrich Loock, in der zweiten Hälfte der 1950er Jahre Mitarbeiter des Instituts für Zeitgeschichte und später Professor an der Freien Universität Berlin, 1975 in seinen nachdenklich stimmenden Erinnerungen an die Entwicklung des Instituts bemerkte. „Auschwitz leistet der Entstehung der Zeitgeschichte am heftigsten Widerstand. Wenn Dichter nicht mehr dichten dürfen, was dürfen dann die Historiker?[2]

So oder so: Für die deutsche Zeitgeschichte war und blieb der Nationalsozialismus nach 1945 die Initialzündung; unter den mehr als 9000 Gutachten, die das Institut für Zeitgeschichte in seiner sechzigjährigen Geschichte vor allem für Gerichte, Behörden und Ministerien erstellt hat und von denen eine frühe Auswahl in zwei Bänden 1958 und 1966 publiziert wurde, nehmen die Gutachten für den in Frankfurt von 1963 bis 1965 durchgeführten Auschwitz-Prozeß einen singulären Rang ein. Dieser Prozeß erzielte eine ungeheure Wirkung – ein Beispiel unter vielen, die die unsinnige Behauptung widerlegen, die nationalsozialistischen Massenverbrechen seien in der westdeutschen Öffentlichkeit verdrängt worden: Tatsächlich berichteten die großen Zeitungen, vor allem die „Frankfurter Allgemeine Zeitung" und die „Frankfurter Neue Presse", über zwanzig Monate hinweg ausführlich über jeden der 183

---

[1] Vgl. Martin Broszat und Saul Friedländer, Um die „Historisierung des Nationalsozialismus". Ein Briefwechsel, in: VfZ 66 (1988), S. 339–372, vgl. insges. auch: Martin Broszat, Nach Hitler. Der schwierige Umgang mit unserer Geschichte. Beiträge von Martin Broszat, hrsg. von Hermann Graml und Klaus-Dietmar Henke, München 1986.

[2] Hans-Dietrich Loock, War's so? Erinnerungen an die Entstehung der Zeitgeschichte, in: 25 Jahre Institut für Zeitgeschichte. Statt einer Festschrift, Stuttgart 1975, S. 49.

Verhandlungstage).³ Aber auch die vom Institut für Zeitgeschichte erstellten Gutachten, die zuerst in zwei Bänden 1965 im Walter Verlag, Olten und Freiburg/Br., und dann in zahlreichen Neuauflagen bei dtv unter dem Titel „Anatomie des SS-Staates" publiziert wurden, erzielten eine für geschichtswissenschaftliche Gutachten ganz außergewöhnliche Resonanz, allein die Taschenbuchauflage brachte es auf 49 000 Exemplare; die von Martin Broszat zuerst 1963 unter dem Titel „Kommandant in Auschwitz" herausgegebenen und kommentierten autobiographischen Aufzeichnungen von Rudolf Höss erreichten bis heute eine verkaufte Auflage von ca. 153 000 Exemplaren (21. Auflage 2007).

Das große Interesse in der Öffentlichkeit an den Gutachten des IfZ im Frankfurter Auschwitz-Prozeß kann nicht allein mit der wissenschaftlichen Qualität der Arbeiten von Hans Buchheim „Die SS – Das Herrschaftsinstrument", „Befehl und Gehorsam", von Martin Broszat „Nationalsozialistische Konzentrationslager 1933–1945", von Hans-Adolf Jacobsen „Kommissarbefehl und Massenexekution sowjetischer Kriegsgefangener" sowie von Helmut Krausnick „Judenverfolgung" erklärt werden, obwohl es sich bei den genannten Untersuchungen tatsächlich um fundamentale Studien zur Erforschung der nationalsozialistischen Diktatur und ihres Schreckensregiments handelt. So knapp diese Gutachten angesichts ihrer Thematik mit insgesamt 700 Druckseiten auch sein mochten, bildeten sie doch für Jahrzehnte nicht allein Pionierleistungen zeithistorischer Forschung, sondern auch erste zusammenfassende Darstellungen.

Die Gutachten verdienen ein besonderes Augenmerk, nicht allein weil in ihnen über Jahre hinweg ein beträchtlicher Teil der Arbeit des Instituts steckte, sondern auch aus methodischen Gründen. Hans Buchheim hat dies 1965 in seinem Vorwort unmißverständlich formuliert: „Die Erörterung der Geschichte der nationalsozialistischen Zeit im Rahmen eines Strafprozesses erfordert in besonders hohem Maße Rationalität und Nüchternheit, denn die Tatsachenfeststellungen werden nicht im Rahmen eines letztlich doch unverbindlichen Essays getroffen, sondern entscheiden mit über das weitere menschliche Schicksal der Angeklagten. Diese pflichtgemäße Sorgfalt der Gerichte bildet in der öffentlichen Diskussion ein heilsames Gegengewicht gegen einen weitverbreiteten Stil emotionaler ,Vergangenheitsbewältigung', die es, um einige höhere Wahrheiten wirkungsvoll darzustellen, mit der Wirklich-

---

³ Hermann Langbein, Der Auschwitz-Prozeß. Eine Dokumentation, Bd. 1, Wien 1965, S. 49.

keit geschichtlicher Fakten und Zusammenhänge nicht sonderlich genau nimmt. Da die Hitler-Diktatur in jeder Beziehung eindeutig negativ zu beurteilen ist, wächst die Versuchung, zu wenig über sie nachzudenken. [...] Die Neigung des Publikums kommt der Oberflächlichkeit vieler Veröffentlichungen entgegen: man bevorzugt das literarisch wirkungsvoll Geschriebene (wie schwer ist es aber, über Auschwitz nicht wirkungsvoll zu schreiben!), man strebt weg von der historisch-rationalen hin zur moralisch-emotionalen Betrachtungsweise. Die Strenge der Gerichtsverfahren bietet einen Maßstab für die Rationalität, derer wir bedürfen. Die Autoren der vorliegenden Gutachten waren bemüht, sich an diesem Maßstab zu orientieren."[4]

Vor bald 45 Jahren geschrieben, sind Buchheims kritische Bemerkungen noch heute (oder wieder) aktuell und bezeichnen ihrerseits einen in Deutschland problematischen Umgang mit der Zeitgeschichte, der allerdings schon der doppelten Aufgabenstellung, die die Gründung des Instituts provozierte, zugrunde lag. Überdies aber wird deutlich, daß es keinen anderen Bereich der Geschichtswissenschaft gibt, für den der juristische Zugang zu historischen Problemen eine solche Bedeutung erlangt hätte: Der extreme Irrationalismus, der dem ungeheuerlichen Massenmord zugrunde liegt, muß von der zeithistorischen Forschung mit rationalen Kategorien erfaßt werden – ein Verfahren, das dem Laien oft nur schwer vermittelbar ist.

Zeigen die zahlreichen Gerichtsverfahren, die seit den Nürnberger Prozessen 1946 gegen Funktionäre oder Mittäter des NS-Regimes geführt wurden, ihrerseits wieder den in der Geschichte der Bundesrepublik bis zum Düsseldorfer Majdanek-Prozeß 1975 bis 1981 nie abreißenden Strom der in die Öffentlichkeit hineinwirkenden juristischen Auseinandersetzung mit den Verbrechen der nationalsozialistischen Diktatur, so trugen sie überdies zur Verwissenschaftlichung der Zeitgeschichtsschreibung entscheidend bei.

Die Prozesse zwangen zu einer nüchternen Rekonstruktion historischer Vorgänge, institutioneller Zusammenhänge und personeller Verantwortlichkeiten. Dies hatte wenig zu tun mit der Schillerschen Formel, die Weltgeschichte sei das Weltgericht – ganz im Gegenteil: Solche weitreichenden, bis ins Geschichtsphilosophische gehenden Interpretationen waren gerade nicht das Anliegen der frühen Zeitgeschichtsfor-

---

[4] Hans Buchheim, Die SS – Das Herrschaftsinstrument. Befehl und Gehorsam, in: Anatomie des SS-Staates, hrsg. von dems., Martin Broszat, Hans-Adolf Jacobsen u. Helmut Krausnick, Bd. 1, Olten/Freiburg i. Br. 1965, S. 7 f.

schung. Vielmehr stand sie unter dem Zwang, sich als Disziplin der Geschichtswissenschaft zu etablieren, der methodisch nichts vorzuwerfen war und die folglich den üblichen Kriterien der Wissenschaftlichkeit folgen mußte. Die Zeitgeschichtsforschung neigte daher von Beginn an zu einer gewissen Traditionalität, die sich neuen methodischen Richtungen oftmals zögerlicher öffnete als die Erforschung früherer Epochen.

Sie mußte dem Mißtrauen begegnen, das beispielsweise selbst ein hochrangiges Mitglied des Wissenschaftlichen Beirats unseres Hauses, der Münchner Ordinarius für Neuere Geschichte, Franz Schnabel, gegen die Behandlung der „jüngsten" Geschichte hegte: Ist sie überhaupt wissenschaftlich erforschbar, fehlt da nicht der historische Abstand einer Generation, fehlen da nicht die Quellen? Verkehrte Zeitgeschichtsschreibung das erkenntnisnotwendige Prinzip der Distanz nicht geradezu in ihr Gegenteil, wenn sie mit Hans Rothfels, dem langjährigen Vorsitzenden des Wissenschaftlichen Beirats und – mit Theodor Eschenburg – Herausgeber der „Vierteljahrshefte für Zeitgeschichte", die Zeitgenossenschaft noch Lebender zum Definitionskriterium erklärte? Diese Skepsis galt auch dann, wenn daneben eine systematisch-chronologische Konstituierung der Zeitgeschichte durch das Jahr 1917 (Bolschewistische Revolution in Rußland und Eintritt der USA in den Krieg machen in einem vorher nicht gekannten Sinn die Geschichte zur Weltgeschichte) angenommen wird.[5] Mochte für Schnabel sein großer ungeliebter Vorgänger Heinrich von Treitschke auch ein warnendes Beispiel sein, weil dieser seine Geschichte des 19. Jahrhunderts eben als Zeitgeschichte und nicht wie Schnabel selbst aus dem Abstand der Generationen geschrieben hatte und deshalb zu zahlreichen Befangenheiten und parteiischen Wertungen gelangt war, so stand seine Skepsis doch nicht allein.

Die Gerichte aber verlangten Fakten, nicht Wertungen – auch angesichts von Verbrechen, die es einem normalen Menschen unmöglich machen, nicht zu werten, nicht zu urteilen, nicht zu verabscheuen.

Bis heute gewinnt die Arbeit des Instituts für Zeitgeschichte Anregungen aus der Gutachtertätigkeit, stellen die Bearbeiter doch immer wieder fest, wie groß zumindest in Einzelfragen die Lücken unserer Kenntnis trotz der ca. 40 000 Veröffentlichungen über den Nationalsozialismus noch sind. Im Vorwort zum ersten Band der „Gutachten" bemerkte der damalige Generalsekretär des Instituts, Paul Kluke: „Zuneh-

---

[5] Vgl. Hans Rothfels, Zeitgeschichte als Aufgabe, in: VfZ 1 (1953), S. 1–8, vgl. später auch: Ders., Zeitgeschichtliche Betrachtungen, Göttingen, ²1959.

mend aber trat auch noch eine besondere Aufgabe an das Institut heran, die auf die unmittelbare Anwendung historischer Erkenntnisse für Entscheidungen im praktischen Leben gerichtet war. Behörden und Gerichte, die über die Wiedergutmachung nationalsozialistischen Unrechts an den Verfolgten des Dritten Reiches oder andererseits über Ansprüche aus dem 131er Gesetz zu befinden hatten, sahen sich genötigt, zur Klärung schwieriger Tatsachenfragen, insbesondere der allgemeinen Hintergründe individuellen Erleidens und Handelns, die Hilfe des Historikers in Anspruch zu nehmen.[6]

Als der damalige Direktor Helmut Krausnick 1966 den zweiten Band der Gutachten vorlegte, verwies er auf die Bemerkung seines Vorgängers, daß die Anfragen den thematischen Charakter der Auswahl bestimmt hätten. Allerdings habe sich seit 1958, als jährlich etwa 150 Gutachterwünsche an das Institut herangetragen worden seien, aufgrund der zahlreichen Prozesse eine erhebliche Ausweitung ergeben, müßten doch nun im Schnitt 600 Anfragen bearbeitet werden.[7] Schon wenige Beispiele demonstrieren die thematische Spannweite der Gutachten: „War die katholische Kirche eine vom nationalsozialistischen Regime verfolgte Organisation?", „Das Euthanasieprogramm", „Der Ausdruck ‚Sonderbehandlung'", „Ausschluß politischer Gegner des Nationalsozialismus von Handwerksberufen" (alle von Hans Buchheim), „Die Behandlung ‚Deutschblütiger' in ‚Rassenschande'-Verfahren" (Hermann Graml), „Internierungslager in Frankreich 1940–1942", „Verlauf antijüdischer Maßnahmen in Ostgalizien (1941–1943)" (Martin Broszat), „Die Organisation der Sondergerichtsbarkeit der SS und Polizei" (Hans Buchheim), „Vermögensbeschlagnahmen an jüdischem Eigentum vor dem Erlaß der 11. DVO zum Reichsbürgergesetz" (Erwin Fauck), „Die Entziehung und Verbringung jüdischen Vermögens (Ausland und Deutschland)" (Ino Arndt), „Zur Entwicklung des Arbeitsdienstes" (Thilo Vogelsang), „Serbische nationale Freiwilligenverbände" (Hans Mommsen), „Ausweisung von Einwohnern Antwerpens in den Monaten Dezember 1940/Januar 1941" (Hans-Dietrich Loock).

Tatsächlich enthalten Thematik und Durchführung Elemente einer Enzyklopädie nationalsozialistischer Herrschaft – einer Enzyklopädie freilich, die nicht bloß zusammenfaßt, sondern überwiegend aus den Quellen erarbeitet ist und dadurch zugleich immer wieder Lücken der Überlieferung und der Forschung präzis bezeichnet. Auch zeigt ein

---

[6] Gutachten des Instituts für Zeitgeschichte, Bd. 1, S. 9.
[7] Gutachten des Instituts für Zeitgeschichte, Bd. 2, S. 9.

Blick in diese – nur eine kleine Auswahl enthaltenden – Bände, wie viele Fragen, die heute neu zu sein scheinen, schon damals gestellt und im Rahmen der zur Verfügung stehenden Möglichkeiten beantwortet wurden.

Mit der Gutachtenarbeit weist das Institut für Zeitgeschichte eine Analogie zum Rijksinstituut voor Oorlogsdocumentatie (RIOD, heute: NIOD) in Amsterdam auf, das bis Ende der 1990er Jahre zwar im wesentlichen auf die Erforschung des Zweiten Weltkriegs, genauer die deutsche Besatzung in den Niederlanden, beschränkt blieb, aber ebenfalls eine umfangreiche Gutachtertätigkeit mit einem großen Spezialarchiv verbindet. Allerdings bildet das NIOD die zentrale niederländische Dokumentationsstelle für das einschlägige Archivmaterial, ist also in dieser Hinsicht konkurrenzlos.

Wenn auch heute Umfang und Intensität der Gutachten im Institut für Zeitgeschichte längst nicht mehr den gleichen Stellenwert besitzen wie früher, sind diese Arbeiten doch keineswegs überflüssig geworden, zumal neue Themenbereiche hinzutreten, beispielsweise die Geschichte der DDR betreffende; in diesen Sektor gehörte nach der Wiedervereinigung etwa ein Gutachten für den Bundesgerichtshof über Rolle und Funktion der DDR-Richter (Horst Möller/Dieter Marc Schneider). Nachdem der Deutsche Bundestag 2002 fraktionsübergreifend das „Gesetz zur Zahlbarmachung von Renten aus Beschäftigungen in einem Ghetto" (ZRBG) beschlossen hat und das Bundessozialgericht in seinem Urteil B 4 R 29/06 R vom 14. 12. 2006 die Bedeutung historischer Expertisen betont hat, hat das Institut für Zeitgeschichte auf Anfrage eine wachsende Zahl von Gutachten erstellt, 2008 waren es allein 11 (Jürgen Zarusky, Stephan Lehnstaedt).

II.

Betrachtet man die dem Institut in den Gründungsinitiativen zugedachten Aufgaben, so war es kein Zufall, daß das Institut für Zeitgeschichte bis 1952 den Namen „Deutsches Institut für Geschichte der nationalsozialistischen Zeit" trug. Allerdings wurde schon lange vor der Umbenennung auf Wunsch der Institutsleitung in Kuratorium und Wissenschaftlichem Beirat über eine allgemeinere Bezeichnung diskutiert. Sie kam in der parallelen Verwendung der ursprünglichen Benennung mit „Institut für Zeitgeschichte" auf dem Briefkopf zum Ausdruck, die schon zur Amtszeit von Hermann Mau 1951 begann.

Die Aufgabenstellung, die in den beiden frühesten Gründungsvorschlägen genannt wurde, spiegelte die Konstellation nach dem Ende des Krieges und der nationalsozialistischen Diktatur: Sicherung der Quellen für künftige Studien sowie geschichtswissenschaftliche Erforschung als Grundlage politischer Aufklärung und Wandlung. Der erste Vorschlag stammte vom damaligen Zweiten Vorsitzenden des „Vorläufigen Kunstausschusses der Landeshauptstadt München", Dieter Sattler, der von 1947 bis 1951 Staatssekretär im Bayerischen Staatsministerium für Unterricht und Kultus war und später Botschafter in Rom wurde. Sattler, dessen Nachlaß im Archiv des Instituts für Zeitgeschichte aufbewahrt wird, erwarb sich auch bei der einige Jahre später erfolgenden definitiven Gründung des Instituts große Verdienste, nachdem er schon Ende 1945 der Bayerischen Staatskanzlei vorgeschlagen hatte, die von den Amerikanern beschlagnahmten Parteiakten der NSDAP zur Grundlage eines Instituts zur Erforschung des Nationalsozialismus zu machen.[8]

Die zweite Anregung, die 1947 der Leiter der früheren Landesstelle für Heimatdienst in Württemberg-Baden, Ernst Steinbach, machte, nahm der damalige Generalsekretär des Länderrats, Erich Roßmann, auf, als er am 13. Februar 1947 beim Länderrat ein „Amt für Politische Dokumentation" beantragte. Seine Begründung lautete: „Die Durchleuchtung der Hitlerzeit an Hand ihrer Dokumente und die Verankerung der so gewonnenen Erkenntnisse im allgemeinen Volksbewußtsein ist aus politischen und kulturellen Gründen eine vordringliche Aufgabe der neuen Demokratie. Die staatspolitische Neuerziehung des Volkes muß auf einer gründlichen Kenntnis der Geschichte unserer Zeit beruhen. Von besonderer Bedeutung ist dabei die Darstellung der Hitlerzeit.[9]

Bereits in der Gründungsphase wurde die singuläre Aufgabenstellung des Instituts beschlossen: Es sollte nicht allein ein Forschungsinstitut werden, sondern Dokumente und Literatur sammeln – eine Aufgabe, die zwar in Wechselbeziehung zu eigenen Projekten stand, aber nicht auf sie beschränkt blieb. Auf diese Weise dienten die hier gesammelten Dokumente und die Sekundärliteratur der Zeitgeschichtsforschung

---

[8] Vgl. Hellmuth Auerbach, Die Gründung des Instituts für Zeitgeschichte, in: VfZ 18 (1970), S. 529–554, hier S. 529. Vgl. auch folgende Biographie: Ulrike Stoll, Kulturpolitik als Beruf. Dieter Sattler (1906–1968) in München, Bonn und Rom, München u. a. 2005.
[9] IfZ-Archiv, ED 94, Hausarchiv, Bd. 13, Bl. 109, auch zit. bei Hellmuth Auerbach, Gründung (Anm. 8), S. 530.

überhaupt, wenngleich sich das Ausmaß erst mit dem Ausbau des Instituts zur heutigen Funktion entwickelt hat, nämlich eine der größten Spezialbibliotheken zur Geschichte des 20. Jahrhunderts zu sein und anders als fast alle anderen geschichtswissenschaftlichen Forschungsinstitute ein großes Archiv zur Verfügung der in- und ausländischen Forschung zu besitzen. Die Grundlage hierfür wurde während der drei ersten Jahrzehnte unter Leitung von Anton Hoch (Archiv) und Thilo Vogelsang (Bibliothek) gelegt und seitdem durch ihre Nachfolger Werner Röder und Hartmut Mehringer bzw. in der Bibliothek zunächst durch Hellmuth Auerbach, dann durch Christoph Weisz sowie jetzt Daniel Schlögl Schritt für Schritt weiter ausgebaut.

Dabei kommt insbesondere der in den letzten Jahren erfolgenden EDV-Erschließung bzw. -katalogisierung und dem Anschluß der Bibliothek an den bayerischen Onlineverbund große Bedeutung für die Leistungsfähigkeit, aber auch die Recherche in den einschlägigen Beständen zu, wird auf diesem Wege doch auch das Sondersammelgebiet „Geschichte" der Bayerischen Staatsbibliothek einbezogen.[10]

Die Verschränkung mit der internationalen Zeitgeschichtsforschung könnte nicht besser dokumentiert werden als durch die Inanspruchnahme der Sammlungen. So haben im Jahr 2008 insgesamt 783 externe Benutzer aus dem In- und Ausland sich in das Benutzerbuch für den Lesesaal 2 (des Archivs) eingetragen, 1348 schriftliche Anfragen wurden beantwortet und mehr als 245 fernmündliche Auskünfte gegeben, 3161 Archivalien externen Benutzern vorgelegt, 930 wurden durch Wissenschaftler des Instituts für Zeitgeschichte benutzt; zu diesem Dienstleistungsbereich zählen auch die Herstellung vieler tausend Kopien und Reproduktionen von Mikrofilmen. Im Lesesaal 1 (der Bibliothek) trugen sich 2007 – zum Teil für gemischte Benutzung beider Abteilungen – 1913 Benutzer ein, 7350 Bände wurden ausgegeben, im Online-Katalog des Instituts für Zeitgeschichte ca. 67 500 Recherchen durchgeführt.[11]

Zur Dienstleistung durch Archiv, Bibliothek und Gutachtenabteilung treten weitere Serviceleistungen im Publikationsbereich hinzu, beispielsweise Anregung, Betreuung und redaktionelle Bearbeitung von Studien, die außerhalb des Hauses entstanden sind: Ein erheblicher, ca.

---

[10] Vgl. dazu die Beiträge von Werner Röder/Hermann Weiß/Klaus Lankheit sowie Christoph Weisz/Ingrid Baass, in: 50 Jahre Institut für Zeitgeschichte. Eine Bilanz. Hrsg. von Horst Möller und Udo Wengst, München 1999, S. 87–125.
[11] Vgl. Institut für Zeitgeschichte, Jahresberichte 2008 bzw. 2007: Benutzerservice.

35–40% erreichender Anteil der personellen und finanziellen Kapazität des Instituts für Zeitgeschichte fließt tatsächlich nicht in eigene, sondern in fremde Forschungsprojekte. Dies ist einerseits von Belang für die Beurteilung der Forschungsleistung des Instituts selbst, andererseits für seine finanziellen Ressourcen. Wenn schon zu Beginn der Institutsgeschichte ganz offensichtlich auf Seiten einzelner Forscher, vor allem an Universitäten, zuweilen eine gewisse Mißgunst gegenüber der vermeintlich viel besseren finanziellen Ausstattung des Instituts für Zeitgeschichte herrschte[12], so hat dies nicht zuletzt damit zu tun, daß der Servicecharakter, den das Institut für Zeitgeschichte gerade auch für Universitäten besitzt, nicht angemessen eingeschätzt wurde und zuweilen noch wird. Dies gilt derzeit umso mehr, als die zweifellos notwendige – aber für das Institut für Zeitgeschichte seit 1992 völlig selbstverständliche – Kooperation außeruniversitärer und universitärer Einrichtungen u. a. damit begründet wird, daß die Universitäten durch Lehraufgaben in bezug auf die Forschung gegenüber den Instituten benachteiligt seien. Tatsächlich nimmt das Institut für Zeitgeschichte, neben der umfangreichen Servicefunktion, auch in außerordentlichem Maße Lehr-, Prüfungs- und Redaktionsaufgaben für Universitätsangehörige wahr.

Die zusätzliche Übernahme von Leistungen für die Wissenschaft außerhalb des Hauses wird gerade an der universitären Lehre deutlich, zu der das Institut nicht verpflichtet ist, die eine Reihe seiner Wissenschaftler aber gleichwohl erbringt. So haben beispielsweise 2008 17 Wissenschaftler des Instituts an bayerischen und außerbayerischen Universitäten Lehrveranstaltungen abgehalten. Diese fanden an insgesamt neun Universitäten statt, u. a. an der LMU München, wo außer einem Ordinarius drei Privatdozenten und drei Lehrbeauftragte unterrichten, an der Universität Regensburg, wo ein Honorarprofessor und ein Apl. Professor aus dem Institut für Zeitgeschichte lehren; des weiteren an der Humboldt-Universität Berlin, den Universitäten Erlangen-Nürnberg, Eichstätt, Halle-Wittenberg, Leipzig, Mainz, Münster, Rostock sowie Archangelsk/Rußland. 2009 wurde eine Kooperationsvereinbarung entworfen, die u. a. durch eine gemeinsame Berufung des Direktors die Zusammenarbeit des Instituts für Zeitgeschichte mit einer bayerischen Universität, vorzugsweise der LMU München, weiter intensivieren soll. Der derzeitige Direktor des Instituts ist Lehrstuhlinhaber für Neuere und Neueste Geschichte an der Universität München (ad personam,

---

[12] Vgl. etwa die Feststellung von Winfried Schulze, Deutsche Geschichtswissenschaft nach 1945, München 1989, S. 252.

nicht qua Amt), seine Vorgänger waren dort Honorarprofessoren. Der gegenwärtige Stellvertretende Direktor ist Honorarprofessor für Zeitgeschichte an der Universität Regensburg. Zahlreiche Habilitationsschriften, Dissertationen und Magisterarbeiten entstanden und entstehen im Rahmen von Forschungsprojekten des Instituts und werden dort intensiv betreut. Wenngleich in den einzelnen Epochen der Institutsgeschichte die Übernahme von Lehrverpflichtungen auch sehr unterschiedlich gewesen ist, so ist ihr Anteil in den letzten 15 Jahren doch erheblich gewachsen: Diese Entwicklung entspricht der Absicht der Institutsleitung, der beteiligten Universitäten, aber auch prinzipiellen Erwägungen des Wissenschaftsrats. Sie ist auch deshalb konsequent, weil das Institut für Zeitgeschichte schon seit langem in Arbeitsgemeinschaft mit dem Institut für Neuere Geschichte an der Universität München steht und seine Sammlungen auch Studenten offenstehen. Die Gründung von Abteilungen außerhalb Münchens hat derartige Kooperationsmöglichkeiten in der Lehre erweitert. Diese Zusammenarbeit ist erfreulich und zeigt die enge Verbindung universitärer und außeruniversitärer Forschung. Sie findet im übrigen im Wissenschaftlichen Beirat des Instituts Ausdruck, dem neben dem qua Amt zugehörigen Präsidenten des Bundesarchivs und dem Generaldirektor der Bayerischen Archive seit jeher führende Vertreter des Fachs aus den Universitäten – auch der Universität München – angehören, die durch vielerlei Aktivitäten, u. a. Begutachtungen, die Arbeit des Instituts stützen. Auch die Zahl der Habilitierten am Institut für Zeitgeschichte hat sich drastisch erhöht: War zwischen 1949 und 1992 – wenn überhaupt – dann in der Regel jeweils nur ein Habilitierter am Institut für Zeitgeschichte tätig, so sind es heute insgesamt 11: sechs (bis auf einen) nebenamtliche Universitätsprofessoren und fünf Privatdozenten.

III.

Die zum großen Teil schon von Beginn an gestellten, zum geringeren Teil später hinzutretenden Aufgaben des Instituts haben sich während seiner gesamten Geschichte im Prinzip erhalten, wenn sie auch im Laufe der Zeit einen immer größeren Umfang erhielten. In bezug auf die eigene Forschungstätigkeit jedoch gab es nicht allein quantitative, sondern zudem immer wieder substantielle Erweiterungen der bearbeiteten Themenfelder; sie gingen oft mit methodischen Modifikationen einher, worauf noch einzugehen ist.

Kein Zweifel: In den Anfangsjahren bildeten die Auseinandersetzung mit der national-sozialistischen Diktatur und die Wiederbegründung der Demokratie in Westdeutschland den Ausgangspunkt für die Institutsgründung und für die Formulierung seiner Ziele. Dieses Bedingungsverhältnis inspirierte die Gründung der Bundesrepublik Deutschland ungefähr ebenso wie die nahezu parallel erfolgende Errichtung des Instituts für Zeitgeschichte – kaum zufällig ist also das Institut so alt wie die Bundesrepublik, auch wenn seine Etablierung ein verwickelter, sich über Jahre hinziehender Vorgang war.

Nach den frühen Initiativen und Verzögerungen fiel schließlich im Herbst 1948 die Entscheidung: Das Institut wurde 1949 aufgrund einer Vereinbarung der Bundesrepublik Deutschland und ihrer Länder definitiv gegründet, nachdem bereits die Ministerpräsidenten Bayerns, Hessens und Württemberg-Badens 1947 die Errichtung eines „Instituts zur Erforschung der nationalsozialistischen Politik" beschlossen hatten: Auch in bezug auf das Institut für Zeitgeschichte erwiesen sich also zu diesem Zeitpunkt die Länder als konstitutiv. Bei zunächst ungeklärter finanzieller Ausstattung fand am 27./28. Februar 1949 in München die konstituierende Sitzung des Kuratoriums bzw. des Wissenschaftlichen Rats statt, im Mai 1949 begann das Institut mit seiner Arbeit, bis am 8. September 1950 die Bundesrepublik Deutschland, vertreten durch den Bundesminister des Innern, Gustav Heinemann, und der Freistaat Bayern das „Deutsche Institut für Geschichte der nationalsozialistischen Zeit" auf eine einstweilen gesicherte finanzielle Basis stellten.

Damit war eine gemeinsame Trägerschaft von Bund und Ländern erreicht, wenn es auch später noch verschiedentlich Modifizierungen im einzelnen gegeben hat, beispielsweise 1961 die formelle Gründung einer „Stiftung zur wissenschaftlichen Erforschung der Zeitgeschichte", die die Rechtsform einer öffentlichen Stiftung des bürgerlichen Rechts besitzt und deren Stiftungsurkunde – wiederum mit einigen Modifikationen – bis 2009 gültig war. Im Jahre 2008 beschloß der Stiftungsrat nach Beratungen mit dem Wissenschaftlichen Beirat und dem Direktor eine völlig neue Institutssatzung für die nun „Stiftung bürgerlichen Rechts" genannte Trägerschaft, die die Rechte des Direktors stärkt, der nun gemeinsam mit dem Stellvertretenden Direktor den Stiftungsvorstand bildet.

Gemäß dem Königsteiner Abkommen befindet sich das Institut nach Artikel 91b des Grundgesetzes in der gemeinsamen Forschungsförderung von Bund und Ländern, die seinen ordentlichen Wirtschaftsplan zu je 50% finanzieren (Einrichtungen der sog. Blauen Liste, die sich seit einigen Jahren in der Wissenschaftsgemeinschaft Gottfried Wilhelm Leibniz (WGL) organisiert haben). Für die Länder führt dabei das Sitzland Bayern die Geschäfte, der Vertreter des Freistaats Bayern nimmt traditionsgemäß den Vorsitz im Stiftungsrat ein. In den beiden letzten Jahrzehnten waren dies die Ministerialdirektoren Dr. Karl Böck, Herbert Kießling, Dr. Wolfgang Quint[13], Ulrich Wilhelm und derzeit Dr. Friedrich Wilhelm Rothenpieler, die sich außerordentlich für das Institut engagiert haben. Heute sind im Stiftungsrat der Bund (federführend das Bundesministerium für Bildung und Forschung, das mit Ministerialdirigent Hartmut Grübel den Sty. Vorsitzenden stellt, daneben das Bundesministerium des Innern und das Auswärtige Amt) sowie die Länder Bayern, Baden-Württemberg, Hessen, Niedersachsen und Nordrhein-Westfalen vertreten, außerdem auf Vorschlag von Stiftungsrat und Bund-Länder-Kommission seit 1993 die neuen Bundesländer Brandenburg und Sachsen: Auch in dieser Trägerschaft wird deutlich, daß das Institut für Zeitgeschichte nicht bloß einen regionalen, sondern einen gesamtstaatlichen Auftrag besitzt.

IV.

Nach der vorläufigen Klärung der rechtlichen und finanziellen Fragen 1948/49 wurde es schon in den ersten Jahren spannend. Der politische Ausgangspunkt der Institutsgründung und die zentrale Rolle, die anfangs die Beschäftigung mit dem Nationalsozialismus besaß, führten zu – wenn auch unterschiedlich motivierten – Turbulenzen: Zum einen betrafen sie den ersten Leiter des Instituts, dessen Bestellung zum Politikum wurde, zum anderen die erste Institutspublikation („Hitlers Tischgespräche")[14], die ebenfalls – ungewünschtes – Aufsehen erregte. Beide Fragen besaßen nicht nur sachliche Bedeutung für die zu diesem Zeitpunkt ja erst in den Anfängen stehende Arbeit des Instituts, sondern auch noch eine individuelle Komponente in Person des damaligen Beiratsmitglieds Gerhard Ritter, des zu dieser Zeit wohl führenden und einflußreichsten deutschen Neuhistorikers, Ordinarius an der Universität Freiburg/Br. Bei den Kontroversen ging es aber keineswegs nur um die bekannte und bewährte Streitbarkeit Ritters, sondern um grund-

---

[13] Zu ihrer Amtsführung vgl. Horst Möller, Herbert Kießling zum 65. Geburtstag, in: VfZ 43 (1995) S. 379–381, sowie Horst Möller, Wolfgang Quint zum 65. Geburtstag, in: VfZ 52 (2004), S. 180–181.
[14] Vgl. S. 45 ff.

sätzliche Fragen, deren Beantwortung für spätere Entscheidungen eine gewisse Präzedenzwirkung erhielt, die auch das Zusammenwirken der Gremien des Instituts betraf.

Im Februar 1949 provozierte zunächst die durch das Kuratorium beschlossene Bestellung von Dr. Gerhard Kroll zum ersten Leiter des Instituts Widerspruch aus dem – damals so genannten – Wissenschaftlichen Rat. Sie ging auf das Einvernehmen der beiden aus persönlichen, aber auch sachlichen Gründen wichtigsten Mitglieder des Kuratoriums zurück: Der Vorschlag kam vom bayerischen Vertreter, Staatsminister Dr. Anton Pfeiffer, und fand die Zustimmung des Leiters der Hessischen Staatskanzlei, Staatssekretär Dr. Hermann Brill, deren Zusammenwirken schon ausschlaggebend für die definitive Institutsgründung gewesen war und deren Regierungen als Hauptinitiatoren und Träger großes Gewicht besaßen. Hinzu kamen Dienststellung und persönliche Bedeutung dieser beiden Kuratoriumsmitglieder, schließlich eine parteipolitische Komponente: Da Pfeiffer CSU-Politiker, Brill aber Sozialdemokrat war, deckten beide zusammen auch den größeren Teil des politischen Spektrums ab. Beide waren historisch außerordentlich interessiert, beide schätzten die Bedeutung der Zeitgeschichtsforschung für die politische Bildung hoch ein, beide hatten schon während der Weimarer Republik politische Aufgaben wahrgenommen, beide waren Gegner des Nationalsozialismus und längere oder kürzere Zeit während des Regimes verhaftet gewesen, weshalb sie als Unbelastete unmittelbar nach Kriegsende ihre politische Laufbahn wieder aufnehmen konnten.

Anton Pfeiffer (1888–1957), zunächst Oberstudienrat, hatte zwischen 1919 und 1927 die Zeitschrift „Politische Zeitfragen" herausgegeben, war 1928 bis 1933 Landtagsabgeordneter der Bayerischen Volkspartei und ab 1928 deren Generalsekretär. 1933 wurde er für einige Wochen inhaftiert. Nach 1945 stieß er sogleich zur CSU und wurde 1946 Minister für Sonderaufgaben, wozu die politische Säuberung zählte, zugleich leitete er bis 1950 die Staatskanzlei. Seit 1946 war er Abgeordneter des Bayerischen Landtags und 1948/49 des Parlamentarischen Rates. Pfeiffer war es auch, der für die Institutsgründung ein Domizil in München, in der Reitmorstraße, angeboten hatte.[15]

---

[15] Über ihn jetzt Thomas Schlemmer, Anton Pfeiffer (1888–1957), in: Günter Buchstab/Hans-Otto Kleinmann (Hrsg.), In Verantwortung vor Gott und den Menschen. Christliche Demokraten im Parlamentarischen Rat (1948/49). Hrsg. im Auftrag der Konrad-Adenauer-Stiftung e.V., Freiburg–Basel–Wien 2008, S. 289–298.
Christiane Reuter, Graue Eminenz der bayerischen Politik. Eine politische Biographie Anton Pfeiffers, München 1987.

Hermann Brill (1895–1959) war zunächst Lehrer, studierte dann Jura und machte während der 1920er Jahre eine Blitzkarriere im thüringischen Staatsdienst, bei der er es schon in sehr jungen Jahren bis zum Ministerialdirektor im thüringischen Innenministerium brachte, bevor er als politischer Beamter (er war zunächst Mitglied der USPD, seit 1922 der SPD) 1924 entlassen wurde. 1919 bis 1933 war er Mitglied des Landtags von Thüringen, seit 1932 des Reichstags. 1933 verhaftet, engagierte er sich seit 1934 im Widerstand, u. a. in der Gruppe „Neu Beginnen". 1939 wurde er, der drei Jahre zuvor Mitgründer der Widerstandsgruppe „Deutsche Volksfront" gewesen war, zu 12 Jahren Zuchthaus verurteilt und 1943 ins KZ Buchenwald verbracht. Von der amerikanischen Militärregierung 1945 zum Ministerpräsidenten von Thüringen ernannt, ging er – nach der Übergabe dieses Landes an die Sowjetunion – nach Hessen: Dort wurde er Staatssekretär und Chef der Staatskanzlei. 1948 zum Honorarprofessor für Staatsrecht an der Universität Frankfurt am Main ernannt, legte er 1949 die erwähnten politischen Ämter nieder und wurde in den ersten Deutschen Bundestag gewählt.[16]

Keine Frage war es, daß gestandene Persönlichkeiten dieser Lebenserfahrung, die die deutsche Zeitgeschichte miterlebt, miterlitten und in ihren jeweiligen Funktionen als politische Akteure mitgestaltet hatten, selbstbewußt genug waren, sich ein eigenes Urteil über den künftigen Leiter des Instituts zuzutrauen. Aufgrund ihrer politischen Motivation bei der Gründung sahen sie offensichtlich kein Problem darin, einen Politiker zu berufen. Übrigens wiederholte sich diese Problematik, als es um die Berufung der Mitherausgeber der „Vierteljahrshefte" ging und bei der gemeinsamen Sitzung von Kuratorium und Wissenschaftlichem Beirat am 17. Mai 1952 Staatssekretär Dr. Walter Strauß (CDU) vorschlug, Hermann Brill zu berufen. Die beiden Hauptherausgeber, Hans Rothfels und Theodor Eschenburg, lehnten diesen Vorschlag aus prinzipiellen Gründen, unterstützt von den meisten anderen Mitgliedern des Wissenschaftlichen Beirats, als ebenso unangemessene wie außerwissenschaftliche Proporzüberlegung ab, während die Kuratoriumsmitglieder – gleich welcher Parteirichtung – den Sozialdemokraten Brill unterstützten. Walter Strauß stellte damals fest: „Die Öffentlichkeit wird den Herausgeberkreis politisch werten, denn heute gibt es niemand mehr, der nicht politisch ist." Schließlich empfahl das Kurato-

---

[16] Über ihn: Manfred Overesch, Hermann Brill in Thüringen 1895–1946. Ein Kämpfer gegen Hitler und Ulbricht, 1992.

rium lediglich, sich auf die Hinzuziehung eines für Wirtschafts- und Sozialgeschichte zuständigen Mitherausgebers zu beschränken: Dies wurde dann auf Wunsch von Rothfels Werner Conze.[17] Wie auch in der Frage, ob das Kuratorium in die Begutachtung einbezogen werden sollte, setzten sich die Wissenschaftler letztlich durch und sicherten damit prinzipiell ihre Autonomie.

In bezug auf den ersten Generalsekretär erwies sich die Berufung eines Politikers als Intermezzo. Gerhard Kroll, 1910 in Breslau geboren, war zwar promovierter Volkswirt, hatte auch Philosophie und Religionswissenschaft studiert, nicht aber Geschichte. Zunächst Mitarbeiter des Instituts für Konjunkturforschung in Berlin, hatte er zum NS-Regime in Distanz gestanden und aus politischen Gründen auf die Habilitation verzichtet. Bevor er Soldat wurde, arbeitete er 1938 bis 1942 als Statistiker für Unternehmen. 1945 war er Gründungsmitglied der CSU in Bamberg: Für sie übte er in den ersten Nachkriegsjahren verschiedene Funktionen aus, wurde 1946/47 Mitglied des Landesvorstands und 1946 bis 1950 des Bayerischen Landtags sowie – als Fraktionskollege Anton Pfeiffers – 1948/49 des Parlamentarischen Rates. Als Vorsitzender des Bezirks Oberfranken der CSU und Landrat von Staffelstein 1946 bis 1948 besaß Kroll überdies Organisations- und Verwaltungserfahrung. Nach seinem Ausscheiden aus dem Institut wurde er 1951 Herausgeber der Zeitschrift „Neues Abendland". Er starb 1963.[18]

Als erster Geschäftsführer bzw. Generalsekretär des Instituts hat er sich zweifellos beachtliche Verdienste erworben, seine politischen Verbindungen und reichen Erfahrungen, auch die zeitweilige Tätigkeit in einem wissenschaftlichen Institut waren dafür eine große Hilfe. Trotzdem sprach alles dafür, künftig einen professionellen Historiker zu berufen.

Bei der ja zunächst nur provisorischen Besetzung der Stelle aber war die Entscheidung nach Pfeiffers Vorschlag und Brills Zustimmung erst einmal gefallen. Die von Gerhard Ritter gegen Kroll geäußerten prinzipiellen Bedenken beantwortete das Kuratorium zunächst mit Hinweis auf den vorläufigen Charakter der Berufung und außerdem mit der Bereitschaft, als erste wissenschaftliche Mitarbeiter Kroll zwei gestandene Historiker an die Seite zu stellen: Carl Hinrichs, außerordentlicher Pro-

---

[17] IfZ-Archiv, ED 105, Hausarchiv, Protokoll der Sitzung des Wissenschaftlichen Beirats am 17. 05. 1952, S. 12 ff., 31 ff.
[18] Über ihn jetzt: Rudolf Uertz, Gerhard Kroll (1910–1963), in: G. Buchstab/H.-O. Kleinmann (Hrsg.), In Verantwortung vor Gott und den Menschen, S. 218–226 (Anm. 15).

fessor an der Universität Halle, ehemaliger Archivrat am Preußischen Geheimen Staatsarchiv Berlin und profilierter Frühneuzeithistoriker, sollte das Archiv des Instituts aufbauen. Als zweiter Historiker, dessen Aufgabe zunächst der Aufbau der Bibliothek sein sollte, war der Leipziger Privatdozent und Leiter der dortigen Universitätsbibliothek Karl Buchheim (1950 bis 1957 Professor für Geschichte an der TU München) vorgesehen.[19] Karl Buchheim, 1934 aus politischen Gründen aus dem Gymnasialdienst entlassen, war später selbst als Generalsekretär im Gespräch. Wie Carl Hinrichs war er zweifellos ein ausgewiesener Historiker, beide waren indes keine Zeitgeschichtler. Hinrichs, später an die FU Berlin berufen, wurde es nie, Buchheim erst im Laufe der 1950er Jahre. Dies war auch für die spätere Personalpolitik des Instituts bezeichnend, worauf noch einzugehen ist.

In der Auseinandersetzung von 1949, aber auch noch bei der Suche nach einem Nachfolger für Kroll 1951/52 zeigte sich, daß selbst der Wissenschaftliche Rat nicht ohne weiteres mit Historikern aufwarten konnte, die bereits über die Geschichte des 20. Jahrhunderts gearbeitet hatten. In dem von Ritter vertretenen quellenorientierten Sinn konnte dies auch kaum anders sein: Bis dahin waren weder die staatlichen Akten zur Weimarer Republik, noch die des NS-Regimes zugänglich; für andere europäische Staaten galten ähnliche Befunde, gab es in ihnen doch zum Teil nicht allein eine dreißigjährige, sondern sogar eine fünfzigjährige Sperrfrist, weshalb beispielsweise bei der Erforschung der Ursachen des Ersten Weltkriegs für die meisten Staaten bis in die sechziger Jahre hinein – wenn überhaupt – nur offiziöse Aktenpublikationen zur Verfügung standen. Auf der anderen Seite hatte es schon in der Vorgeschichte der Gründung des Instituts durchaus eine Alternative gegeben, nämlich die Besetzung der Leitungsstelle mit einem Politikwissenschaftler, der sich wissenschaftlich mit der jüngeren deutschen Geschichte befaßt und seinerseits Erfahrung in Politik und Verwaltung gesammelt hatte: Theodor Eschenburg wurde schon bei den Sitzungen des Gründungskuratoriums 1947 als möglicher Geschäftsführer genannt. Da aber damals keine Mittel zur Verfügung standen, zerschlug sich dieser Plan. Eschenburg, zu dieser Zeit noch Ministerialrat und Dozent an der Universität Tübingen, danach Staatsrat im Innenministerium von Württemberg-Hohenzollern, dann Ordinarius für Politikwissenschaft an der Universität Tübingen, hat jedoch später für das Institut

---

[19] Vgl. Karl Buchheim, Eine sächsische Lebensgeschichte. Erinnerungen 1889–1972. Bearb. von Udo Wengst und Isabel F. Pantenburg, München 1996.

eine wichtige Rolle gespielt: 1951 bis 1961 als Mitglied des Kuratoriums, anschließend als Mitglied des Wissenschaftlichen Beirats und mit Hans Rothfels als Herausgeber der „Vierteljahrshefte für Zeitgeschichte".

Obgleich Kroll nicht – wie vom Kuratorium in Aussicht gestellt – seine politische Tätigkeit einstellte[20], begann man mit der Arbeit, die Kroll finanziell sogar aus seinen persönlichen Bonner Diäten unterstützte. Schon Mitte Mai 1949 erhielt das Institut von der amerikanischen Besatzungsmacht 28 Kisten mit Materialien der Nürnberger Prozesse, die den Grundstein für das künftige Archiv bildeten. Aber nicht nur dies: Die von Helmut Heiber, seit 1954 für 34 Jahre eine der wissenschaftlichen Säulen der Institutsarbeit[21], durchgeführte akribische Erschließung, die im Katalog des Instituts zu den Nürnberger Dokumenten nachvollziehbar ist, machte sie weltweit für das erste Jahrzehnt der NS-Forschung zum zentralen Quellenbestand. Sie bildete auch ein Beispiel dafür, wie die singuläre Verzeichnungsintensität des Instituts die Forschung immer wieder gefördert hat, begründete sie doch gewissermaßen den hohen Anspruch für später erworbene Bestände, für die exemplarisch die EDV-Erschließung der OMGUS-Akten steht.

Trotz des angesichts der geringen Möglichkeiten doch vielversprechenden Starts kam es erneut zu einem Eklat: Der Wissenschaftliche Rat fühlte sich von Kroll, aber auch vom Kuratorium übergangen, als eine Satzungsänderung – tatsächlich handelte es sich um mehr, nämlich ein neues Statut – beraten wurde. Darüber schrieb Ritter am 2. August 1949 an Walter Goetz: „Meines Erachtens kommt es jetzt darauf an, den von Kroll vorgelegten Statutenentwurf (Staatsvertrag) zu Fall zu bringen und eine andere Organisationsform durchzusetzen, die an die Stelle der Krolloper ein wirklich wissenschaftliches Institut garantiert [sic]."[22]

Wiederum ging es um grundsätzliche Probleme. Und da nicht allein das Kuratorium, sondern auch der Beirat mit den Professoren Walter Goetz, Franz Schnabel, Erich Kaufmann, Ludwig Bergsträsser, Theo-

---

[20] Vgl. dazu Hellmuth Auerbach (Anm. 8), S. 538 ff.
[21] Über ihn: Martin Broszat, Helmut Heiber zum 65. Geburtstag, in: VfZ 37 (1989), S. 353–356.
[22] Zit. in: Gerhard Ritter. Ein politischer Historiker in seinen Briefen, hrsg. von Klaus Schwabe und Rolf Reichhardt unter Mitwirkung von Reinhard Hauf, Boppard a. Rhein 1984, S. 458 (Anm. 3). Dort auch eine eingehende Würdigung von K. Schwabe (S. 1–170). Über Ritter siehe außerdem: Christoph Cornelißen, Gerhard Ritter: Geschichtswissenschaft und Politik im 20. Jahrhundert, Düsseldorf 2001.

dor Heuss, Gerhard Ritter und General a.D. Hans Speidel hochkarätig besetzt war, konnte ein Zusammenstoß nicht ausbleiben. Hinter dieser Kontroverse stand die Befürchtung der Fachwissenschaftler, daß die Arbeit des Instituts entweder – wie es Goetz befürchtete – politisch oder journalistisch ausfallen könnte, oder – wie Ritter annahm – allein von der Ministerialbürokratie ohne den Wissenschaftlichen Rat geregelt würde. Gravierend war überdies die Frage, ob eventuell ein Bundesinstitut geschaffen werden könnte, was Goetz und Ritter wollten, Brill und Pfeiffer aber ablehnten.

Die Auseinandersetzung zwischen Ritter und Kroll nahm auch persönliche Züge an: Ritter warf Kroll vor, seit 1936 nichts mehr publiziert zu haben, worauf dieser konterte: Er habe dies aufgrund seiner antinationalsozialistischen Haltung nicht getan, während Ritter, weil er „als Ausgangspunkt den Boden des Macchiavellismus erst einmal acceptiert hatte", „zweifelhafte Zugeständnisse an die Ideologie des Nationalsozialismus" gemacht habe.[23] Eine solche Behauptung war zweifellos „starker Toback", stand Ritter doch Goerdeler und dem Widerstand nahe[24] und war auch selbst kurz verhaftet worden. Andererseits war Ritters national- und machtstaatliche, borussisch-kleindeutsche, dezidiert protestantische Orientierung nicht allein Kroll suspekt, sondern aus unterschiedlichen Gründen auch Brill und Pfeiffer.

Die Politisierung der Auseinandersetzung ging weiter, verstand es doch Ritter, den Badischen Staatspräsidenten Wohleb auf seine Seite zu ziehen: Dieser lehnte zunächst einen von Brill auf der Ministerpräsidenten-Konferenz am 5. August gemachten Vorschlag und den Beitritt seines Landes zu einer das Institut tragenden Stiftung ab. Statt dessen schlug er unter Hinweis auf Ritters Bedenken die Gründung eines solchen Instituts durch die künftige Bundesregierung vor.

Ritter selbst nutzte seine Stellung als Vorsitzender des Historikerverbandes und hielt bei dem vom 12. bis 15. September 1949 in München stattfindenden ersten deutschen Historikertag nach dem Krieg einen Eröffnungsvortrag mit dem Titel „Gegenwärtige Lage und Zukunftsaufgaben deutscher Geschichtswissenschaft".[25] Er beklagte, daß die Initiativen der Länderregierungen zur Gründung eines „Deutschen Instituts für Geschichte der national-sozialistischen Zeit" ohne jegliche

---

[23] IfZ-Registratur, zit. bei Hellmuth Auerbach (Anm. 8), S. 541.
[24] Vgl. Gerhard Ritter, Carl Goerdeler und die deutsche Widerstandsbewegung, Stuttgart 1954.
[25] Abgedr. in: HZ 170 (1950), S. 1–22, Auszüge in Hellmuth Auerbach (Anm. 8), S. 542.

fachliche Mitwirkung erfolgt seien – was in dieser strikten Form nicht zutraf, da man ja einen Wissenschaftlichen Rat berufen hatte – und forderte im Namen der ganzen deutschen Historikerschaft (die dazu nicht befragt worden war) einen völligen Neuanfang: „Aber wie sorgsam, wie wohlüberlegt muß ein solches Institut organisiert werden, damit es nicht zur politischen Verleumdungszentrale wird! Ohne die leitende Hand eines erfahrenen Fachhistorikers, der Wesentliches vom Nebensächlichen zu scheiden, alle Kraft auf die zentralen Probleme zu lenken versteht und den ein Kollegium ausgesuchter Fachleute unterstützt, geht es nicht."

Wenngleich Ritter nicht mit Selbstkritik an der Zunft sparte – die übrigens derjenigen ähnelte, die Kroll an ihm selbst geübt hatte –, so war doch sein Vorstoß so wenig fair wie derjenige, den Walter Goetz, damals Präsident der Historischen Kommission bei der Bayerischen Akademie der Wissenschaften, in konzertierter Aktion mit Ritter unternahm: Goetz behauptete allen Ernstes, er habe von der Gründung des Instituts aus der Zeitung erfahren, sie sei unter Ausschluß der deutschen Geschichtswissenschaft „über Nacht" erfolgt. Als Goetz dies im September 1949 erklärte, lag die Sitzung des Wissenschaftlichen Rats des Instituts, an der er selbst und Ritter am 28. Februar 1949 teilgenommen hatten, tatsächlich schon ein halbes Jahr zurück.[26] Ritter hatte im übrigen auf dieser Sitzung erklärt: „Er betrachte sich als Vertreter der ‚Münchner Historischen Kommission' im Wissenschaftlichen Beirat und gebe seiner Freude Ausdruck, daß durch Einberufung dieser Sitzung die bereits aufgetretene Befürchtung beseitigt werde, daß das Institut nicht zustande kommen werde. Die Notwendigkeit des Instituts müsse in einer Denkschrift der Öffentlichkeit vorgelegt [sic!] werden."[27]

Weniger als diese Querelen, in denen sich sachliche und politische Probleme sowie persönliche Animositäten verbanden, war es die durch die zögerliche Haltung einiger Länder mitverursachte finanzielle Notlage, die schließlich doch zu einer Bundesbeteiligung führte. Dabei spielte die durch Kroll inspirierte bayerische Initiative eine Rolle, die nach den aufgetretenen Schwierigkeiten und Finanzierungsproblemen

---

[26] IfZ-Archiv, ED 105, Hausarchiv, Wiss. Beirat, Sitzungsprotokolle B sowie Denkschrift von Walter Goetz, im IfZ-Archiv, ED 105, Bd. 3.
[27] Protokoll (Anm. 26), S. 5. Vgl dazu jetzt Lothar Gall, Die Historische Kommission bei der Bayerischen Akademie der Wissenschaften und die Gründung des Instituts für Zeitgeschichte, in: Geschichtswissenschaft und Zeiterkenntnis. Von der Aufklärung bis zur Gegenwart. Festschrift zum 65. Geburtstag von Horst Möller. Hrsg. von Klaus Hildebrand, Udo Wengst und Andreas Wirsching, München 2008, S. 559–567.

nun sogar eine völlige Übernahme durch den Bund anvisierte. Das Bayerische Staatsministerium ging davon aus, „daß das Institut nicht nur wissenschaftliche Forschung zu treiben habe, die unter die Kulturhoheit der Länder fallen würde, sondern auf Grund der Sammlung des geschichtlichen Materials hauptsächlich in der Öffentlichkeit aufklärend wirken, also eine gesamtdeutsche staatspolitische Aufgabe wahrnehmen soll". Gerhard Ritter seinerseits richtete am 1. Oktober 1949 an das gerade erst gegründete Bundesministerium des Innern eine „Denkschrift betreffend planmäßige Neuorganisation wissenschaftlicher Studien zur Geschichte der neuesten Zeit", die aber bereits am 18. April 1949 verfaßt worden war.[28]

Ritter stellte u.a. fest. „Niemals im Laufe der deutschen Geschichte ist die objektive, unvoreingenommene Erforschung und Darstellung zeitgeschichtlicher Vorgänge so dringend notwendig gewesen wie heute. Und noch niemals war die Gefahr so groß, daß der deutschen Geschichtswissenschaft der direkte Zugang zu den Quellen jüngster Vergangenheit ein für allemal verschüttet wird, wie jetzt. Die Propaganda von ehedem wird sogleich durch eine überlaute Gegenpropaganda ersetzt. Eine lang aufgestaute, ungeheure Flut von Erbitterung und Empörung entlud sich über Deutschland. Die Folge war und ist eine rasch zunehmende Verhärtung des politischen Gewissens der Deutschen. Sie haben bereits wieder zuviel Übertreibungen gehört, um noch ernsthaft zuzuhören, wenn ihnen die schlichte Wahrheit gesagt wird. Allzu viele und vor allem allzu eilfertige Versuche sind gemacht worden, die ganze deutsche Vergangenheit, zum mindesten seit 200 Jahren, als bloße Vorgeschichte des Nationalsozialismus auszulegen; so beginnt man bereits wieder sich gegen jede Revision des herkömmlichen deutschen Geschichtsbildes innerlich zu verstocken. Mehr noch: Neue Legenden über die Hitlerzeit kommen in Schwang."

Dringend geboten war nach Ritter die Gründung eines „Forschungsinstituts für jüngste Geschichte". Gegen Bedenken verschiedenster Art aus dem In- und Ausland müsse es realisiert werden. „Noch niemals war der Zusammenbruch eines politischen Systems so total und in seinen Folgen so fürchterlich wie [der] des Hitler-Systems. Noch niemals war darum die innere Bereitschaft, rückhaltlos zu ‚entlarven', was zu entlarven ist, so groß wie heute. Dem Mißtrauen der deutschen Öffentlichkeit wird um so leichter zu begegnen sein, je deutlicher das Institut als freies

---

[28] BA Koblenz, NL Ritter 260, zum größeren Teil gedruckt in: Gerhard Ritter (Anm. 22), S. 456–459, vgl. zur Einordnung ebd. S. 457ff., Anm. 3.

wissenschaftliches Institut organisiert, je weniger es mit offiziellen Aufträgen, Verpflichtungen und Kontrollorganen politischer Stellen belastet wird."

Bundesinnenminister Gustav Heinemann erklärte sich daraufhin am 7. Dezember 1949 in einem Schreiben an den Bayerischen Ministerpräsidenten Hans Ehard „grundsätzlich bereit, das Deutsche Institut zur Erforschung des Nationalsozialismus durch den Bund zu übernehmen", und fragte zugleich nach einer finanziellen Beteiligung Bayerns.[29] Daß es zu der dann verwirklichten Lösung kam, dafür setzte sich nicht allein Gerhard Kroll ein, der während dieser Monate unverdrossen für den Aufbau der archivalischen und bibliothekarischen Sammlungen sorgte und alle notwendigen Fäden zog, sondern ausschlaggebend war auch Theodor Heuss als Mitglied des Wissenschaftlichen Rats, nun Bundespräsident und später bis zu seinem Tode 1963 zu Recht Ehrenmitglied des Wissenschaftlichen Beirats des Instituts für Zeitgeschichte.

Nachdem die (Mit) Trägerschaft durch den Bund grundsätzlich geklärt war, fand unter Vorsitz von Bundesinnenminister Heinemann am 1. März 1950 in Bonn ein Gespräch statt, an dem unter anderen Ludwig Bergsträsser, Hermann Brill, Gerhard Kroll, Gerhard Ritter und Dieter Sattler teilnahmen. Konträre Auffassungen über die künftige Institutsarbeit vertraten vor allem Brill und Ritter, der eher an eine eng an das Bundesarchiv angelehnte Forschungsstelle dachte, als an ein selbstständiges mehrgliedriges Forschungsinstitut, mit Sammlungs- und in die Öffentlichkeit wirkenden Publikationsaktivitäten, wofür unter anderem Brill und Bergsträsser eintraten. Heinemann hielt die Sammlungsarbeit des Instituts zwar für wichtig, die Forschungsarbeit aber für entscheidend. Dieser Akzent gelangte dann auch in einen weiteren Satzungsentwurf, der deshalb auch dem Wissenschaftlichen Beirat eine wichtige Stellung einräumte. Er sollte sich aus Persönlichkeiten zusammensetzen, „die nach ihrer politischen Vergangenheit einwandfrei und nach ihren wissenschaftlichen und sonstigen Veröffentlichungen anerkannt sind" – ein Passus, der übrigens bis vor wenigen Jahren noch in der Satzung stand. Tatsächlich hat ein Großteil der führenden Neuzeithistoriker der Bundesrepublik in den fünf Jahrzehnten seines Bestehens für kürzere oder längere Zeit dem Wissenschaftlichen Beirat des Instituts für Zeitgeschichte angehört.[30]

---

[29] IfZ-Archiv, ED 105, Hausarchiv, Bd. 1 bzw. Bd. 5, zit. in Hellmuth Auerbach (Anm. 8). S. 545f.
[30] Siehe Verzeichnis S. 195ff.

Wie nicht anders zu erwarten, gab es ein Tauziehen um die personelle Zusammensetzung des ersten Wissenschaftlichen Beirats, der an die Stelle des früheren Wissenschaftlichen Rates treten sollte. Nicht allein Bund und Länder, sondern auch Bundespräsident Heuss persönlich nahmen Einfluß. Dem Beirat gehörten schließlich an: Philipp Auerbach, Ludwig Bergsträsser, Hermann Brill, Ludwig Dehio, Constantin von Dietze, Fritz Hartung, Ernst von Hippel, Erich Kaufmann, Eugen Kogon, Theodor Litt, Gerhard Ritter, Franz Schnabel, Hans Speidel, Bernhard Vollmer und Wilhelm Winkler. Theodor Heuss und Friedrich Meinecke wurden Ehrenmitglieder.

Damit war auch klar, daß nicht allein Historiker Mitglied werden konnten. Zwar hatte mit der nun gewählten Konstruktion Ritter einen Teilerfolg erzielt, indem Bundesbeteiligung und Stärkung des Wissenschaftlichen Beirats das Ergebnis der Kontroverse waren, sein ursprüngliches Ziel aber, dessen Vorsitzender zu werden, erreichte er nicht. Dies wurde Ludwig Bergsträsser, als Historiker des deutschen Parteiwesens und der Verfassung anerkannt, zugleich aber Politiker: Seit 1916 Professor für Neuere Geschichte in Greifswald, ab 1920 am Reichsarchiv, hatte er schon in der Weimarer Republik – als Fraktionskollege von Theodor Heuss DDP-Abgeordneter – dem Deutschen Reichstag (1924–1928) angehört. 1928 wechselte er zur SPD, wurde 1933 aus politischen Gründen entlassen und unterhielt seit Mitte der 1930er Jahre Kontakte zur politischen Emigration. Nach 1945 nahm er seine politische Laufbahn sogleich wieder auf, zunächst als Regierungspräsident und Landtagsabgeordneter in Hessen, dann als Mitglied des Parlamentarischen Rates und als SPD-Bundestagsabgeordneter (1949–1953).

Auch Bergsträsser ist ein Beispiel dafür, daß alle Persönlichkeiten, die sich für die Gründung des Instituts engagierten bzw. auf seine Frühgeschichte Einfluß nahmen, Gegner des Nationalsozialismus waren und oftmals politische und wissenschaftliche Tätigkeit miteinander verbanden. In bezug auf die Besetzung von Wissenschaftlerstellen wurde im Prinzip analog verfahren: Bis auf wenige Ausnahmen gehörten sie der jüngeren Generation an, die schon aufgrund ihres Lebensalters durch den Nationalsozialismus nicht kompromittiert sein konnten – ein erheblicher Unterschied zu manchen personalpolitischen Entscheidungen in den neuen Bundesländern nach 1990.

V.

Mit der Einstellung von Dr. Anton Hoch als Archivar und Privatdozent Dr. Karl Buchheim als Leiter des „Historisch- Politischen Referats" wurden wichtige Personalentscheidungen getroffen, während es in bezug auf die definitive Besetzung des Leitungspostens erneut zu Differenzen kam, nachdem Kroll Ritter „verdächtigt" hatte, nach dem Chefsessel zu streben, wofür der „Anhänger eines engstirnigen, machtstaatlich orientierten Nationalismus" aber ganz ungeeignet sei. Kroll, der die Presse mobilisierte und sich eingehend mit Ritters einschlägigen Schriften auseinandersetzte, führte diesen Kampf, indem er eine „Revision des Geschichtsbildes" forderte, der Ritters Positionen entgegenstünden, während Ritter den Historikerverband mobilisierte, der sich zu dessen Verteidigung an Bundesinnenminister Heinemann wandte.

Unabhängig von der persönlichen Seite standen dahinter wiederum grundsätzliche Fragen: Kommt der im Institut zu betreibenden Erforschung des Nationalsozialismus die Funktion zu, grundsätzlich das Bild der deutschen Geschichte zu revidieren? Und weiter: In welchem Maße wird die wissenschaftliche Auseinandersetzung über diese Frage politisiert, sei es durch Anrufung der Öffentlichkeit oder der Politik? Die durch Staatssekretär Dieter Sattler betriebene Klärung setzte einen eindeutigen Akzent: Das Institut müsse politisch neutral sein, unter seinen Mitarbeitern sollten unterschiedliche weltanschauliche und politische Richtungen möglich sein.

Die nicht allein von Ritter, sondern auch von Kroll zu verantwortende Verschärfung und die zweifellos durch den Diskussionsstil betriebene Politisierung machen eines deutlich: Ein Politiker als Leiter eines wissenschaftlichen Instituts, der sich trotz seiner Verdienste mehr oder weniger der Ablehnung durch die Zunft gegenübersah, konnte auf Dauer dieses Amt nicht ausüben. Ritter drohte mit Rücktritt aus dem Beirat, falls Kroll als Generalsekretär wiedergewählt werden würde; dieser bot denn auch seinen Rücktritt an, doch erwies sich die Suche nach einem Nachfolger aus den genannten Gründen als schwierig.

Die konstituierende Sitzung des Kuratoriums und des Beirats des neustrukturierten Instituts fand am 11. September 1950 in Anwesenheit von Bundespräsident Heuss in Bad Godesberg statt. Ludwig Bergsträsser wurde hier mit sechs Stimmen gegen den Staatsrechtslehrer Erich Kaufmann, der vier Stimmen erhielt, zum Vorsitzenden des Wissenschaftlichen Beirats gewählt. Auf dieser Sitzung wurde Einigkeit darüber erzielt, daß für das Amt des Institutsleiters nur ein ausgewiesener

Wissenschaftler in Frage komme: Er müsse nicht „nur ein Verwaltungsmann sein, sondern auch die erforderliche wissenschaftliche Ausbildung mitbringen und nach außen hin einen Namen haben, d. h. eine Persönlichkeit sein".[31] Die Hauptkandidaten waren – auf Vorschlag Gerhard Ritters – der Kieler Professor Dr. Michael Freund, Min.Rat Professor Dr. Theodor Eschenburg (Tübingen), Professor Dr. Karl Griewank (Jena), Dr. Heinz Holldack sowie Dozent Dr. Heinrich Heffter (Hamburg). Insbesondere auf Vorschlag Bayerns wurden weiterhin genannt: der nunmehrige Münchner Professor Dr. Karl Buchheim, Dr. Gerhard Kroll, Min. Rat Holzhausen und Prof. Gert Buchheit. Kroll wurde gebeten, die Geschäfte interimistisch fortzuführen.

Schließlich wurde in der Sitzung von Kuratorium und Beirat vom 5. Januar 1951 auf Vorschlag Franz Schnabels der ehemalige Leipziger Privatdozent Dr. Hermann Mau, Mediävist und Schüler Hermann Heimpels, präsentiert; eine seiner ersten in die Zeitgeschichte reichenden Arbeiten galt der Geschichte der deutschen Jugendbewegung zwischen 1901 und 1933. Zu dieser Zeit war er Leiter des Studenten- und Arbeiterwohnheims am Münchner Maßmannplatz, das er selbst gegründet und mit einem Sozialwerk verbunden hatte – aus diesem Studentenwerk gingen übrigens später mehrere wissenschaftliche Mitarbeiter des Instituts hervor, die alle zunächst als Hilfskräfte begonnen hatten.

Schnabel verwies auf Maus hervorragende Münchner Antrittsvorlesung über die Nürnberger Prozesse. Seine derzeitige Tätigkeit bei der Begründung eines vorzüglichen Sozialwerks belegten seine Organisations- und Leitungserfahrung. Hermann Mau wurde gewählt, obwohl ein nicht dem Beirat angehörender Münchner Mediävist dies – über Fritz Hartung – zu verhindern versuchte: Ausgerechnet Professor Johannes Spörl warf Mau vor, zu wenig publiziert (beispielsweise sei seine Straßburger Habilitationsschrift noch nicht gedruckt) zu haben, während innerhalb des Beirats sein Kollege Schnabel die Intervention von außen zurückwies: Der Umhabilitation Maus nach München habe zwar Spörl, nicht aber Max Spindler widersprochen. Erst zu diesem Zeitpunkt war jeder Zweifel daran ausgeräumt, daß das Institut künftig nach wissenschaftlichen Kriterien geführt werden würde.

In der Sitzung trug Staatssekretär Sattler das einstimmige Votum des Kuratoriums für Mau vor. „Für Dr. Freund habe sich im Kuratorium

---

[31] Protokoll der Sitzung von Kuratorium und Wiss. Beirat am 11. September 1950, IfZ-Archiv, ED 105, Hausarchiv, Protokoll der Sitzungen des Wissenschaftlichen Beirats, S. 4.

keine Einstimmigkeit ergeben, hauptsächlich, weil er Parteigenosse war (wenn auch entlastet) und dies dem Institut in seinen Auslandsbeziehungen nachteilig sei."[32] Nachdem auch noch Dr. Georg Smolka diskutiert worden war und Bergsträsser sich zeitweilig für Karl Buchheim eingesetzt hatte, den auch Hermann Brill favorisierte, einigte sich schließlich der Wissenschaftliche Beirat – nachdem sich Gerhard Ritter und Fritz Hartung ebenfalls für ihn ausgesprochen hatten – einstimmig bei Stimmenthaltung Brills auf Hermann Mau.

Da der neue Generalsekretär Hermann Mau, der er am 25. Oktober 1952 auf einer Dienstreise tödlich verunglückte, nicht einmal zwei Jahre im Amt blieb, war es ihm nicht vergönnt, die Institutsarbeit zu prägen; wichtige Weichenstellungen und Initiativen für die thematische und organisatorische Struktur der künftigen Arbeit gehen dennoch auf ihn zurück, darunter die Gründung der „Vierteljahrshefte für Zeitgeschichte", die seit 1953 erscheinen. Mau konnte auch die erste wissenschaftliche Gesamtdarstellung der Geschichte der nationalsozialistischen Diktatur beginnen und soweit fertigstellen, daß sein späterer Nachfolger Helmut Krausnick, der nach seinem Tod 1952/53 zeitweilig die Geschäftsführung übernahm, das Werk mit den von ihm verfaßten knappen Schlußabschnitten über Verfolgung, Widerstand und Zusammenbruch schnell vollenden konnte: Es erschien erstmals 1953 und erlebte mehrere Neuauflagen und Übersetzungen.[33]

Welch anregender und unbefangener Geist Mau war, das zeigt auch der einzige Aufsatz, der postum im ersten Heft der „Vierteljahrshefte" 1953 erscheinen konnte: „Die ‚Zweite Revolution'. Der 30. Juni 1934". Hans Rothfels nannte ihn in seinen – üblichen – „Vorbemerkungen" mit guten Gründen „tiefgreifend". Mau sprach damals zu Recht von mehreren Phasen der „national-sozialistischen Revolution". Seine strenge methodologische Schulung als Mediävist, die am Prinzip historischen Verstehens orientierte Frage, welche Ursachen eine Diktatur wie die nationalsozialistische ermöglicht haben, schließlich sein Postulat nüchterner Faktenrekonstruktion als Voraussetzung historischer Einordnung, die nicht von außerwissenschaftlichen Zielsetzungen beeinflußt werden dürfe, prägten die Arbeitsmaximen des Instituts, auch wenn Mau selbst ihre Umsetzung nicht mehr erlebte und das eigene

---

[32] Protokoll der Sitzung vom 05. 01. 1951, S. 4, ebd.
[33] Hermann Mau und Helmut Krausnick, Deutsche Geschichte der jüngsten Vergangenheit 1933–1945, Stuttgart 1953. Zu Mau siehe Hans Buchheim, Hermann Mau zum Gedächtnis, in: VfZ 10 (1962), S. 427–429.

wissenschaftliche Werk des im Alter von 39 Jahren tödlich Verunglückten Torso bleiben mußte. In seinem 1950 als Kandidat für den Posten des Generalsekretärs vorgelegten Exposé hieß es konsequent. „Es geht weder um die Rehabilitierung des Nationalsozialismus noch um die Rechtfertigung der Kollektivschuldthese. Es geht vielmehr zunächst um die saubere Klärung der Sachverhalte."

Der von Mau im November 1951 vorgelegte 23seitige Arbeitsbericht belegt ungewöhnlich umfangreiche Aktivitäten des Instituts im Hinblick auf die Sammlungen und ihre Erschließung, aber auch die auf der Basis von Honoraraufträgen begonnenen individuellen Forschungsprojekte. Zu diesem Zeitpunkt verfügte das Institut bereits über elf Planstellen, darunter vier für Wissenschaftliche Mitarbeiter, drei Kräfte des mittleren Dienstes und vier Schreibkräfte. Die Bibliothek brachte es durch Verdoppelung ihrer Bestände innerhalb eines Jahres auf 15 000 Bände, 25 000 weitere Bände der amerikanischen Spezialbibliothek für Geschichte des Nationalsozialismus, die sich im Besitz der Hohen Kommission befanden, waren akquiriert worden. Im Auftrag des Instituts arbeitete Franz Herre an einer Bibliographie, deren Abschnitt für die Jahre 1940 bis 1950 fast fertiggestellt war. Mau hatte bereits Verhandlungen im State Department in Washington über die Rückgabe deutscher Dokumente in amerikanischer Verwahrung geführt und eine Zusage auf Prüfung erreicht.[34]

Das Institut war damals in fünf Abteilungen gegliedert:
1. Historisch-Politische Abteilung (Karl Buchheim, zunächst auf Honorarbasis),
2. Wehr- und Kriegsgeschichtliche Abteilung (General a.D. Hermann Foertsch, auf Honorarbasis),
3. Abteilung für Dokumentation (Helmut Krausnick),
4. Bibliothek (Thilo Vogelsang),
5. Archiv (Anton Hoch).

Der Haushaltsplan wies für 1951 Ausgaben in Höhe von 240 000 DM nach. Die Einnahmen beliefen sich auf 251 848,48 DM, die zum Löwenanteil vom Bund kamen (195 000 DM) und zu kleineren Teilen aus Württemberg-Hohenzollern, Hessen und Württemberg-Baden (zwischen 3750 und 14 995 DM). Der übertariflich eingestufte Generalsekretär erhielt ein Monatsgehalt von 1200 DM.

---

[34] Vgl. den von Hermann Mau im April 1952 Kuratorium und Beirat vorgelegten „Kurzen Bericht über die Tätigkeit im Haushaltsjahr 1951". Protokolle der Sitzungen, IfZ-Archiv, ED 105, Hausarchiv, Wissenschaftlicher Beirat B, 1949–1952.

Welchen Rang bereits 1952 die Gremien hatten, ergibt sich aus ihrer personellen Zusammensetzung: Dem Kuratorium gehörten die Staatssekretäre Drs. Walter Strauß, Erich Wende, Dieter Sattler, Bundesrichter Dr. Rupp, Ministerialrat Dr. Dr. Kühn und Staatsrat Professor Dr. Theodor Eschenburg an. Mitglieder des Wissenschaftlichen Beirats waren die Professoren Drs. Ludwig Bergsträsser, Hermann Brill (beide zugleich Bundestagsabgeordnete), Ludwig Dehio, Constantin von Dietze, Fritz Hartung, Erich Kaufmann, Eugen Kogon, Theodor Litt, Gerhard Ritter, Hans Rothfels, Franz Schnabel, außerdem General a.D. Dr. Hans Speidel, Rechtsanwalt Hellmut Becker, Staatsarchivdirektor Dr. B. Vollmer (Düsseldorf), der Generaldirektor der Staatlichen Archive Bayerns Dr. W. Winkler sowie – wie erwähnt – als Ehrenmitglieder Bundespräsident Prof. Dr. Theodor Heuss und Prof. Dr. Friedrich Meinecke.

Zeigte die Berufung Maus, daß – wie bemerkt – künftig nur ein Wissenschaftler für dieses Amt in Frage kam, so demonstrierte sie zugleich, daß es sich nicht zwangsläufig um einen „Zeithistoriker" im engeren Sinn handeln mußte. Auch die Mehrzahl der ersten Wissenschaftlergeneration bestand nicht aus „reinen" Zeithistorikern. Fast drängt sich der Eindruck auf, daß aus der Not im Laufe der Jahre und Jahrzehnte eine Tugend gemacht wurde, forderte doch gerade die zeitliche Nähe zum Forschungsgegenstand die weite historische Perspektive, um der erwähnten Befangenheit zu entgehen, die dadurch entsteht, daß man selbst noch im Wirkungszusammenhang des zu Erforschenden steht. Keiner der bisherigen Direktoren hatte in der Zeitgeschichte begonnen: Mau (1951/52) war – wie übrigens auch Thilo Vogelsang, der ebenfalls Schüler Hermann Heimpels war und mit einer Studie über „Die Frau als Herrscherin im hohen Mittelalter" promoviert worden war – Mediävist. Paul Kluke (1953–1959), Schüler von Hermann Oncken und Fritz Hartung, hatte seine Dissertation über „Heeresaufbau und Heerespolitik Englands vom Burenkriege bis zum Weltkriege" (1932) geschrieben. Auch nachdem Kluke – in vielfacher Hinsicht ein Opfer nationalsozialistischer Herrschaft – sich 1950 unter der Ägide von Hans Herzfeld mit einer zeitgeschichtlichen Arbeit („Die rheinische Autonomiebewegung 1918/19") habilitiert hatte und zur Geschichte des 20. Jahrhunderts publizierte, blieb er Experte der britischen Geschichte, vor allem des 19. Jahrhunderts. Helmut Krausnick (1959–1972), wie Kluke einer der wenigen Mitarbeiter, die schon vor 1945 ihr Studium beendet hatten, schrieb sein erstes Buch über „Holsteins Geheimpolitik in der Ära Bismarck 1886–1890" (1942). Martin Broszats (1972–1989) unter der

Ägide von Theodor Schieder geschriebene Dissertation trug den Titel „Die antisemitische Bewegung im Wilhelminischen Deutschland" (1952), ich selbst veröffentlichte mein erstes Buch zum Thema „Aufklärung in Preußen" (1974): Als der damalige Institutsdirektor Martin Broszat bei meinem – ersten – Eintritt in das Institut als Stellvertretender Direktor im Januar 1979 eine Rede hielt, begann er mit den Worten: „Horst Möller stammt aus dem 18. Jahrhundert".

Was heute die Ausnahme ist, war in den ersten Jahrzehnten der Institutsgründung die Regel: Unter den wichtigsten wissenschaftlichen Mitarbeitern gab es sogar einen, der aus der Alten Geschichte zur Zeitgeschichte gekommen war: Hans Buchheim. Auch außerhalb des Instituts gab es vergleichbare Beispiele: Karl Dietrich Bracher, der Doyen der Zeitgeschichtsforschung, für Jahrzehnte einer ihrer international führenden Protagonisten, langjähriges Mitglied und 1980 bis 1988 Vorsitzender des Wissenschaftlichen Beirats, ist ebenfalls promovierter Althistoriker. Hegels Maxime, der Weg des Geistes sei der Umweg, wird in diesen wissenschaftlichen Lebenswegen deutlich, demonstriert aber auch den Generationswechsel, da dieser – so produktive – Umweg immer seltener wird.

VI.

Jeder der bisherigen Direktoren hat auf seine Weise das Institut geprägt und stilbildend gewirkt, von den individuellen Qualifikationen ausgehend, aber doch auch in Antwort auf wissenschaftsspezifische und gesellschaftlich-politische Herausforderungen, in denen sich der Weg der Zeitgeschichtsforschung spiegelte. Dabei hat sich über die sechzig Jahre des Bestehens hinweg bei aller individuellen und zeitspezifischen Prägung eine bemerkenswerte Verbindung von Kontinuität und permanenter Erneuerung durchgehalten, ohne daß dies immer offensichtlich war: Das gilt beispielsweise selbst für eine der auffälligsten Wendungen in der Institutsgeschichte, die sich im Direktorenwechsel von Helmut Krausnick zu Martin Broszat 1972 vollzog (was beide vermutlich anders gesehen haben) und der auch noch mit dem räumlichen Wechsel aus der idyllischen und vornehmen Bogenhausener Möhlstraße in die gesichtslose und viel modernere Neuhauser Leonrodstraße verbunden war: Der Umzug bedeutete keineswegs nur äußerlich einen tiefen Einschnitt. Das große, 1989 um einen Anbau erweiterte Haus veränderte die Arbeitsatmosphäre, brachte aber auch für die auswärtigen Benutzer eine neue Situation: Mit dem größeren Komfort der Benutzung entwickelte sich oftmals Distanz.

Sicher war es von symbolischer Bedeutung, daß dem zurückhaltenden, stärker auf dezente Fortentwicklung und Traditionswahrung setzenden, beharrlichen Quellenarbeiter, dem eher konservativen „Gelehrtentypus" Krausnick, der 1905 bei Braunschweig geboren wurde, der dynamische, vor Ideen sprudelnde, auf Expansion setzende, 1926 in Leipzig geborene „Bohème-Typus" Broszat folgte, der sich ohne Umschweife als sozial-liberal im Sinne der Wende um 1969/70 bezeichnete und in der 1972 erfolgten überarbeiteten Neuauflage seines Buches „Zweihundert Jahre deutsche Polenpolitik"[35] selbst auf den jeweiligen politischen Bedingungszusammenhang seines Werkes hinwies. Doch galt bei allem Vorpreschen und allem Willen zur Ungezwungenheit auch für Broszat, der sich als langjähriger wissenschaftlicher Mitarbeiter des Instituts in unzähligen zeitgeschichtlichen Einzelaufgaben mit der gleichen Akribie und der gleichen Arbeitsdisziplin bewährt hatte wie seine Kollegen, was er im Vorwort des erwähnten Buches 1972 formulierte: „Es wird darauf ankommen, die unglückselige deutsch-polnische Geschichte im 19. und 20. Jahrhundert aus der Sphäre der moralisch-emotionalen Betrachtung in das Licht kritischer Rationalität zu heben und als einen historischen Modellfall nationaler Konflikte zu begreifen, der über flüchtige Emotionen hinaus dauerhafte Erfahrung vermitteln kann".[36]

Sicher hätte Krausnick diese Maxime nicht so formuliert, sein Erkenntnisinteresse bescheidener nicht in einem „Modellfall" münden sehen, aber einer empirisch kontrollierten nüchternen Aufklärung über historisch-politische Zusammenhänge diente auch er. Trotzdem: Von der immer wieder nach 1945 berufenen „Revision des deutschen Geschichtsbildes", an der Krausnick schon seit 1948 zunächst als Mitarbei-

---

[35] München 1963, Frankfurt am Main ²1972. Über Krausnick vgl. Wolfgang Benz, Zum Tode von Helmut Krausnick, in: VfZ 38 (1990), S. 349–351, sowie: Miscellanea. Festschrift für Helmut Krausnick zum 75. Geburtstag. Hrsg. von Wolfgang Benz u. a., Stuttgart 1980 (mit Schriftenverzeichnis S. 214–222); Horst Möller, Der Geschichte neue Richtungen erschlossen. Zum Tode von Martin Broszat, in: FAZ, 18. Oktober 1989; Nachrufe auf Broszat von Karl Dietrich Bracher, Herbert Kießling, Hans-Peter Schwarz, Ludolf Herbst und Christian Meier, in: VfZ 38 (1990), sowie: Mit dem Pathos der Nüchternheit. Martin Broszat, das Institut für Zeitgeschichte und die Erforschung des Nationalsozialismus. Hrsg. von Klaus-Dietmar Henke und Claudio Natoli, Frankfurt/New York 1991. Im übrigen auch die Aufsatzsammlung: Nach Hitler. Beiträge von Martin Broszat. Hrsg. von Hermann Graml und Klaus-Dietmar Henke, München 1986.

[36] Martin Broszat, Zweihundert Jahre deutsche Polenpolitik, Frankfurt am Main ²1972 (Anm. 35), S. 19.

ter der Internationalen Schulbuchkommission, dann ab 1951 im Institut für Zeitgeschichte mitgewirkt hatte – der Irrtümer seiner Generation eingedenk –, bis zum Ziel des unbefangenen Schieder-Schülers Broszat, zu rationalen „Typologien" zu gelangen, war es doch ein gehöriger, generationsbedingter aber auch historiographiegeschichtlich zu fassender Schritt. Erst auf der in Jahrzehnten erarbeiteten empirisch gesicherten Grundlage konnten sich neue Fragestellungen entwickeln, eine methodische Modernisierung erfolgen, produktive Unruhe erzeugt werden, die naturgemäß von zeittypischen Ideen, aber auch Irrwegen inspiriert war.

Trotz vieler Neuerungen führte also auch Broszat Traditionen fort, und nicht zu vergessen: Das neue Haus in der Leonrodstraße, in das er 1972 als Direktor einzog, verlangte neue Organisationsformen, denen sich auch Krausnick, während dessen Amtszeit dieses Hauses schließlich geplant, gebaut und finanziell gesichert worden war, nicht hätte entziehen können.

Gerade für die drei Institutsleiter, die dem Politiker und Volkswirt Kroll folgten, stand strikteste Quellenarbeit auf der Prioritätenskala oben an – Quellenarbeit aber nicht als Selbstzweck, sondern als unabdingbare Voraussetzung einer unangreifbaren, weil nicht auf Meinungen reduzierten, historisch-politischen Aufklärungsarbeit. Dabei kann die Ära der beiden eher unterschätzten Direktoren (damals zunächst noch unter der Bezeichnung Generalsekretär) Paul Kluke (1953–1959)[37] und Hermann Krausnick (1959–1972) als eigentliche Konsolidierungsphase bezeichnet werden, in der sich die Arbeitsfelder und die Arbeitsweise ebenso herauskristallisierten wie die organisatorischen und rechtlichen Strukturen. In diesen beiden Jahrzehnten wurde der nationale und internationale Rang des Instituts für Zeitgeschichte begründet, zugleich aber sehr viel für die historisch-politische Aufklärung getan, der sich alle Mitarbeiter verpflichtet fühlten. Dazu gehörten nicht allein zahlreiche öffentliche Aktivitäten wie Vorträge, sondern früh auch kurze, für einen breiten Leserkreis bestimmte Darstellungen: Neben dem erwähnten Buch von Mau und Krausnick zählen etwa hierzu die knappen aber gehaltvollen, zum Teil in Essayform gekleideten Bändchen von Hans Buchheim „Das Dritte Reich. Grundlagen und po-

---

[37] Über ihn: Helmut Seier, in: Paul Kluke, Außenpolitik und Zeitgeschichte. Ausgewählte Aufsätze, 1974, S. 1–9; Studien zur Geschichte Englands und der deutsch-britischen Beziehungen. Festschrift für Paul Kluke. Hrsg. von Lothar Kettenacker/Martin Schlenke/Helmut Seier, 1982; Martin Broszat, Paul Kluke 75 Jahre, in: VfZ 31 (1989), S. 353–356.

litische Entwicklung"[38], von Martin Broszat „Der Nationalsozialismus. Weltanschauung, Programm und Wirklichkeit"[39] oder von Karl Buchheim „Die Weimarer Republik. Grundlagen und politische Entwicklung".[40]

Standen die schriftlichen Quellen auch im Mittelpunkt der Arbeit des Instituts, so wurde doch bereits während der Amtszeit von Mau auf Anregung von Ludwig Bergsträsser mit der Zeugenbefragung begonnen. Jahrzehnte, bevor „Oral History" entdeckt – oder besser wiederentdeckt – wurde, hatte das Institut für Zeitgeschichte systematisch eine eigens entwickelte Interviewtechnik und Dokumentation der Zeugenbefragung entwickelt. Im Mai 1952 lagen bereits 250 Faszikel vor. Heute umfaßt der Archivbestand „Zeugenschrifttum" mehr als 3000 Dossiers, deren Großteil in den 1950er und 1960er Jahren erstellt wurde. Schon damals zeigte sich, daß es hierbei nicht allein um individuelle Erfahrungsberichte, Einschätzungen und Aufschlüsse ging. Die auf Honorarvertragsbasis zu dieser Zeit von Fritz Freiherr von Siegler im Institut durchgeführten Befragungen brachten immer wieder Hinweise auf weitere Interviewpartner und Archivmaterial in privater Hand. Im Arbeitsbericht des Instituts hieß es: „Als Nebenergebnis seiner Arbeit entstanden umfangreiche Dienststellenverzeichnisse für Partei, Staat und Wehrmacht" – ein insgesamt dreiteiliges „aus tausenden von teilweise mühsam ermittelten Daten bestehendes Verzeichnis".[41] Das Institut gewann dadurch einen immer größeren personellen Überblick über Interna des NS-Regimes, was auch angesichts der Tatsache von Bedeutung war, daß es zwar gute Beziehungen zum Berliner „Document Center" – in dem sich die Personalkartei der NSDAP befand (heute im Bundesarchiv Berlin) – unterhielt, zu dieser Zeit aber keiner der Mitarbeiter des Instituts für Zeitgeschichte dort forschen konnte.

Zur gleichen Zeit wurden die Nürnberger Prozeßakten vervollständigt, Spruch- und Gerichtsakten, die leihweise überlassen worden waren, ausgewertet, Dokumente aus privater Hand gesammelt und die Personenkartei auf damals 3000 Dossiers erhöht, schließlich Zeitungsbestände erworben und eine Presseausschnittsammlung angelegt. Bereits 1952 nahm die Auskunftstätigkeit für Behörden, Gerichte, For-

---

[38] München 1958.
[39] Stuttgart 1960.
[40] München 1960.
[41] Arbeitsbericht für die Sitzung von Kuratorium und Beirat am 17. Mai 1952, IfZ-Archiv, ED 105, Hausarchiv; vgl. auch Fritz Freiherr von Siegler, Die höheren Dienststellen der deutschen Wehrmacht 1933–1945, München 1953.

scher und sonstige Einzelpersonen dermaßen zu, daß der Generalsekretär die Frage aufwarf, ob die Auskünfte weiterhin unentgeltlich erstellt werden könnten.

In der Sitzung vom 17. Mai 1952 ging Mau auch auf die Arbeit des Instituts „im Rahmen der Gesamtsituation der deutschen Geschichtswissenschaft" ein: „Er stellte fest, daß rundum wenig Neigung für diese Arbeit, vielmehr die Gesamttendenz bestehe, die Augen zu verschließen. Deshalb mache sich weithin ein Mangel an Abstand und die Neigung zu Urteilen aus der Emotion bemerkbar. Die Entwicklung der Forschung spiegele das im einzelnen; sie beschränke sich auf drei größere Problemkreise: 1. Der Zweite Weltkrieg, 2. Außenpolitische Fragen, 3. Probleme des Widerstandes."[42]

Zum Arbeitsprogramm des Instituts zählten schon zu Beginn der 1950er Jahre neben dem Widerstand eine Reihe zentraler Themen, zum Beispiel seit 1951 das Schicksal der Juden: Die Projektplanung unterteilte man in eine „Chronologie der Judenverfolgung mit beispielmäßiger Dokumentation" sowie „Zeugnisse jüdischer Menschlichkeit". Schon 1952 tauchen aus dieser Thematik drei Forschungs- und Dokumentationsprojekte auf: die Einsatzgruppen, Dokumente zur Judenpolitik der nationalsozialistischen Regierung (beide bearbeitet von Krausnick), Dokumente zu Geschichte und System der deutschen Konzentrationslager (Walter Schärl). Als diese Projekte zögerlicher vorankamen als angenommen, erklärte Staatssekretär Strauß in der gemeinsamen Sitzung von Kuratorium und Wissenschaftlichem Beirat am 17. Mai 1952, „daß diese Themata dem Bundeskanzler selbst sehr am Herzen liegen. Man sollte in der Aufklärung vorankommen. Die Tatsachenkenntnis ist sehr gering. Das erleichtert dem subversivem Schrifttum, so viel Boden zu gewinnen. Es liegt dem Kanzler sehr daran, daß in kurzen Darstellungen chronologischer Art nur Tatsachen ohne Bewertung gegeben werden."[43] Auch diese Mitteilung ist ein Beleg dafür, daß von Seiten der verantwortlichen Politik die vorbehaltlose Aufklärung über das NS-Regime schnellstmöglich gefordert wurde: Von „Verdrängung" kann tatsächlich keine Rede sein.

Auf der anderen Seite warf dies – wie Mau formulierte – die grundsätzliche Frage auf, „inwieweit das Institut das Anliegen einer kurzfristigen Unterrichtung überhaupt befriedigen kann und welcher Weg hierbei für empfehlenswert gehalten wird": Die Gremien, aber auch das

---

[42] Protokoll der Sitzung, S. 2, IfZ-Archiv, ED 105, Hausarchiv.
[43] Ebd., S. 27.

Institut selbst, haben sich in ihrer Geschichte immer wieder mit solchen Fragen befaßt. Damals äußerte ein Beiratsmitglied, das durchaus großen Sinn für die Vermittlung hatte, Skepsis: Hellmut Becker, später einer der profiliertesten Bildungspolitiker der Bundesrepublik, Gründer und Direktor des Max-Planck-Instituts für Bildungsforschung in Berlin, Verteidiger bei den Nürnberger Prozessen, Sohn des früheren Preußischen Kultusministers Carl Heinrich Becker. Aus seinen Prozeßerfahrungen berichtete er. „Ich habe in Nürnberg einmal versucht, aus dem großen Material eine Darstellung der Frage zu geben, welche Dienststellen haben mitgewirkt an der Vernichtung der Juden. Die Schwierigkeit, da auch nur zu einer präzisen Darstellung der Befehlsübermittlung zu kommen, war sehr groß. Die zentrale Frage des Instituts ist, daß es gelingt, aus den vielen Vernebelungen Klarheit für die deutsche Selbsterkenntnis zu gewinnen. Mit vorweggenommenen, schnell durchgeführten Arbeiten einen Erfolg zu erzielen, scheint mir von der Kenntnis des Materials her ausgeschlossen, auch halte ich die Zahlenfrage für ungeheuer schwierig. Ich glaube, man kann jetzt nur mit grundlegenden und exakten Darstellungen kommen. Ich bin äußerst skeptisch gegenüber der Verwirklichung eines solchen Versuches kurzfristiger Unterrichtung, wenn ich auch die Notwendigkeit einsehe."[44]

Und in der Tat: In zahlreichen Prozessen gegen Neonazis zeigte sich dies über Jahrzehnte hinweg, was Helmut Krausnick zu dem Plan anregte, die Zahl der jüdischen Opfer systematisch unter Berücksichtigung regionaler, chronologischer und definitorischer Aspekte zu erfassen. Er hat dies selbst zwar nicht mehr veranlaßt, doch hat Martin Broszat dann 1980 erneut die Initiative ergriffen. Das Ergebnis bestand in einem Sammelwerk verschiedener Experten, die in Länderstudien die Opferzahlen rekonstruierten und die methodischen Schwierigkeiten klärten, um der agitatorischen Ausnutzung solcher Probleme den Boden zu entziehen. Das Werk erschien unter dem Titel „Dimension des Völkermords. Die Zahl der jüdischen Opfer des Nationalsozialismus."[45]

Weitere schon 1952 in Vorbereitung befindliche Studien galten der Fritsch-Krise 1938 (Hermann Foertsch) sowie der militärischen Führungskrise des deutschen Heeres 1941/42 (Heinrich Uhlig). Auf dem Programm standen außerdem eine Dokumentation zum 9. November 1923, der Widerstand im Regierungsbezirk Aachen (Bernhard Voll-

---

[44] Ebd., S. 27f.
[45] Hrsg. von Wolfgang Benz, Stuttgart 1991, als 33. Bd. der „Quellen und Darstellungen zur Zeitgeschichte".

mer), die Führerlagebesprechungen 1942–1945 und der 20. Juli 1944 in Frankreich (Wilhelm Ritter von Schramm).

Zu den Einzelvorhaben zählte auch eine Reihe von Themen, die die Vorgeschichte des NS-Regimes betrafen, also in die Weimarer Republik zurückgriffen, darunter Untersuchungen zum Verhältnis von Reichswehr und Nationalsozialismus vor 1933 (Hermann Foertsch), zur Entwicklung des Sozialdarwinismus und seiner Wirkung auf das nationalsozialistische Menschenbild, erschienen unter dem Titel „Utopien der Menschenzüchtung. Der Sozialdarwinismus und seine Folgen" (Hedwig Conrad-Martius, München 1955), zur Entwicklung des „Völkischen Beobachters", zur Frühgeschichte der NSDAP (Georg Franz), Hitler in Wien und München (Georg Franz), Aufbau und soziale Zusammensetzung der NSDAP bis 1933 anhand der Wahlstatistiken (Wolfgang Schwarz), schließlich die Frage, ob und inwieweit die deutsche Industrie den Aufstieg der NSDAP unterstützt habe: Die meisten dieser Projekte wurden realisiert, manche nicht in der vorgesehenen Form, nur wenige gelangten nicht zum gewünschten Erfolg. Das letztgenannte Beispiel eines Forschungsauftrags an Wilhelm Treue zeigt aber einmal mehr die Vorreiterfunktion des Instituts: Lange bevor die DDR-Polemik über diese Frage entbrannte und Eberhard Czichon seine Pamphlete schrieb, lange auch, bevor Henry A. Turner 1985 sein definitives Werk „German Big Business and the Rise of Hitler"[46] veröffentlichte, war die Problemstellung im Institut formuliert worden.

Andere frühe Aktivitäten wirkten fort, so erschien – wenn auch nicht im Institut entstanden – mit Erich Matthias' Studie „Sozialdemokratie und Nation. Ein Beitrag zur Ideengeschichte der sozialdemokratischen Emigration in der Prager Zeit des Parteivorstandes 1933–1938"[47] eine der ersten geschichtswissenschaftlichen Untersuchungen zur Emigration überhaupt. Bereits 1951 wurde Franz Herre im Rahmen der von ihm für das Institut vorbereiteten Bibliographie beauftragt, einen Teilband mit dem Titel „Das Schrifttum der Emigration" zu erstellen[48] – nicht im engeren Sinne Vorläufer der umfassenden Sammlungen und Forschungen des Instituts, doch aber frühe Zeichen einschlägigen Interesses. Hier handelt es sich erneut um ein Beispiel dafür, wie schnell zen-

---

[46] In deutscher Übersetzung von Hildegard Möller und Marina Münkler unter dem Titel: Die Großunternehmer und der Aufstieg Hitlers, Berlin 1985, erschienen.
[47] Stuttgart 1952.
[48] Protokoll der gemeinsamen Sitzung von Kuratorium und Wissenschaftlichem Beirat am 9. März 1951, IfZ-Archiv, ED 105, Hausarchiv, S. 5.

trale Themen gesehen wurden und wie falsch (oder böswillig) die Behauptung ist, in den 1950er Jahren seien Themen wie Judenverfolgung, Konzentrationslager, Widerstand, Emigration, Besatzungspolitik, Wehrmacht und Nationalsozialismus, soziale Basis und Finanzierung der NSDAP, ideologische Voraussetzungen des Nationalsozialismus u. a. m. nicht behandelt worden. Ein Blick in die Publikationsliste widerlegt dies ebenso wie die damaligen Institutsplanungen und ihre eingehende Diskussion in seinen Gremien.

Wieder andere Arbeiten fanden damals keine Fortsetzung, spielten aber Jahrzehnte später erneut eine Rolle, beispielsweise der Forschungsauftrag an Armand Dehlinger, die nationalsozialistische Parteiarchitektur kritisch zu untersuchen (das vorgelegte Manuskript wurde von Institut und Gremien negativ bewertet), oder Hans Buchheims Forschungsauftrag zur Religionspolitik des Nationalsozialismus, der Früchte trug[49] – eine Thematik, die später von unterschiedlichen Autoren wieder aufgenommen wurde und heftige Kontroversen bewirkte, etwa diejenige zwischen Konrad Repgen und Klaus Scholder über das Reichskonkordat.[50]

Schon in den frühen 1950er Jahren arbeitete Georg Stadtmüller im Institutsauftrag an einer Untersuchung der deutschen Besatzungspolitik auf dem Balkan – der Beginn eines ausgesprochenen Schwerpunkts späterer Institutstätigkeit; Walther Hofer veröffentlichte im Institut für Zeitgeschichte sein in Berlin entstandenes viel zitiertes Buch „Die Entfesselung des Zweiten Weltkrieges. Eine Studie über die internationalen Beziehungen im Sommer 1939" (Stuttgart 1954). Auch hier handelte es sich um eine Thematik, die das Institut immer wieder beschäftigt hat, beispielsweise in dem ersten großen von Paul Kluke veranlaßten Colloquium des Instituts „Das Dritte Reich und Europa" bis zu Hermann Gramls Buch „Europas Weg in den Krieg. Hitler und die Mächte 1939"[51] und schließlich beim gemeinsam mit der Historischen Kommission zu Berlin veranstalteten internationalen Colloquium „1939: An der Schwelle zum Weltkrieg. Die Entfesselung des Zweiten Weltkrieges

---

[49] Vgl. vor allem sein Buch Glaubenskrise im Dritten Reich. Drei Kapitel nationalsozialistischer Religionspolitik, Stuttgart 1953.
[50] Vgl. Konrad Repgen, Über die Entstehung der Reichskonkordatsofferte im Frühjahr 1933 und die Bedeutung des Reichskonkordats, in: VfZ 26 (1978), S. 499–534; Klaus Scholder, Altes und Neues zur Vorgeschichte des Reichskonkordats. Erwiderung auf Konrad Repgen, ebd., S. 535–570; Konrad Repgen/Klaus Scholder, Nachwort zu einer Kontroverse, in: VfZ 27 (1979), S. 159–161.
[51] München 1990.

und das internationale System", das Klaus Hildebrand, Jürgen Schmädeke und Klaus Zernack im Auftrag beider Institutionen herausgaben.[52] Vorbereitet und organisiert wurde das Colloquium für das Institut für Zeitgeschichte durch Karl Dietrich Bracher, Martin Broszat, Hermann Graml, Klaus Hildebrand und Hans-Peter Schwarz sowie von Horst Möller, Jürgen Schmädeke und Klaus Zernack für die Historische Kommission zu Berlin.

VII.

Welch zentrale Stelle die Quellenarbeit einnahm, zeigte sich nach den Personalquerelen bereits an der zweiten nach außen wirkenden Kontroverse, als das Institut 1951 seine erste Publikation vorlegte. Sie war nicht im Hause entstanden, sondern am 9. März 1951 in der gemeinsamen Sitzung von Kuratorium und Wissenschaftlichem Beirat von Gerhard Ritter zur Veröffentlichung angeboten worden: „Henry Picker, Hitlers Tischgespräche im Führerhauptquartier 1941–1942. Im Auftrag des Deutschen Instituts für Erforschung der national-sozialistischen Zeit geordnet, eingeleitet und veröffentlicht von Gerhard Ritter."[53] Ritter hatte zwar den Quellenwert richtig eingeschätzt, nicht aber die in diesem Fall zentralen quellenkritischen Notwendigkeiten. Auch hatte er sich kein hinreichendes Bild über den Charakter der Aufzeichnungen – beispielsweise Parallelüberlieferungen – und ihres Autors gemacht. Vor allem aber spielten die Begleitumstände, die Ritter nicht anzulasten waren, eine ausschlaggebende Rolle: Die Illustrierte „Quick" hatte – im übrigen ohne daß der Verlag Ritters Genehmigung eingeholt hätte – einen sensationell aufgemachten Vorabdruck einiger Auszüge publiziert. Die Veröffentlichung eines solchen Textes wurde von vielen Beteiligten an der Diskussion als verfrüht, das Buch als editorisch unzureichend angesehen.

Die Wellen schlugen hoch. Bundeskanzler Adenauer „war sehr empört über die Veröffentlichung der Tischgespräche in ‚Quick' und über die vorgesehene Rundfunksendung im Bayerischen Rundfunk", notierte Staatssekretär Otto Lenz am 6. Juni 1951.[54] Sogar das Bundeskabinett

---

[52] Berlin – New York 1990.
[53] Bonn 1951.
[54] Im Zentrum der Macht. Das Tagebuch von Staatssekretär Lenz 1951–1953, bearb. von Klaus Gotto, Hans-Otto Kleinmann und Reinhard Schreiner, Düsseldorf 1989, S. 92.

befaßte sich am 12. Juni 1951 mit der Veröffentlichung. Im Auftrag Konrad Adenauers teilte Lenz dem Institut unter dem gleichen Datum mit, der Bundeskanzler halte die Veröffentlichung „für ebenso unangebracht wie schädlich". In den Protokollen findet sich angesichts der noch prekären Lage des Instituts die zwar sachlich so nicht zutreffende, gleichwohl aber bedrohliche Formulierung: „Der Bundesminister des Innern wird die Tätigkeit des Instituts zur Erforschung des Nationalsozialismus, das jetzt im ‚Quick' mit einem Vorwort von Prof. Ritter ‚Tischgespräche mit Hitler' herausgibt, überprüfen. Staatssekretär Dr. Strauß wird versuchen, die Veröffentlichung zu unterbinden."[55] Strauß gehörte als einer der beiden Vertreter des Bundes dem Kuratorium des Instituts an, das gemeinsam mit dem Beirat Ritters allerdings ohne ausreichende Erläuterung vorgetragenen Publikationsvorschlag – in Gegenwart von Bundespräsident Heuss – einstimmig gebilligt hatte.[56] Übrigens hat Ritter damals auch das von ihm vorbereitete Buch „Goerdeler und der deutsche Widerstand" angeboten, zumal die Widerstandsforschung von Beginn an zum Arbeitsprogramm des Instituts zählte und Eugen Kogon im Beirat sogar gefordert hatte, es müsse dem Gremium grundsätzlich ein Experte für diesen Themenbereich angehören. Ritters Buch erschien dann tatsächlich 1954 außerhalb der Institutsreihe.

Auch auf bayerischer Seite verursachte die Veröffentlichung Ärger. Ministerpräsident Hans Ehard griff im Bayerischen Landtag Ritters Bearbeitung und Herausgabe der „Tischgespräche" scharf an, mehrere Kuratoriumsmitglieder äußerten die Befürchtung, die Existenz des Instituts stehe auf dem Spiel. Sattlers Erklärungen über ein eventuelles Ausscheiden Bayerns aus dem Kuratorium fielen ziemlich sibyllinisch aus; für den Fall, daß Ritter im Beirat bleibe, sei es wohl sicher, daß Bayern sich zurückziehen werde."[57] Noch bei den Haushaltsbesprechungen mit dem Bund und Bayern waren die Nachwirkungen zu spüren: Mau sah sich kritischen Nachfragen im Landtagsausschuß für Rechts- und Verfassungsfragen ausgesetzt. Der damalige Leiter der Kulturabteilung im Bundesministerium des Innern, Staatssekretär a. D. und Kuratoriumsvorsitzender des Instituts für Zeitgeschichte, Dr. Erich Wende, berichtete, daß die SPD im Haushaltsausschuß des Bundestages eine

---

[55] Kabinettsprotokolle der Bundesregierung, hrsg. für das Bundesarchiv von Hans Booms. Bd. 4, 1951, bearb. von Ursula Hüllbüsch, Boppard am Rhein 1988, S. 443.
[56] Protokoll (Anm. 48).
[57] Ebd., S. 13.

Zustimmung zum Etatansatz des Instituts für Zeitgeschichte abgelehnt habe: Das Mißtrauen als Folge der Publikation der „Tischgespräche" sei nicht zu beseitigen gewesen, auch im Verfassungsausschuß habe es eine Debatte darüber gegeben.[58]

Tatsächlich diskutierten Kuratorium und Wissenschaftlicher Beirat die Frage des Rücktritts Ritters kontrovers, ohne sich doch zu einer solchen Aufforderung durchringen zu können: Während das Kuratorium sich Schritte gegenüber Ritter vorbehielt, kam es im Beirat nicht zu einer Einigung. Die Mehrheit lehnte es ab, Ritter zum Rücktritt zu drängen, akzeptierte aber, daß mit ihm ein Gespräch mit folgendem Ziel geführt wurde: Ritter solle künftig – ohne formell ausgeschlossen zu sein – nicht mehr an den Sitzungen teilnehmen. So geschah es denn auch.

So unvermeidlich dieser Schritt zum damaligen Zeitpunkt sein mochte, bedauerlich war er dennoch: Gerhard Ritter zählte nicht nur zu den markantesten Persönlichkeiten der Zunft, die er damals nahezu dominierte. Er war ohne Zweifel auch einer der bedeutendsten, produktivsten und vielseitigsten Historiker des 20. Jahrhunderts, dessen Œuvre die europäische Geschichte vom Spätmittelalter bis zum 20. Jahrhundert von der Geistes-, Kirchen- und Theologiegeschichte bis zu den Grundfragen von Innen- und Außenpolitik umspannte. Zudem war er Vorsitzender des Historikerverbandes und Mitglied bzw. später Vizepräsident des Comité international des Sciences historiques. Wenn ein Gelehrter seines Ranges schon bei der ersten Quellenpublikation zum Nationalsozialismus stolperte, dann mußte es hier viele, zum Teil verborgene Fallstricke geben. Eben deshalb hatte diese Kontroverse letztlich eine positive Wirkung. Fortan zwang sie zu größter quellenkritischer Akribie und zeigte: Im Feld der Zeitgeschichte interessieren Fehler nicht bloß die Zunft selbst, sondern ebenso Öffentlichkeit und Politik.

Denn tatsächlich ging es, wie dieser Vorgang zeigte, weniger um die editorischen Mängel. Der Beirat diskutierte sie nach einem Bericht von Hermann Mau über die von ihm vorgenommenen Textvergleiche mit vor der Veröffentlichung nicht bekannten Materialien, die sich zum Teil im Besitz von François Genoud[59] befanden – der dann in den 1980er

---

[58] Protokoll (Anm. 17), S. 3, 8f.
[59] François Genoud (1915–1996) war ein Schweizer Privatbankier, dem Beziehungen zu rechtsradikalen, später aber auch linksterroristischen Kreisen (u. a. zu „Carlos") nachgesagt – aber wohl nie bewiesen – wurden. Er hatte sich Verwertungsrechte an verschiedenen Nachlassen von NS-Funktionären, v.a. von Joseph Goebbels, gesichert und diese auch in Gerichtsverfahren durchgesetzt. Vgl. etwa die Bücher zweier Pariser Journali-

und 1990er Jahren für die Publikation der Goebbels-Tagebücher eine wichtige juristische Rolle spielen sollte. Mau übersandte mit dem Protokoll der Sitzung auch ein textvergleichendes Exposé, das zwar zahlreiche editorische Mängel feststellte, aber zu dem Ergebnis gelangte, „daß die in Frage stehenden Textdifferenzen in keinem Falle Anlaß zu dem Argwohn geben, daß den Eingriffen in den Text P (Picker) irgendeine politische Tendenz zugrunde gelegen hat. Es ist ferner festzustellen, daß der Gesamtcharakter der ‚Tischgespräche' durch die festgestellten Eingriffe in den Text kaum berührt wird."[60]

Hannah Arendt kritisierte in der Zeitschrift „Der Monat"[61] die Veröffentlichung unter dem seinerseits eher sensationshaschenden als sachlichen Titel „Bei Hitler zu Tisch": Sie begründete ihre Attacke, indem sie eine negative Wirkung der Publikation unterstellte: „angesichts des anwachsenden Neonazismus in Deutschland und angesichts der augenfälligen Unaufgeklärtheit des deutschen Volkes über die Ereignisse seiner jüngsten Geschichte". Mau selbst hielt eine spätere Neuedition der „Tischgespräche" – für die er alles Material (vor allem das Genouds) kritisch herangezogen sehen wollte, für sinnvoll. Sie erfolgte durch Percy Ernst Schramm in Zusammenarbeit mit Andreas Hillgruber und Martin Vogt erst 1963 außerhalb der Institutsreihen. Sehr viel später erschien. „Adolf Hitler, Monologe im Führerhauptquartier 1941–1944. Die Aufzeichnungen Heinrich Heims."[62]

Übrigens wurde die Rittersche Ausgabe der „Tischgespräche" kein Bucherfolg: Nach einem Jahr waren 6000 Exemplare abgesetzt. Im gleichen Zeitraum erreichte Ernst von Salomons „Fragebogen" eine verkaufte Auflage von 70 000 Exemplaren, eine Buchgemeinschaftsausgabe von 100 000 Exemplaren war in Vorbereitung.[63]

Tatsächlich befaßten sich die Kritiker außerhalb des Beirats kaum mit der Edition selbst. Ritters Verbitterung war in mancher Hinsicht berechtigt, wenngleich sein Haßausbruch auf das Institut und den Beirat weit über das Ziel hinausschoß. „Das Institut war immer in Gefahr, als offiziöses Propagandainstrument der heutigen Regierungen und der

---

sten: Karl Laske, Ein Leben zwischen Hitler und Carlos: François Genoud, Paris 1996, deutsch: Zürich 1996; Pierre Péan, L'extrémiste. François Genoud, de Hitler à Carlos, Paris 1996.

[60] Undatiert S. 5, IfZ-Archiv, ED 105, Hausarchiv, Anlage zur Sitzung vom 17. Mai 1952.
[61] Hannah Arendt, Bei Hitler zu Tisch, in: Der Monat 4 (1951/52), H. 37, S. 85–90, hier S. 90.
[62] Hrsg. von Werner Jochmann. Hamburg 1980.
[63] Protokoll (Anm. 17), S. 3.

hinter ihnen stehenden Amerikaner betrachtet zu werden: Ich hatte gehofft, mir wenigstens, als ‚Mann des 20. Juli', würde die Öffentlichkeit das Vertrauen schenken, daß ich nicht als ‚Neubekehrter' und in fremdem Auftrag rede, und in diesem Sinne würde ich dem Institut nützlich sein können – dies um so mehr, als ich eine gemäßigte und besonnene ‚Revision des deutschen Geschichtsbildes' seit 1945 in vielen Schriften und Presseartikeln verfochten und damit eine sehr breite Leserschaft erreicht habe."[64]

Jenseits der Auseinandersetzung aber legte Ritter den Finger auf den Punkt, um den es auch künftig und bis heute bei allen Quellenveröffentlichungen zur Geschichte des Nationalsozialismus ging und geht: zum einen um die Objektivität der Wissenschaft, zum anderen um die Unmöglichkeit oder Sinnlosigkeit, historische Zeugnisse – auch wenn ihr Inhalt in fanatischer Ideologie besteht – fortlaufend zu kommentieren. Die Alternative bestünde darin, die Veröffentlichung besser zu unterlassen: Ein Beispiel dafür bildet bis heute Hitlers „Mein Kampf", da die Rechte des Eher Verlags seit 1945 vom Freistaat Bayern in Anspruch genommen werden, um eine ideologisch-propagandistische oder kommerzielle Nutzung nationalsozialistischer Texte zu unterbinden. So berechtigt in politischer Hinsicht diese Absicht damals und später war, so unvermeidlich führte sie ständig zu Paradoxien und Inkonsequenzen: So hält sich beispielsweise Israel nicht an diese Regelung, dort ist folglich ein Text im Handel, dessen Erscheinen und Verkauf andernorts verboten ist: Beispielsweise wurde eine schwedische Ausgabe von „Mein Kampf" aufgrund eines von Bayern erwirkten Gerichtsbeschlusses zurückgezogen. Internet-Ausgaben, u. a. amerikanischer Anbieter, kann sich jeder Nutzer unkommentiert herunterladen. Aufgrund dieser veränderten Situation, aber auch aus wissenschaftlichen Gründen wird das Institut für Zeitgeschichte 2010 mit der Vorbereitung einer historisch-kritischen Ausgabe von „Mein Kampf" im Rahmen der Edition der Hitler-Dokumente bis 1933 beginnen: Zum Zeitpunkt des Auslaufens des Urheberschutzes 70 Jahre nach dem Tod des Autors – im Jahr 2015 – soll die Edition vorliegen, um kommerzieller bzw. neonazistischer propagandistischer Nutzung entgegenzuwirken.[65] Aber auch generell gilt: Da es zu den von Bund und Ländern schon bei seiner Gründung dem Institut für Zeitgeschichte erteilten Aufträgen zählt, Quellen zu sammeln und zu publizieren, konnten und können Dokumente des Natio-

---

[64] Ritter an Fritz Hartung, 21. 11. 1951, in: Gerhard Ritter (Anm. 22), S. 476.
[65] Siehe dazu das Interview mit Horst Möller, in: FAZ vom 16. Juli 2007.

nalsozialismus davon nicht ausgenommen werden. Mit anderen Worten: Aufgrund unterschiedlicher Rechtslage und unterschiedlicher Genehmigungen wurden – übrigens auch durch andere Herausgeber – NS-Texte in wissenschaftlichen Dokumentationen in großer Zahl gedruckt. In bezug auf „Mein Kampf" bleibt schließlich nur der angenommene politische Symbolwert, der einer solchen Veröffentlichung in Deutschland zugemessen wird.

In der ersten Auseinandersetzung über diese Fragen hatte Gerhard Ritter in seinem Brief an den „Beirat des Deutschen Instituts für Geschichte der Nationalsozialistischen Zeit" am 22. Oktober 1951 Stellung bezogen. Er kritisierte Hannah Arendt, die ihm vorgeworfen hatte, daß „ich es für meine Pflicht halte, auch einem ‚erwiesenen Massenmörder' gegenüber die selbstverständlichen Grundgesetze historischer Objektivität zur Anwendung zu bringen", sowie den Juristen Ernst von Hippel, der aus Protest aus dem Beirat ausgeschieden war, weil er eine Veröffentlichung von NS-Quellen nur mit ständigen Richtigstellungen für vertretbar hielt. Übrigens hatte Ritter selbst eine solche Möglichkeit bereits im Anhang seiner Ausgabe zurückgewiesen.[66]

Ritter sah eine klare Alternative: „die Entscheidung zwischen politischer Propaganda-Anstalt und freiem Forschungsinstitut".[67] Bei aller persönlichen Schärfe, die Ritter auch sonst eigen war, muß sowohl die sachliche Berechtigung seiner Hauptargumente als auch seine persönliche Integrität als Gegner des Nationalsozialismus *vor* – und nicht wie bei manchen seiner vielen Kritiker erst nach – 1945 bedacht werden.

Natürlich wäre es auch heute unmöglich, bei Quellenveröffentlichungen – etwa den 29 Textbänden des Goebbels-Tagebuchs, die zwischen 1993 und 2006 erschienen – fortlaufende Richtigstellungen vorzunehmen: einer Auffassung, der damals im übrigen die Mehrheit der Beiratsmitglieder – unter anderem Bergsträsser und Hartung – ausdrücklich zustimmten. Ritter betonte zu Recht, daß man dies auch bei anderen Quellenpublikationen nicht wolle und könne. Zutreffend bemerkte er zudem, daß er selbst eine kritische Einleitung beigesteuert habe, die über den Charakter Hitlers und zahlreiche seiner Auslassungen keinerlei Zweifel gelassen hatte; dies wurde im Beirat auch nicht bestritten, doch mißbilligte man Passagen im Vorwort Henry Pickers, das als überflüssig bzw. bedenklich eingestuft wurde und über den sich Ritter vorher habe ein Bild machen müssen; kritisiert wurde zudem eine gewisse

---

[66] Gerhard Ritter (Anm. 53), S. 454.
[67] Gerhard Ritter (Anm. 22), S. 475–479, die Zitate S. 478, 479.

Fahrlässigkeit im Umgang mit dem Text. Eine politische Verharmlosung aber war Ritter keinesfalls vorzuwerfen, schloß er seine Einführung doch mit den Worten: „Die Zukunft des deutschen Volkes aber wird davon abhängen, ob es ihm gelingt, sich innerlich ebenso wie äußerlich davon zu lösen."[68]

Allerdings hatte Eugen Kogon, selbst Mitglied des Beirats, nicht unrecht, als er in einer ausführlichen Rezension seinerseits Mängel der Präsentation hervorhob, ohne sich jedoch grundsätzlich gegen die Veröffentlichung auszusprechen: „Professor Ritter rückt die Dinge schon zurecht, aber zu schwach, wie mir scheint. Im vorliegenden Fall besteht die pädagogische Rücksicht des Wissenschafters [sic!] gerade darin, rücksichtslos zu sein". Allerdings betonte Kogon auch, daß die Formulierung der Titelei „Im Auftrage des Deutschen Instituts [...] geordnet [...]" in dieser Weise nicht zuträfe: Weder das Manuskript, noch Korrekturfahnen und Umbruch hätten das „Normalverfahren des Instituts durchlaufen". Vielmehr sei eine summarische Annahme des Textes aufgrund der Autorität Ritters und seiner Demonstration an Textauszügen vorgenommen worden. Das Institut dürfe nicht nach dieser ersten Veröffentlichung beurteilt werden, „sondern nach seinem gesamten langfristigen Programm. Es umfaßt die sehr schwierige Quellenkunde (das meiste Material liegt im Ausland), die Indizierung der umfangreichen und vielfältigen Materialien, die deutsche und internationale Bibliographie zur Hitler-Zeit, die Publizierung der Akten, geistesgeschichtliche und politische Darstellungen, sowie eine Reihe unmittelbar aktueller Schriften, von denen gewiß nicht jede jedermanns uneingeschränkten Beifall finden kann."[69]

Von langfristiger Bedeutung erwies sich diese Kontroverse auch, weil Theodor Litt schon damals die grundsätzliche Frage aufwarf, in welchem Grade der Wissenschaftliche Beirat eine Mitverantwortung für Publikationen trage und in welchem Umfang ihre vorherige Begutachtung stattzufinden habe, auf die sich der Beirat im Prinzip schon früher verständigt hatte. Auch späterhin hat es verschiedentlich Kontroversen über Quelleneditionen gegeben, so beispielsweise Ende der 1980er bzw. zu Beginn der 1990er Jahre über die erste, notgedrungen noch frag-

---

[68] Vom NS-System; Gerhard Ritter (Anm. 53), S. 29; vgl. die Sitzung von Kuratorium und Beirat am 5. November 1951, an der Ritter selbst nicht teilnahm, IfZ-Archiv, ED 105, Hausarchiv.

[69] Eugen Kogon, Habent sua fata belli, in: Frankfurter Hefte, 6 (1951), S. 682–685, die Zitate S. 683, 685.

mentarische Ausgabe der Goebbels-Tagebücher oder über einzelne Monographien, deren Begutachtung im Beirat umstritten war, etwa die im Auftrag des Instituts angefertigte Studie von Kurt Sontheimer „Antidemokratisches Denken in der Weimarer Republik"[70], die dann außerhalb der Institutsreihen erschien und zum Erfolg wurde, oder über Günter Plums Untersuchung „Gesellschaftsstruktur und politisches Bewußtsein in einer katholischen Region 1928–1933. Untersuchungen am Beispiel des Regierungsbezirks Aachen"[71], die Max Braubach zum Anlaß nahm, aus dem Wissenschaftlichen Beirat auszuscheiden. In diesen wie in anderen Fällen ging es um grundsätzliche methodische Probleme, aber auch um die Frage, wie die Verantwortung für eine Veröffentlichung zwischen Autor, Institutsleitung und Wissenschaftlichem Beirat zu verteilen sei. Hierbei handelte es sich um normale wissenschaftliche Kontroversen; in bezug auf die hohe Gesamtzahl der Publikationen waren sie aber außerordentlich selten, nur in Ausnahmefällen kam schließlich keine Einigung zustande.

VIII.

Das im Institut für Zeitgeschichte erforschte Themenspektrum, seine ständige Ausdehnung, spiegelt einerseits die historische Entwicklung und das gesellschaftlich-politische Interesse an der Geschichte, andererseits den jeder Wissenschaft immanenten Wandel der Problemorientierung. So erfolgte schon die erwähnte Umbenennung 1952 aus methodischen und sachlichen Gründen, kann doch kein historisches Phänomen nur von seiner jeweiligen Gegenwart her erforscht werden, vielmehr bedarf es der Einbeziehung aller drei Dimensionen der Zeit, da die temporale auch eine kausale Komponente hat: Ursache und Wirkung bedürfen ebenso der Analyse. Da Kenntnis der Konsequenzen geschichtlicher Vorgänge aus bloßer Zeitgenossenschaft nicht erwächst, reicht diese auch grundsätzlich nicht aus, um historische Phänomene angemessen zu erfassen. Aus dieser methodischen Zwangsläufigkeit, die in dem neuen, dann definitiven Namen zum Ausdruck kam, bezog das In-

---

[70] München 1962.
[71] Studien zur Zeitgeschichte Bd. 3, 1972. Über M. Braubach vgl. Rudolf Morsey, Max Braubach und die Zeitgeschichte, in: Annalen des Historischen Vereins für den Niederrhein, Pulheim 1999, S. 63–74, sowie: Konrad Repgen, Max Braubach. Leben und Werk, ebd. S.9–41.

stitut für Zeitgeschichte schon bald nach seiner Gründung die Zeit vor 1933 und nach 1945 in seine Arbeit ein: Die Trias, die die deutsche Geschichte des 20. Jahrhunderts kennzeichnete – Gefährdung und Untergang der Demokratie, Aufstieg einer totalitären Bewegung und Begründung der Diktatur, schließlich antitotalitärer Grundkonsens und Demokratiegründung in Westdeutschland – bildete also fortan den Gegenstandsbereich des Instituts für Zeitgeschichte, bis heute des einzigen außeruniversitären Forschungsinstituts, das den Gesamtbereich der deutschen Zeitgeschichte in ihren europäischen Verflechtungen seit dem Ersten Weltkrieg dokumentiert und untersucht. Hieraus ergibt sich zeitlich und sachlich eine ständige Erweiterung der Aufgabenstellung. Sie ist jeweils durch Institutsleitung und wissenschaftliche Mitarbeiter, aber auch im Wissenschaftlichen Beirat und im Stiftungsrat diskutiert worden.

Nach dem jähen Tod Hermann Maus 1952 wurde sein Vertreter Helmut Krausnick interimistisch mit der Geschäftsführung beauftragt. Das Institut war noch immer in einer schwierigen Lage, in finanzieller und auch in konzeptioneller Hinsicht, zumal einzelne Aufgabenbereiche nicht hinreichend geklärt waren. Zu ihnen zählte die erwähnte Frage, in welchem Ausmaß es Aufgaben der politischen Bildung übernehmen müsse. Unklar war letztlich auch die Abgrenzung der archivalischen Sammlungstätigkeit zum Bundesarchiv und die Beteiligung weiterer Bundesländer. Selbst die Zusammensetzung des Wissenschaftlichen Beirats provozierte verschiedentlich Diskussionen, die letztlich auf die Frage nach der Autonomie der Wissenschaft gegenüber gesellschaftlich-politischen Ansprüchen hinausliefen – all diese Themen wurden immer wieder diskutiert. Es zählt zu den unschätzbaren Verdiensten der frühen Institutsarbeit, daß sich – oft durch Einigungen, die nach heftigen Kontroversen in den Gremien erzielt wurden – die Zeitgeschichte methodisch innerhalb des Fachs, gesellschaftlich und politisch außerhalb, als Teilbereich der Geschichtswissenschaft und im Hinblick auf außerwissenschaftliche Einflußnahmen autonome Disziplin durchsetzte. Dieses Ergebnis erwies sich nicht allein für das Institut für Zeitgeschichte als existentiell, sondern für die Zeitgeschichtsforschung überhaupt. Die Arbeit des Instituts etablierte in den folgenden Jahren in Deutschland, aber mit internationalen Auswirkungen, die Zeitgeschichte als Wissenschaft, gab es doch außerhalb des Instituts für Zeitgeschichte an den Universitäten nur vereinzelte Aktivitäten in diesem Sektor, der letztlich außeruniversitär durchgesetzt worden ist und in thematischen Teilbereichen durch weitere außeruniversitäre Institutionen, etwa die 1951 in Bonn gegründete, nun in Berlin ansässige Kommission für Geschichte des Parlamentarismus und der politischen Parteien, die allerdings ihren Arbeitsbereich auf das 19. und 20. Jahrhundert erstreckte, Verstärkung erfuhr.

Zu Beginn der 1950er Jahre konnte dies auch nicht anders sein, beginnt doch die wissenschaftliche Erforschung der Geschichte normalerweise mit der Freigabe der Akten, also nach Ablauf der 30jährigen Sperrfrist. Dies schließt Vorläufer, die mit zugänglichem Quellenmaterial, beispielsweise Zeitungen, arbeiten, nicht aus, ändert aber nichts an der Regel. Insofern ist den Universitäten keineswegs vorzuwerfen, daß sie sich zu diesem Zeitpunkt noch nicht auf breiter Front mit der Geschichte der nationalsozialistischen Diktatur beschäftigten. Selbst die Forschung über die Weimarer Republik steckte naturgemäß noch in den Anfängen; setzte doch der normale Ablauf der Sperrfrist erst seit 1948 ein, für die Auflösungsphase erst seit 1960: Auch für die Bestände des ehemaligen Reichsarchivs, des späteren DZA Potsdam, und die nach Merseburg ausgelagerten Bestände des ehemaligen Geheimen Preußischen Staatsarchivs in Berlin-Dahlem gab es trotz vieler Teil und Individualgenehmigungen bis 1990 keine generelle Zugänglichkeit: Dies betrifft auch einen großen Teil der Ministerialakten des Reiches zwischen 1933 und 1945.

Um so überraschender ist es, daß aufgrund der vergleichsweise schnellen Öffnung der Archive im Westen bzw. der Rückgabe zentraler Aktenbestände durch die amerikanische Besatzungsmacht, die sie 1945 beschlagnahmt hatte, sowie der Nürnberger Akten die Erforschung des NS-Regimes bereits seit den frühen 1950er Jahren mit großer Intensität einsetzte: Dabei spielte das Institut für Zeitgeschichte die ihm bei seiner Gründung zugedachte Schlüsselrolle.

Später traten, mit ungleich speziellerer Zwecksetzung Institutionen wie die Zentralstelle für Verfolgung von NS-Verbrechen in Ludwigsburg hinzu, deren Auftrag die Sammlung von Ermittlungsakten war und ist: Sie begann ihre Arbeit gemäß einer Vereinbarung der Justizminister 1958 – also auch zu einer Zeit, als angeblich die NS-Vergangenheit verdrängt wurde.

IX.

Als dem Institut für Zeitgeschichte der Durchbruch in diesen Forschungsfeldern geglückt war, wirkte sich dies auf die Geschichtswissenschaft insgesamt aus, die sich nach vereinzelten Anfängen in den Universitäten seit den 1950er Jahren zaghaft, in den 1960er Jahren ebenfalls verstärkt zeitgeschichtlichen Themen zuwandte, nachdem die Voraussetzungen dafür verbessert worden waren.

Um 1970 hatte sich die zeitgeschichtliche Forschung und Lehre auch an den Universitäten fest etabliert. So veröffentlichte Karl Dietrich Bracher – dessen fundamentale politik- und strukturgeschichtliche Analyse über die „Auflösung der Weimarer Republik" zuerst 1955 erschienen war und teilweise zunächst auf Unverständnis stieß, bevor sie als bis heute gültiges Standardwerk internationale Anerkennung fand[72] – der 1969 die erste groß angelegte wissenschaftliche Gesamtdarstellung des NS-Regimes. Sie beschränkte sich keineswegs auf die zwölf Jahre der Diktatur selbst, sondern bezog die Vorgeschichte sowie weit ins 19. Jahrhundert zurückreichende Bedingungsfaktoren ein: „Die deutsche Diktatur".[73]

Schon 1960 hatte Karl Dietrich Bracher zusammen mit Gerhard Schulz und Wolfgang Sauer das Grundlagenwerk über „Die nationalsozialistische Machtergreifung" veröffentlicht[74], im selben Jahr Erich Matthias und Rudolf Morsey – dessen große Untersuchung „Die deutsche Zentrumspartei 1917–1923"[75] zu den Marksteinen der parteigeschichtlichen Weimar-Forschung zählt – den wegweisenden Sammelband „Das Ende der Parteien".[76] 1965 publizierte Andreas Hillgruber sein bedeutendes Werk „Hitlers Strategie. Politik und Kriegführung 1940–1941"[77], drei Jahre später Hans-Adolf Jacobsen seine „Nationalsozialistische Außenpolitik 1933–1938".[78] 1971 folgte in dieser Thematik erstmals die knappe aber gehaltvolle, forschungsorientierte Darstellung von Klaus Hildebrand „Deutsche Außenpolitik 1933–1945".[79] 1963

---

[72] Vgl. Horst Möller, Die Weimarer Republik in der zeitgeschichtlichen Perspektive der Bundesrepublik Deutschland. Traditionen, Problemstellungen, Entwicklungslinien, in: Karl Dietrich Bracher/Manfred Funke/Hans-Adolf Jacobsen, Die Weimarer Republik 1918–1933. Politik, Wirtschaft, Gesellschaft, Düsseldorf 1987, S. 587–616, insbes. S. 595 ff., sowie Manfred Kittel, Karl Dietrich Bracher – ein Klassiker der Zeitgeschichtsforschung. Podiumsdiskussion anlässlich seines Ausscheides aus dem Herausgeberkreis der Vierteljahrshefte für Zeitgeschichte, in: VfZ 1/2008, S. 153–157.
[73] Köln 1969.
[74] Die nationalsozialistische Machtergreifung. Studien zur Errichtung des totalitären Herrschaftssystems in Deutschland 1933/34, Köln–Opladen 1960, ²1962.
[75] Düsseldorf 1960.
[76] Das Ende der Parteien 1933, Düsseldorf 1960.
[77] Frankfurt am Main 1965, ³1993.
[78] Frankfurt am Main–Berlin 1968.
[79] Deutsche Außenpolitik 1933–1945. Kalkül oder Dogma?, Stuttgart u.a. 1975, ⁵1990.

erschien Ernst Noltes bedeutendes Werk „Der Faschismus in seiner Epoche"[80], 1973 schließlich Joachim Fests große „Hitler-Biographie"[81], ein Glanzstück zeitgeschichtlicher Biographik bis heute. Für die Nachkriegsgeschichte ist exemplarisch das nach wie vor gültige Standardwerk von Hans-Peter Schwarz „Vom Reich zur Bundesrepublik. Deutschland im Widerstreit der außenpolitischen Konzeptionen in den Jahren der Besatzungsherrschaft 1945–1949"[82] zu nennen.

Nach den ersten beiden Jahrzehnten der Forschung wurden ihre zentralen Erkenntnisse bald auch in Handbuchdarstellungen kondensiert, die alle drei Epochen der Zeitgeschichte betrafen, wenngleich sie sich für die Nachkriegsgeschichte aufgrund der Quellen- und Forschungslage in der Regel zunächst auf die Besatzungsjahre 1945 bis 1949 konzentrierten. So erschienen innerhalb des Handbuchs der deutschen Geschichte, dem „Brandt-Meyer-Just", drei einschlägige Darstellungen: Albert Schwarz „Die Weimarer Republik 1918–1933"[83], Walther Hofer „Die Diktatur Hitlers bis zum Beginn des Zweiten Weltkriegs"[84] sowie Ernst Deuerlein „Deutschland nach dem Zweiten Weltkrieg 1945–1955".[85] Alle drei Epochen behandelte dann souverän Karl Dietrich Erdmann, in „Die Zeit der Weltkriege"[86], eine durchgreifende Neubearbeitung erschien 1973/76 als vierter Band der neubearbeiteten (9.) Auflage von Gebhardts „Handbuch der deutschen Geschichte".

Diese Werke stehen beispielhaft für eine Vielzahl weiterer zeitgeschichtlicher Untersuchungen zur nationalsozialistischen Diktatur bzw. andere zeitgeschichtliche Perioden, die außerhalb des Instituts für Zeitgeschichte vom Ende der 1950er bis zum Beginn der 1970er Jahre entstanden sind. Sie profitierten meist vielfach von den Veröffentlichungen des Instituts. Die meisten ihrer Autoren waren dem Institut für Zeitgeschichte verbunden, oft als Beiratsmitglieder.

Kein Zufall ist es, daß das Institut für Zeitgeschichte selbst in den 1960er Jahren größere Darstellungen veröffentlichte, die einerseits bilanzierenden Charakter für ein breiteres Publikum besaßen, andererseits aber forschungsorientiert waren. Martin Broszat und Helmut Hei-

---

[80] Der Faschismus in seiner Epoche. Die Action française. Der italienische Faschismus. Der Nationalsozialismus, München 1963.
[81] Hitler. Eine Biographie, Frankfurt am Main u. a. 1973.
[82] Neuwied 1966, Stuttgart ²1980.
[83] Konstanz 1958.
[84] Konstanz 1959.
[85] Konstanz 1965.
[86] Stuttgart 1959.

ber gaben gemeinsam die vierzehnbändige „dtv-Weltgeschichte des 20. Jahrhunderts" heraus, in der renommierte Historiker (darunter mehrere zeitweilige Beiratsmitglieder) von außerhalb des Instituts wie Hans Herzfeld, Gerhard Schulz, Ernst Nolte, Ernst Angermann, Karl-Heinz Ruffmann, Gottfried-Karl Kindermann, Winfried Loth u. a. ebenso Bände schrieben wie Mitarbeiter des Instituts selbst. Unter ihnen war Martin Broszat mit seinem historiographisch epochemachendem Standardwerk zur polykratischen Herrschafts- und Verwaltungsstruktur des NS-Regimes 1933–1939 „Der Staat Hitlers"[87], mit dem erstmals eine groß angelegte empirische Einlösung dieses Interpretationsansatzes erfolgte, der später in aller Munde sein sollte, damals aber über essayistische Anläufe noch nicht hinausgekommen war.

Vorläufer, die dieses Charakteristikum der Herrschaftsstruktur des NS-Regimes mit freilich sehr unterschiedlicher Pointe im Blick hatten, waren Ernst Fraenkel „Der Doppelstaat"[88] und der stärker ideologisch argumentierende Franz Neumann „Behemoth – Struktur und Praxis des Nationalsozialismus 1933–1944".[89] Während der 1950er Jahre befaßte sich Karl Dietrich Bracher in dem Beitrag „Stufen totalitärer Gleichschaltung. Die Befestigung der national-sozialistischen Herrschaft 1933/34"[90] mit dieser Fragestellung und erklärte deren Prinzip mit Hilfe der römischen Herrschaftsmaxime „divide et impera" als bewußt intendiert. Gerhard Schulz applizierte 1960 erstmals den Begriff Polykratie auf die NS-Herrschaft[91], und schließlich interpretierte Hans Mommsen (1961/62 Mitarbeiter des Instituts) die polykratische Struktur als ungewolltes Chaos funktionalistisch.[92] Eine Bilanz dieser Debatte bot dann ein Colloquium des DHJ London 1979 über den „Führerstaat".[93] Empirisches Neuland für die Verfassungs- und Verwaltungspolitik nach 1939 erschloß auf diesem Gebiet das Werk von Dieter Rebentisch über „Führerstaat und Verwaltung im Zweiten Weltkrieg" zehn

---

[87] München 1969, [14]1995.
[88] Zuerst in englisch 1941; deutsch Frankfurt ans Main–Köln 1974.
[89] Zuerst in englisch 1944; deutsch Köln – Frankfurt am Main 1977.
[90] VfZ 4 (1956). S. 30–42.
[91] In: Karl Dietrich Bracher/Wolfgang Sauer/Gerhard Schulz (Anm. 74).
[92] Vgl. etwa ders., Nationalsozialismus, in: Marxismus im Systemvergleich, hrsg. von C. D. Kernig. Geschichte 3, Sp. 173–193 (Neuaufl. von: Sowjetsystem und Demokratische Gesellschaft 1966 f.), sowie 1981 ders., Hitlers Stellung im nationalsozialistischen Herrschaftssystem, in: ders., Der Nationalsozialismus und die deutsche Gesellschaft. Ausgew. Aufsätze, Reinbek 1991, S. 67–101.
[93] Der „Führerstaat". Mythos oder Realität. Studien zur Struktur und Politik des Dritten Reiches, hrsg. von Gerhard Hirschfeld und Lothar Kettenacker mit einer Einleitung von Wolfgang J. Mommsen, Stuttgart 1981.

Jahre später.[94] Eine Forschungsbilanz, die in einem wesentlich vom Institut für Zeitgeschichte mitorganisierten (gemeinsam mit der Historischen Kommission zu Berlin und der Deutschen Vereinigung für Parlamentsfragen) großen Colloquium im Reichstag zu Berlin im Januar 1983 entstand, enthält auch der Band „Deutschlands Weg in die Diktatur". Er wurde für das Institut von Martin Broszat und Horst Möller vorbereitet, für die anderen beteiligten Institutionen vor allem durch Heinrich Oberreuter und JürgenSchmädeke.[95]

In der „dtv-Weltgeschichte des 20. Jahrhunderts" erschienen: Helmut Heihers äußerst erfolgreiche Darstellung „Die Republik von Weimar", Hermann Gramls Werk „Europa zwischen den Kriegen", Lothar Gruchmanns Gesamtdarstellung „Der Zweite Weltkrieg" und das schon erwähnte Buch von Thilo Vogelsang über „Das geteilte Deutschland" – alles Werke von eigener Prägung. Der außergewöhnliche Erfolg dieser Reihe war nicht zuletzt ein Erfolg der Autoren aus dem Institut; alle Bände erzielten mehrere, manche zahlreiche Auflagen von über 100 000 Exemplaren. Die große Breitenwirkung belegt, daß selbst forschungsorientierte Darstellungen sehr erfolgreich sein können und daß das damalige Publikum – das angeblich zeitgeschichtliche Probleme verdrängte – sehr viel größeren Anteil an ihrer anspruchsvollen Darstellung nahm als das heute der Fall ist, wo eine einschlägige Fernsehsendung die andere jagt, deren Niveau keinen Vergleich mit diesen Büchern aushält – auch nicht, wenn man die Differenz des Mediums in Rechnung stellt.

Diese Reihe zeigte nach den anderen erwähnten – im guten Sinne popularisierenden – Darstellungen von Mitarbeitern, daß das Institut für Zeitgeschichte neben seinem Dokumentations-, Beratungs-, Begutachtungs- und Forschungsauftrag auch einen erheblichen Beitrag zur historisch-politischen Bildung leistete. Diese Intention lag auch dem dreibändigen, 1971 bis 1973 veröffentlichten Werk „Deutsche Geschichte seit dem Ersten Weltkrieg" zugrunde, die einen Teil der Darstellungen von Institutsmitarbeitern aus der „dtv-Weltgeschichte" verwandte, sie aber um zwei weitere Abschnitte damaliger Institutsmitarbeiter ergänzte: Dietmar Petzinas „Grundriß der deutschen Wirt-

---

[94] Führerstaat und Verwaltung im Zweiten Weltkrieg. Verfassungsentwicklung und Verwaltungspolitik 1939–1945, Stuttgart-Wiesbaden 1989.
[95] Deutschlands Weg in die Diktatur, Referate und Diskussionen. Ein Protokoll. Internationale Konferenz zur nationalsozialistischen Machtübernahme ins Reichstagsgebäude zu Berlin, hrsg. von Martin Broszat u. a., Berlin 1983.

schaftsgeschichte 1918–1945" und den Band von Wolfgang Benz „Quellen zur Zeitgeschichte", der ein wichtiges Hilfsmittel für Forschung und akademischen Unterricht bildete.

Stärker noch als in dieser Serie wird die Darbietung des Forschungsstandes in gut lesbarer Form in der seit den frühen 1980er Jahren begonnenen, ebenfalls bei dtv erscheinenden, auf 29 Bände angewachsenen Reihe „Deutsche Geschichte der neuesten Zeit vom 19. Jahrhundert bis zur Gegenwart", zur Maxime: Martin Broszat, Wolfgang Benz und Hermann Graml geben sie in Verbindung mit dem Institut für Zeitgeschichte heraus. Diese Reihe stellt auch insofern ein Novum dar, als sie thematisch und zeitlich vom Wiener Kongreß bis zum NATO-Doppelbeschluß reicht, also auch das 19. Jahrhundert einbezieht und unmittelbar bis an die Gegenwartsgeschichte heranführt. Die Bände verbinden Darstellung, Forschungs- und Quellenbericht mit Basisinformationen in Form von Tabellen u. a. m. Auch in dieser Reihe befinden sich viele erfolgreiche Bände, u. a. Horst Möller „Weimar. Die unvollendete Demokratie" (9. Auflage)[96], Norbert Frei „Der Führerstaat" (8. Auflage)[97], Martin Broszat „Die Machtergreifung. Der Aufstieg der NSDAP und die Zerstörung der Weimarer Republik" (5. Auflage)[98] und Wolfgang Benz „Die Gründung der Bundesrepublik" (5. Auflage)[99]. Für nichtspezialisierte Leser bzw. für den Studiengebrauch waren zwei von Institutsmitarbeitern verfaßte Bände bestimmt: „Das Dritte Reich. Herrschaftsstruktur und Geschichte".[100]

Weitere Werke, die auf eine Breitenwirkung über den Kreis der Wissenschaftler hinaus zielen, erschienen zwar nicht als Institutsveröffentlichungen, wurden aber ganz überwiegend von Mitarbeitern des Instituts verfaßt, darunter die von Wolfgang Benz, Hermann Graml und Hermann Weiß herausgegebene „Enzyklopädie des Nationalsozialismus" (1997) oder das von Hermann Weiß veröffentlichte Nachschlagewerk „Biographisches Lexikon zum Dritten Reich" (1998), beide mehrfach neu aufgelegt.

---

[96] Zuerst 1985.
[97] Zuerst 1987.
[98] Zuerst 1984.
[99] Zuerst 1984.
[100] Hrsg. von Martin Broszat und Horst Möller (München ²1986) sowie der „„NS-Ploetz: Das Dritte Reich. Ursprünge, Ereignisse, Wirkungen, hg. von Martin Broszat und Norbert Frei, Freiburg/Würzburg 1983 (Neuausgabe 1989 u.d.T. „Das Dritte Reich im Überblick").

X.

Als 1979 in Zusammenhang mit dem in der Öffentlichkeit Aufsehen erregenden amerikanischen Film „Holocaust" wieder einmal der von Ignoranz oder Böswilligkeit zeugende Vorwurf erhoben wurde, die Geschichtswissenschaft habe sich mit dem NS-Regime kaum oder zu wenig beschäftigt, hat Martin Broszat unter anderem die vom Institut jährlich als Anlage zu den „Vierteljahrsheften" herausgegebene „Bibliographie für Zeitgeschichte" konsultiert: Es lasse sich unschwer feststellen, „daß wissenschaftliche Arbeiten zur NS-Zeit seit Jahren an der Spitze zeitgeschichtlicher Neuveröffentlichungen in der Bundesrepublik stehen, weit vor den Untersuchungen zur Weimarer Zeit oder zur deutschen Geschichte nach 1945".[101] Für die ersten 27 Jahrgänge der „Vierteljahrshefte für Zeitgeschichte" konstatierte Broszat damals, daß in ihnen nicht weniger als 16 Beiträge zum Thema Antisemitismus und NS-Judenpolitik veröffentlicht worden seien, darunter bereits im zweiten Heft (Juni 1953) ein Schlüsseldokument. „Kurt Gersteins Augenzeugenbericht über die Judenvergasungen". Naturgemäß wurden diese Themen in allgemeineren geschichtswissenschaftlichen Zeitschriften nicht mit vergleichbarer Intensität behandelt, in der führenden einschlägigen Zeitschrift der DDR, der „Zeitschrift für Geschichtswissenschaft", blieb nach Feststellungen Broszats hingegen das Thema überhaupt ausgespart!

Für die späteren Jahre kann Broszats Befund bestätigt werden: Michael Rucks Bibliographie zum Nationalsozialismus (1993) enthält mehr als 22000 Titel, die Neuauflage von 2000 sogar 37000. Die nunmehr jährlich erscheinende „Bibliographie zur Zeitgeschichte", die das Institut herausgibt, ist für die Jahre 1953–1995 in fünf Bänden kumuliert worden und enthält für diesen Zeitraum insgesamt 71385 zeithistorische Veröffentlichungen; für die folgenden 13 Jahre sind dies ca. 24420 Titel zur Zeitgeschichte, insgesamt also ca. 95800. So umfangreich diese Bibliographien auch sind, keine ist vollständig.

Für die Jahre 1953 bis 1994 sind allein 1081 Titel zur Judenverfolgung bzw. zum Massenmord an den Juden nachgewiesen. Hatte das Institut für Zeitgeschichte schon bis 1965 33 größere Gutachten zu dieser Thematik veröffentlicht, so erschienen bis 1995 in den „Vierteljahrsheften" 45 einschlägige Beiträge, die Zahl hatte sich gegenüber der von

---

[101] „Holocaust" und die Geschichtswissenschaft, in: VfZ 27 (1979), S. 285–298, Zitat S. 294.

Broszat für 1979 genannten deutlich erhöht, so daß im Schnitt pro Jahrgang ein Aufsatz bzw. eine Dokumentation in den „Vierteljahrsheften" publiziert wurden. Hinzu kommt eine große Zahl von Büchern. Broszats Auswertung der Vorlesungsverzeichnisse ergab damals, daß zwischen 1970 und 1979 an deutschen Universitäten insgesamt 650 Vorlesungen, Übungen und Seminare zur NS-Zeit abgehalten worden sind – ein, wie auch er fand, „erstaunlich" positives Ergebnis[102], wenngleich er es nach Sachgebieten differenzierte. Keinem Zweifel unterliegt es nach diesem Befund aber, daß schon zu diesem Zeitpunkt die Zeitgeschichte – nach der Vorreiterrolle, die das Institut gespielt hat und in Wechselwirkung mit der Schlüsselfunktion, die es für diesen Bereich weiterhin besitzt – auch an den Universitäten eine voll etablierte Disziplin bildet: Schwerpunkt war und ist dabei die nationalsozialistische Diktatur. Um so erstaunlicher ist, daß in regelmäßigen Abständen die Mär wiederholt wird, diese Thematik sei verdrängt worden. Hermann Heimpels boshaftes Diktum, Literaturkenntnis schütze vor Neuentdeckungen, gilt wohl in keinem anderen Bereich der Geschichtswissenschaft mehr als in diesem.

Beispielhaft zeigt dies auch die Auflagenhöhe anderer Werke, die außerhalb des Instituts entstanden und veröffentlicht worden sind, aber trotz unterschiedlichen Genres eine analoge Thematik besitzen: So erreichte die erste Darstellung der nationalsozialistischen Konzentrationslager, Eugen Kogons bereits 1946 veröffentlichtes Buch „Der SS-Staat", bis 1974 eine Auflage von 350 000 Exemplaren, Walther Hofers knappe Textdokumentation „Der Nationalsozialismus" brachte es bis 1990 auf 1,1 Millionen Exemplare und das „Tagebuch der Anne Frank" bis 1981 auf 54 Auflagen mit 1,79 Million Exemplaren.

XI.

Die Erweiterung des Arbeitsbereichs des Instituts erfolgte zügig und sukzessive. So erklärte beispielsweise der Wissenschaftliche Beirat bereits zehn Jahre nach Gründung des Instituts auf seiner Sitzung vom 8./9. Mai 1959, die Aufnahme der Nachkriegszeit in das Arbeitsprogramm des Instituts sei prinzipiell wünschenswert. Dieser thematischen Richtungsentscheidung entsprach es auch, daß schon zur Amtszeit des

---

[102] Ebd. S. 295.

Direktors Helmut Krausnick unter der Federführung von Thilo Vogelsang, dem Leiter der Bibliothek und Stellvertreter des Direktors, 1964 ein von der Stiftung Volkswagenwerk finanziertes Forschungsvorhaben zur Nachkriegsgeschichte 1945 bis 1949 begonnen wurde, das später durch eine Reihe weiterer Projekte zu diesem Zeitraum ergänzt wurde. Schon damals zeigte sich, daß das Institut keineswegs allein für die Erforschung der NS-Zeit initiativ war und Pionierarbeiten leistete. In diesem Kontext gab das Institut gemeinsam mit dem Bundesarchiv in fünf starken Bänden die bis heute grundlegende Edition „Akten zur Vorgeschichte der Bundesrepublik Deutschland 1945 bis 1949"[103] heraus, deren direktoriale Federführung für den Anteil des Instituts nach Vogelsangs Tod bei mir selbst als dem damaligen Stellvertretenden Direktor lag, und deren hauptsächliche Bearbeiter im Institut Christoph Weisz und Günter Plum waren.[104]

In diesen thematischen und zeitlichen Zusammenhang gehört auch die vom Institut für Zeitgeschichte gemeinsam mit den Wissenschaftlichen Diensten des Deutschen Bundestages publizierte sechsbändige Edition „Wörtliche Berichte und Drucksachen des Wirtschaftsrates des Vereinigten Wirtschaftsgebietes 1947–1949", die Christoph Weisz und Hans Woller bearbeitet haben.[105] Die erwähnte erste wissenschaftliche Gesamtdarstellung der deutschen Nachkriegsgeschichte von Thilo Vogelsang behandelt übrigens die Besatzungszeit, Bundesrepublik und DDR gemeinsam – dies blieb für mehr als zwei Jahrzehnte die Ausnahme und dokumentierte dadurch die nationale Teilungsperspektive auch der Historiker. Die erste Auflage von Vogelsangs Buch „Das geteilte Deutschland" erschien bereits 1966, zum Zeitpunkt seines frühen Todes hatte er das Werk bis 1972 fortgeführt: Bis 1978 erschienen neun Auflagen mit 104 000 Exemplaren.

Unter der Federführung von Martin Broszat erfuhren, vor allem konzentriert auf die Besatzungspolitik 1945 bis 1949, in spezifischer und methodisch anregender Weise die Quellenveröffentlichungen monographische Fortsetzungen. Frucht des großen, von der Stiftung Volkswagenwerk geförderten Projekts „Politik und Gesellschaft in der US-Zone", waren schließlich zwei Monographien"[106], ein Sammelband mit

---

[103] München 1976–1983, Sonderausgabe in 9 Bänden 1989.
[104] Vgl. Rudolf Morsey, S. 385–396.
[105] München 1977.
[106] Klaus-Dietmar Henke, Die amerikanische Besetzung Deutschlands, München ²1996 (zuerst 1995), und Hans Woller, Gesellschaft und Politik in der amerikanischen Besatzungszone. Die Region Ansbach und Fürth, München 1986.

dem anstoßenden, aber auch anstößigen Titel „Von Stalingrad zur Währungsreform. Zur Sozialgeschichte des Umbruchs in Deutschland"[107] und schließlich ein unentbehrliches enzyklopädisches, aber aus den Quellen gearbeitetes, von Christoph Weisz herausgegebenes Werk, das „OMGUS-Handbuch".[108] An den beiden letztgenannten Publikationen waren sowohl Mitarbeiter des Instituts selbst, wie Historiker und Archivare von außerhalb beteiligt, ein Beleg mehr für die enge Kooperation zwischen den Historikern an Universitäten, Instituten und Archiven.[109]

Dieses Projekt setzte in monographischen Forschungen die editorische Tätigkeit sowie die Quellensammlung und Quellenerschließung fort: Die seit Ende der siebziger Jahre in Gemeinschaft mit dem Bundesarchiv und den zuständigen Staatsarchiven der Länder der amerikanischen Besatzungszone in den National Archives in Washington ausgewählten und verfilmten OMGUS-Akten befinden sich als Teilbestände in den jeweils zuständigen Staatsarchiven. Im Institut für Zeitgeschichte wird ein vollständiger, alle Länder und die gesamtzonalen Betreffe umfassender Bestand aufbewahrt, der zudem mit Hilfe der EDV erschlossen und folglich nur hier in dieser forschungsintensiven Erfassung benutzbar ist. Ohne Übertreibung kann gesagt werden, daß von dieser Sammlung und Erschließung wie im Falle der Nürnberger Akten eine neue Epoche in der Erforschung der Besatzungszeit ausging.

In diesen Kontext gehört es auch, daß solche Erweiterungen der Aufgabenstellung, die aus methodischen und systematischen Gründen, aber auch solchen des Quellenzugangs resultieren, immer wieder stattfanden: So organisierte das Institut 1979 ein wissenschaftliches Colloquium über die Gründungsgeschichte der DDR, deren Beiträge unter dem Titel „Der Weg nach Pankow" 1980 publiziert wurden, und begann mit einem Forschungsprojekt zur Geschichte der Sowjetischen Besatzungszone bzw. der Frühgeschichte der DDR (Federführung Horst Möller, damals Stellvertretender Direktor). Von hier führte der Weg zur Zusammenarbeit mit der von Hermann Weber geleiteten Arbeitsstelle DDR-Forschung an der Universität Mannheim, deren Ergebnis später das von Martin Broszat und Hermann Weber für beide Institutionen

---

[107] München ³1990 (zuerst 1988).
[108] München ²1996 (zuerst 1994).
[109] Vgl. Adolf M. Birke, S. 409–426, in: Horst Möller/Udo Wengst (Hrsg.), 50 Jahre Institut für Zeitgeschichte, sowie speziell zu letzterem Gesichtspunkt am Beispiel des „Bayern-Projekts": Hermann Rumschöttel, ebd. S. 303–313.

gemeinsam herausgegebene SBZ-Lexikon bildete.[110] Nur konsequent war es, daß bald nach der Wiedervereinigung im Institut und seinen Gremien Überlegungen zur Ausweitung dieses Forschungsbereichs begannen, da der Quellenzugang nun ganz neue Möglichkeiten der historischen DDR-Forschung eröffnete. Trotzdem war es ein steiniger Weg zur Gründung einer eigenen Außenstelle des Instituts für Zeitgeschichte für diesen Themenbereich, die am 1. Januar 1994 zunächst in Potsdam ihre Arbeit aufnahm und dann 1996 nach Berlin-Lichterfelde, wiederum in unmittelbare Nachbarschaft des Bundesarchivs, umzog.[111]

Schon vorher war es zur Gründung einer Außenstelle des Instituts für Zeitgeschichte in Bonn gekommen (Leiter: Rainer A. Blasius), die im Auswärtigen Amt angesiedelt ist und in dessen Auftrag mit Hilfe eines eigenen Herausgebergremiums unter Vorsitz von Hans-Peter Schwarz – seit 1988 Vorsitzender des Wissenschaftlichen Beirats[112] – (weitere Mitglieder: Helga Haftendorn, Klaus Hildebrand, Werner Link, Horst Möller, Rudolf Morsey) die „Akten zur Auswärtigen Politik der Bundesrepublik Deutschland" herausgibt.[113] Vom 1. Januar 2005 an gab es erstmals einen partiellen Wechsel im nun auf insgesamt drei Mitglieder reduzierten Herausgebergremium: Weiterhin wirken Horst Möller[114] – nun als Hauptherausgeber – sowie Klaus Hildebrand, neu hinzu trat als weiterer Mitherausgeber der Erlanger Neuhistoriker Gregor Schöllgen, der durch zahlreiche Werke zur Geschichte der deutschen Außenpolitik und der internationalen Beziehungen ausgewiesen ist. Seit 2000 wird die inzwischen ins Auswärtige Amt in Berlin verlegte Abteilung von Ilse Dorothee Pautsch geleitet. Das Politische Archiv des Auswärtigen Amtes, geleitet von VLR I Dr. Ludwig Biewer (Stellvertreter: VLR Dr. Johannes Frh. von Boeselager), unterstützt die Arbeit an der Edition nachhaltig.

Diese Edition folgt dem Ablauf der Sperrfrist nach dreißig Jahren, so

---

[110] München ²1993 (zuerst 1990).
[111] Vgl. Horst Möller/Hartmut Mehringer, Die Außenstelle Potsdam des Instituts für Zeitgeschichte, in: VfZ 43 (1995), S. 173–186, sowie Hartmut Mehringer, in: Horst Möller/Udo Wengst (Hrsg.), 50 Jahre Institut für Zeitgeschichte, S. 145–157.
[112] Vgl. zu seinem Engagement für das IfZ: Horst Möller, Hans-Peter Schwarz zum 70. Geburtstag, in: VfZ 52 (2004), S. 563–568.
[113] Vgl. Rainer A. Blasius, in: Horst Möller/Udo Wengst (Hrsg.), 50 Jahre Institut für Zeitgeschichte, S. 127–144.
[114] Über ihn: Geschichtswissenschaft und Zeiterkenntnis. Von der Aufklärung bis zur Gegenwart. Festschrift zum 65. Geburtstag von Horst Möller. Hrsg. von Klaus Hildebrand, Udo Wengst und Andreas Wirsching, München 2008, S. XI–XIII, Schriftenverzeichnis S. 731–757.

daß bisher die Jahrgänge 1963 bis 1978[115] vorliegen. Da es gelang, die personelle Kapazität dieser Abteilung in den letzten Jahren zu erweitern, konnte auch mit der Schließung der „Lücke", d. h. der Jahre 1949 bis 1962 begonnen und bisher die Bände für 1949 bis 1953 veröffentlicht werden. Derzeit sind die Jahrgänge 1962, 1979, 1980 und 1981 in Vorbereitung. Dieses für die Geschichte der Bundesrepublik Deutschland zentrale Editionsprojekt bildet in bezug auf die Außenpolitik das Gegenstück zu der vom Bundesarchiv veröffentlichten Edition „Die Kabinettsprotokolle der Bundesregierung".[116] Gemeinsam mit den vor allem von der Kommission für Geschichte des Parlamentarismus und der politischen Parteien in Berlin veröffentlichten Protokollen der Sitzungen der Bundestagsfraktionen von CDU/CSU und SPD bzw. des Bundesvorstands der FDP sowie den Protokollen des Auswärtigen Ausschusses des Deutschen Bundestages liefern diese beiden Großeditionen die fundamentalen Quellensammlungen für die Geschichte der Bundesrepublik, die dann durch spezielle Editionen, u. a. in den durch die politischen Stiftungen geführten Parteiarchiven (beispielsweise die v. a. von Günter Buchstab betreuten bedeutenden Protokolleditionen der Konrad-Adenauer-Stiftung St. Augustin) sowie weiterer Stiftungen, die sich auf einzelne Persönlichkeiten aus der westdeutschen Nachkriegsgeschichte beziehen (Konrad Adenauer in Rhöndorf, Theodor Heuss in Stuttgart, Willy Brandt in Berlin) ergänzt werden. Gemeinsam zeigen die Editionen die gegliederte Forschungs- und Archivlandschaft der Bundesrepublik Deutschland. Wenngleich das Institut für Zeitgeschichte in der Parteiengeschichte keinen eigenen Schwerpunkt bildet, so hat es doch außer der Sammlung zahlreicher Nachlässe, auch von Politikern, überdies Editionen zur Geschichte der CSU sowie einschlägige Monographien veröffentlicht. Hervorzuheben ist diejenige von Udo Wengst über Thomas Dehler[117], der damit seine Forschungen zur FDP-Geschichte abschloß. Weitere Biographien stammen von Hartmut Mehringer über Waldemar von Knoeringen und von Dieter Marc Schneider über Johannes Schauff.[118]

Die diplomatische Aktenedition des Instituts für Zeitgeschichte ist aus einem weiteren, und zwar historiographischem Grund von besonderem Interesse: Es handelt sich um das erste neue editorische Großunterneh-

---

[115] Bisher 44 Bände, München 1994–2008.
[116] Bisher 18 Bände für die Jahre 1949 bis 1965, Boppard bzw. München 1982–2008
[117] München 1997.
[118] 1989 bzw. 2001.

men zur Geschichte der Außenpolitik[119] bzw. der internationalen Beziehungen in Deutschland seit langem. Das ist um so bemerkenswerter, als nach einer seit den siebziger Jahren geführten Grundsatzdebatte in der Geschichtswissenschaft diese zentrale und unverzichtbare Disziplin zugunsten sozialgeschichtlicher oder innenpolitischer Themenstellungen stark zurückgedrängt worden war. Während in anderen Staaten, beispielsweise den USA, Frankreich, Großbritannien oder Italien, die Geschichte der Internationalen Beziehungen immer ihren Platz behaupten konnte und in der Regel auch die Edition diplomatischer Akten zur Nachkriegszeit längst begonnen hatte, fehlte es in Deutschland an entsprechenden Aktivitäten; nur wenige deutsche Historiker von internationalem Rang waren auf diesem Felde tätig. Die Edition hat nicht allein aufgrund ihrer durch zahllose Rezensionen bestätigten hohen Qualität, sondern auch durch ihre regelmäßige, jährliche Erscheinungsweise den Rückstand aufgeholt: Sie liefert die Quellenbasis und zahlreiche Anstöße zur Erforschung der Außenpolitik der Bundesrepublik Deutschland, aber auch der bilateralen Beziehungen zu zahlreichen Staaten.

XII.

Überblickt man die Forschungsaktivitäten des Instituts für Zeitgeschichte und fragt zum einen nach der Pioniertätigkeit des Instituts, zum anderen nach dem Forschungsprofil der letzten eineinhalb Jahrzehnte im Kontext der durch die Wiedervereinigung veränderten wissenschaftspolitischen Landschaft, so zeigen sich wiederum Traditionslinien, aber auch permanente Innovation.

Es existiert kaum ein Bereich der Zeitgeschichtsforschung, in dem das Institut nicht Pilotfunktionen gehabt bzw. seinerseits fundamentale Werke vorgelegt hätte. Allerdings lag sein Schwerpunkt nicht in der Weimar-Forschung, für die zwar einzelne Wissenschaftler des Instituts wichtige Beiträge geleistet haben, aber nur wenige größere Mehrpersonen-Projekte unternommen worden sind. Sie konzentrierten sich vor allem auf die NS-Zeit, die Besatzungsjahre, die Geschichte der Bundesrepublik und der DDR.

Zu den Traditionen des Instituts gehörte von Beginn an die Widerstandsforschung, zu der in der frühen Zeit Helmut Krausnick und Her-

---

[119] Gregor Schöllgen, in: Horst Möller/Udo Wengst (Hrsg.), 50 Jahre Institut für Zeitgeschichte, S. 459–467.

mann Graml grundlegende Beiträge geleistet haben, die u. a. in den beiden Bänden „Die Vollmacht des Gewissens"[120] veröffentlicht wurden und sich mit der Militäropposition, aber auch zu einem frühen Zeitpunkt mit dem Verhältnis der Alliierten zum Widerstand befaßten – längst bevor hierzu Klemens von Klemperer 1992[121] eine groß angelegte Darstellung veröffentlichte. Auch in den „Vierteljahrsheften für Zeitgeschichte" wurden, vor allem in den Juliheften, über Jahrzehnte hinweg einschlägige Beiträge publiziert.

Galten diese Arbeiten zum erheblichen Teil der klassischen Widerstandsforschung, die im 20. Juli 1944 ihren Kumulationspunkt sieht, so machte das große sechsbändige Projekt „Bayern in der NS-Zeit" zweifellos Forschungsgeschichte, indem es eine neue Richtung eröffnete.[122] Wenngleich Martin Broszat, unter dessen Ägide dieses Projekt durchgeführt wurde, anfangs auch etwas zögerte, als eine entsprechende Anregung des sozialdemokratischen Politikers und bayerischen Senators Linsert an den damaligen Bayerischen Staatsminister für Unterricht und Kultus, Hans Maier, erging, so ergriff er doch bald die Chance. Der Kultusminister erreichte für dieses Projekt die – selbstverständlich an keine inhaltlichen Bedingungen geknüpfte – Unterstützung durch den Freistaat Bayern, mit der eine in dieser Form neue und enge Zusammenarbeit mit der Bayerischen Archivverwaltung verbunden war; sie bildete ihrerseits die Voraussetzung für die notwendige Quellenerschließung.

Auch Anregungen anderer Art lagen vor, beispielsweise die Form regionaler Dokumentation, aber auch die Frage nach dem „durchschnittlichen" Verhalten der Bevölkerung unter den Bedingungen der Diktatur, wie es in dem schon erwähnten Projekt am Beginn der Institutsgeschichte Bernhard Vollmer aus den Gestapoberichten erschlossen hatte.[123] Auch die von Broszat in den Mittelpunkt der Fragestellung gerückte Kategorie der „Resistenz" war in der Literatur schon aufgetaucht, allerdings in mehr essayistischer Frageform in Ralf Dahrendorfs Buch „Gesellschaft und Demokratie in Deutschland".[124] Die geschichts-

---

[120] 1956 und 1965, mit etwas voneinander abweichenden Titeln.
[121] Deutsche Fassung: Die verlassenen Verschwörer. Der deutsche Widerstand auf der Suche nach Verbündeten, Berlin 1994.
[122] Vgl. Hermann Rumschöttel und Ian Kershaw, in: Horst Möller/Udo Wengst (Hrsg.), 50 Jahre Institut für Zeitgeschichte, S. 303–329.
[123] Bernhard Vollmer, Volksopposition im Polizeistaat. Gestapo- und Regierungsberichte, München 1957.
[124] München 1968.

wissenschaftliche Reflexion und Umsetzung in eine systematisierte Fragestellung hat erst Broszat geleistet, der die Fruchtbarkeit des von ihm entwickelten Ansatzes gegen Kritik von vielen Seiten, unter anderem von Richard Löwenthal, bewies und zahlreiche Autoren, vor allem innerhalb, aber auch außerhalb des Instituts für das Werk gewann. In Elke Fröhlich und Hartmut Mehringer fand er im Institut für Zeitgeschichte kompetente Mitverfasser und Mitherausgeber. Eine ganze Reihe späterer Untersuchungen zur Widerstandsgeschichte und „Alltagsgeschichte" verdanken diesem Werk methodische und sachliche Anstöße.[125]

Die Forschungen zum Widerstand fanden während meiner eigenen Amtszeit in den neunziger Jahren eine Fortsetzung mit dem Projekt „Widerstand als Hochverrat". In dieser Form wurde das Projekt erst seit Öffnung der Archive nach dem Zusammenbruch der kommunistischen Diktaturen im Osten möglich, weil ein Großteil der hier auf 754 Microfiches veröffentlichten 74000 Blatt Gerichtsakten (Anklage- und Urteilsschriften der Verfahren gegen 6030 deutsche Reichsangehörige vor dem Reichsgericht, dem Volksgerichtshof und dem Reichskriegsgericht) vorher nicht zugänglich waren. Diese Edition wurde von Hartmut Mehringer und Jürgen Zarusky erstellt, der auch den Erschließungsband bearbeitete.[126] Eine bilanzierende und zugleich weiterführende Darstellung, die Widerstand und Emigration verband, veröffentlichte Hartmut Mehringer in dem später mit dem Prix Viannay ausgezeichneten Werk in der erwähnten dtv-Reihe 1998.

Mehringers Buch steht insofern in einer doppelten thematischen Tradition des Instituts, als sie nicht allein den Widerstand thematisiert, sondern auch die Emigration, für die das Institut in vieljähriger Arbeit mit dem Emigrationsarchiv und dem 1980 bis 1983 in vier Bänden gemeinsam mit der Research Foundation for Jewish Immigration in New York unter der Projektleitung von Werner Röder und Herbert A. Strauss veröffentlichtem Werk neue Grundlagen schuf. Ende der 1970er und zu Beginn der 1980er Jahre waren daran für den Institutsanteil unter der damaligen direktorialen Verantwortung von Horst Möller neben dem ebenso kompetenten wie engagierten Projektleiter Werner Röder – einem der Pioniere der historischen Emigrationsforschung – vor allem

---

[125] Vgl. Insgesamt auch: Horst Möller, Widerstand in der politischen Kultur der Bundesrepublik Deutschland und der DDR, in: Helmut Kohl/Hans Maier/Horst Möller. Der 20. Juli 1944 – Widerstand und Grundgesetz, St. Augustin 1994, S. 13–32.
[126] München 1994–1998.

Hartmut Mehringer und Dieter Marc Schneider beteiligt. Bis heute ist dieses weit mehr als 8000 biographische Eintragungen umfassende Handbuch unentbehrlich – es erschien 1999 in einer preiswerten Sonderausgabe.[127]

Eine Forschungstradition liegt auch in den langjährigen Untersuchungen zur Justizgeschichte des NS-Regimes, mit denen das Institut bereits in den 1960er Jahren begann und damals (1960 bis 1970) drei Bände veröffentlichte. Da die von Juristen erarbeiteten Darstellungen aber unter anderem methodische Probleme aufwarfen, die auch aus der zeitlichen und sachlichen Nähe zu dieser Problematik herrührten, wurden diese Studien in einem neuen Anlauf wieder aufgenommen und mit Lothar Gruchmanns Monumentalwerk „Justiz im Dritten Reich 1933–1940"[128] auf ein bisher nicht wieder erreichtes Niveau geführt."[129] Zuvor hatte ich ein 1981 veröffentlichtes Colloquium „NS-Recht in historischer Perspektive" im Institut für Zeitgeschichte organisiert, das Juristen und Zeithistoriker zusammenführte, um methodologische Themen zu diskutieren.

Dieser Forschungsbereich berührt sich mit dem Projekt „Widerstand als Hochverrat", weist aber auch Analogien zu dem vierteiligen Justizprojekt der Abteilung Berlin des Instituts für Zeitgeschichte auf, das mit Unterstützung der Stiftung Volkswagenwerk 1994, zu Beginn noch unter Mitwirkung des kurzzeitigen Abteilungsleiters Günter Heydemann, begonnen und in drei großen Monographien 2000/2001 veröffentlicht wurde. Die Autoren sind Petra Weber, Dieter Pohl sowie Hermann Wentker – auch, als Nachfolger von Günter Heydemann und Hartmut Mehringer, Leiter der Abteilung Berlin –, der zusätzlich 1997 eine Dokumentation über die Volksrichter in der SBZ/DDR in der Schriftenreihe der VfZ publizierte.

Zu den Forschungsthemen, die schon in den 1950er Jahren im Institut bearbeitet wurden, zählt die Besatzungspolitik des nationalsozialistischen Regimes: Hierzu wurden zahlreiche wichtige Studien veröffentlicht, unter anderem von Martin Broszat und Hans-Dietrich Loock. Diese Untersuchungen stehen in engem Zusammenhang mit weiteren Studien über die Wehrmacht im NS-Regime. Längst bevor im Zuge der

---

[127] Vgl. Patrick von zur Mühlen, in: Horst Möller/Udo Wengst (Hrsg.), 50 Jahre Institut für Zeitgeschichte, S. 345–352.
[128] München ²1990 (zuerst 1988).
[129] Vgl. Joachim Rückert, S. 181–213, sowie Michael Stolleis, in: HZ 249 (1989), S. 105–112.

heftigen öffentlichen Diskussion aus Anlaß der mißlungenen, aber nichtsdestoweniger Aufsehen erregenden Ausstellung über die Beteiligung der Wehrmacht an NS-Verbrechen gesprochen und dies als neue Erkenntnis ausgegeben wurde, konnte man beispielsweise in Martin Broszats Studie „Nationalsozialistische Polenpolitik 1939–1945"[130], in der Dokumentation über Helmuth Groscurths „Tagebücher eines Abwehroffiziers 1938–1940", herausgegeben von Helmut Krausnick und Harold C. Deutsch unter Mitarbeit von Hildegard von Kotze[131], durch „Das Diensttagebuch des deutschen Generalgouverneurs in Polen 1939–1945", herausgegeben von Werner Präg und Wolfgang Jacobmeyer[132], vor allem aber in dem grundlegenden Werk von Helmut Krausnick und Hans-Heinrich Wilhelm „Die Truppe des Weltanschauungskrieges. Die Einsatzgruppen der Sicherheitspolizei und des SD 1938–1942"[133] zahlreiche Einzelheiten und die grundlegende Einordnung erfahren.

Krausnick hatte übrigens in biographischen Anhängen den Weg gewiesen zu einer nahezu zwei Jahrzehnte später, beispielsweise in Ulrich Herberts Biographie über Werner Best, wiederaufgenommenen Problemorientierung, nämlich der Untersuchung eines bestimmten für die Herrschaftsorganisation des NS-Regimes unentbehrlichen Funktionärstypus, der oftmals juristische oder andere akademische Ausbildung besaß und als „ideologischer Technokrat" charakterisiert werden könnte – ein Typus, der die kriminelle Effizienz des NS-Regimes in unvorstellbarer Weise steigerte. Und ebenso lange kennen wir das Schicksal der etwa drei Millionen sowjetischer Kriegsgefangener, die in deutscher Gefangenschaft umkamen, durch das vom Institut in den „Studien zur Zeitgeschichte" 1978 veröffentlichte Buch von Christian Streit „Keine Kameraden. Die Wehrmacht und die sowjetischen Kriegsgefangenen 1941–1945".

Das angebliche Informationsdefizit über diese Verbrechen ist also eine Chimäre. Eine andere Frage freilich ist, wie weit die Öffentlichkeit solche Untersuchungen zur Kenntnis nimmt bzw. wie lange sie sie im Gedächtnis behält. Tatsächlich haben wir es auch hier mit Aktualitätsschüben des Interesses zu tun, die indes nicht in der Verantwortung der Wissenschaft liegen: Die Erforschung dieser Themen erfolgt kontinuier-

---

[130] Stuttgart 1961.
[131] Stuttgart 1969.
[132] Stuttgart 1975.
[133] Stuttgart 1981.

lich und ist von aktuellen Konjunkturen oder Gedenktagen unabhängig. Andererseits beruht ein großer Teil der „Neuentdeckungen" auf der hier erwähnten seriösen zeitgeschichtlichen Forschung innerhalb und außerhalb des Instituts für Zeitgeschichte, ohne daß dies bei der publizistischen oder kommerziellen Verwertung entsprechend bemerkt würde. Die Kritik müßte also an bestimmten Vermittlungsformen ansetzen, nicht an der Forschung.

Dies gilt auch für die Ende der 1990er Jahre wieder entbrannte, von ihren Akteuren als neu betrachtete Debatte über das Verhalten von Wissenschaftlern, insbesondere Historikern, im Dritten Reich. Sie hatte den nun schon üblichen, der Selbstimmunisierung dienenden Tenor des Verdachts: Verwicklungen der „Zunft" in das NS-Regime seien mehr oder weniger bewußt verschwiegen oder verdrängt worden. Tatsächlich aber erschienen zahlreiche Studien zu dieser Thematik, nachdem Helmut Heiber bereits 1966 in den „Quellen und Darstellungen zur Zeitgeschichte" das monumentale Werk „Walter Frank und sein Reichsinstitut für deutsche Geschichte" veröffentlicht hatte: Dem Buch war ein umfangreiches Personenregister beigegeben – wie Spötter meinten, das meistbenutzte Personenregister der neueren historiographischen Literatur.[134]

Dieses Werk markierte im übrigen den Beginn der wissenschaftsgeschichtlichen Untersuchungen Heibers zum NS-Regime, die bedauerlicherweise lange Jahre unterbrochen werden mußten und deren Weiterführung dann unter keinem günstigen Stern stand. Immerhin konnte Heiber in drei Bänden mit über 2000 Seiten[135] seine Arbeit weiter, wenn auch nicht zu Ende führen.

In der Tradition der Wehrmachtsuntersuchungen, allerdings mit zahlreichen neuen Fragestellungen und bisher nicht genutzten oder zugänglichen Quellen steht das neue, von Christian Hartmann geleitete Projekt des Instituts für Zeitgeschichte über die Wehrmacht, mit dem das Institut aufgrund der Unterstützung durch den Freistaat Bayern und das Kultusministerium 1998 beginnen konnte.[136] Mit fünf großen Monographien und mehr als 50 Aufsätzen bzw. Dokumentationen liegen die Ergebnisse 2009 geschlossen vor. Die Autoren der Monogra-

---

[134] Vgl. zu diesem Werk Udo Wengst, in: Horst Möller/Udo Wengst (Hrsg.), 50 Jahre Institut für Zeitgeschichte, S. 492f.
[135] Universität unterm Hakenkreuz, München 1991–1994.
[136] Vgl. Christian Hartmann, in: Horst Möller/Udo Wengst (Hrsg.), 50 Jahre Institut für Zeitgeschichte, S. 281–299.

phien sind Christian Hartmann, Johannes Hürter, Peter Lieb, Dieter Pohl und Andreas Toppe (2006–2009).

Das Institut hat schon früh die Verfolgung und Ermordung der im NS-Herrschaftsbereich befindlichen jüdischen Bevölkerung untersucht, nicht allein in den erwähnten Gutachten und in den Arbeiten zur deutschen Besatzungsherrschaft, sondern auch in den „Studien zur Geschichte der Konzentrationslager", die einige der bekanntesten Lager betreffen. Weitere Untersuchungen hierzu erfolgten seit Mitte der 1990er Jahre, beispielsweise in Dieter Pohls wichtigem Werk „Nationalsozialistische Judenverfolgung in Ostgalizien 1941–1944".[137] Darüber hinaus führte das Institut für Zeitgeschichte in etwa vierjähriger Arbeit ein vierteiliges Forschungsprojekt zum Vernichtungslager Auschwitz durch; die Veröffentlichung erfolgte im Jahr 2000. Es handelt sich um zwei Monographien (Sibylle Steinbacher, Bernd C. Wagner), die Publikation der Standort- und Kommandanturbefehle des KZ Auschwitz 1940–1945 sowie einen Sammelband mit Studien zur Geschichte der Konzentrationslager zahlreicher jüngerer Autoren, die das Institut zu einem Colloquium eingeladen hatte. Projektleiter im Institut für Zeitgeschichte war Norbert Frei.

Im Herbst 1999 begann ein neues Dokumentationsprojekt zur Judenverfolgung, das gemeinsam mit Yad Vashem (Jerusalem) durchgeführt wird. In diesem Bereich hat das Institut mit Hermann Gramls Buch „Reichskristallnacht"[138] in der dtv-Reihe ebenfalls eine Darstellung für alle Interessierten innerhalb und außerhalb der Fachwelt publiziert.

Wiederaufnahme oder Neuanfang, „Revision durch Edition" ist auch das Ziel der in den letzten Jahren außerordentlich intensivierten Editionstätigkeit des Instituts, das mit der mediävistischen „Sorge um den rechten Text" der monographischen Forschung zur unentbehrlichen Quellengrundlage verhilft, zugleich aber historisch-politisch aufklärend wirkt. Obwohl die Editionstätigkeit des Instituts für Zeitgeschichte nur einen Zweig seiner Arbeit ausmacht, gibt es wohl keine zweite wissenschaftliche Institution, die in den letzten Jahren eine vergleichbare Zahl wichtiger Quellenbestände ediert hätte, schon gar nicht in der Zeitgeschichte.[139] Neben den schon erwähnten Editionen „Akten zur Vorge-

---

[137] München 1998.
[138] ³1998.
[139] Vgl. dazu eingehender: Horst Möller, Wie sinnvoll sind zeitgeschichtliche Editionen heute? Beispiele aus der Arbeit des Instituts für Zeitgeschichte, in: Lothar Gall/Rudolf Schieffer, Quelleneditionen und kein Ende?, München 1999, S. 93–112.

schichte der Bundesrepublik Deutschland 1945–1949", den „Wörtlichen Berichten des Wirtschaftsrats", „Widerstand als Hochverrat", Einzelveröffentlichungen und regelmäßigen Dokumentationen in den „Vierteljahrsheften" standen schon früher Großprojekte, beispielsweise die unter Leitung Helmut Heibers erfolgte Rekonstruktion eines verlorengegangenen Bestandes, nämlich der „Akten der Parteikanzlei der NSDAP", einer 1983 bis 1992 in insgesamt sechs Bänden (Regesten, Register) und 491 Microfiches herausgegebenen Publikation. Während ihrer Entstehung provozierte das Projekt die Kritik der Archivare, weil hier gegen das Provenienz-Prinzip verstoßen wurde und aus den Empfängerüberlieferungen 200 000 Blatt Akten rekonstruiert wurden.[140]

Aber auch innerhalb des Instituts war dieses Großprojekt, das personelle und finanzielle Ressourcen band, nicht unumstritten. Der Hauptbearbeiter und Projektleiter betrieb es zeitweilig mit verbissener Energie, der Direktor, der es veranlaßt hatte, sprach später selbstkritisch von „Talentvergeudung". Das Verhältnis beider, durch jahrzehntelange Zusammenarbeit geprägt, wurde vermutlich durch dieses Projekt nachhaltig gestört.[141] Obwohl das Projekt Ansatzpunkte zur Kritik bietet, ist es m. E. von bleibendem Wert, präsentierte es doch erstmals in dieser Fülle Materialien zur Führungszentrale des NSDAP und erschließt damit bis heute entscheidende Quellen zur Herrschaftsstruktur des NS-Regimes. Das vom Institut für Zeitgeschichte in Kooperation mit dem Bundesarchiv und den zeitgeschichtlichen Lehrstühlen von Klaus Hildebrand (Universität Bonn) und Hans Günter Hockerts (Universität München) geplante Forschungs- und Dokumentationsprojekt zur Herrschafts- und Verwaltungsstruktur des NS-Regimes sowie zum Wandel von Funktionseliten sollte aus diesem Quellenbestand vielfältigen Nutzen ziehen, doch ließ es sich aus finanziellen Gründen leider nicht realisieren, obwohl in diesem Sektor nach wie vor viele Forschungsdesiderate bestehen.

Unter den großen Editionsvorhaben der letzten Jahre, die ungewöhnlich zügig vorankamen, sind zwei Großprojekte, deren Wurzeln älter sind, die aber erst seit 1992 auf eine neue konzeptionelle, personelle und finanzielle Grundlage gestellt wurden: die Edition „Hitler. Reden, Schriften und Anordnungen. Februar 1925 bis 1933" erschien zwischen 1992 und 1999 in 12 Bänden und einem Registerband (nur zwei waren

---

[140] Vgl. Michael Ruck, in: Horst Möller/Udo Wengst (Hrsg.), 50 Jahre Institut für Zeitgeschichte, S. 215–235.
[141] Vgl. Martin Broszat, Helmut Heiber zum 65. Geburtstag, in: VfZ 37 (1989), S. 353–356.

bereits vor 1992 vorbereitet worden). Schließlich folgten vier Ergänzungsbände „Der Hitler-Prozess 1924" (1997–1999), letztere bearbeitet von Lothar Gruchmann, Reinhard Weber und Otto Gritschneder. Dieses Projekt hat eine lange Vorgeschichte, wurde es doch aufgrund konzeptioneller Überlegungen von Anton Hoch und mir selbst 1979/80 begonnen. Später geriet es ins Stocken, wurde vielfach modifiziert, mehrfach wechselten die Bearbeiter, bevor 1993 die definitive Lösung gefunden wurde und es in sechs Jahren zum Abschluß gebracht werden konnte: Nach Vorarbeiten von Clemens Vollnhals, Hildegard von Kotze und anderen wirkten für den überwiegenden Teil der Bände vor allem Christian Hartmann und Klaus A. Lankheit mit (Projektleitung: Udo Wengst), nachdem die Institutsleitung neue konzeptionelle Entscheidungen getroffen hatte und die bis 1992 ungeklärt gebliebenen rechtlichen Voraussetzungen schaffen konnte.[142]

Ein analoges Schicksal hatte auch die Edition der Goebbels-Tagebücher unter der Projektleitung von Elke Fröhlich. Aus vielerlei Gründen, die die Quellengrundlage, die Editionsrichtlinien, die Rechtslage und die Diskussion über die fragmentarische, vierbändige Ausgabe von 1987 betrafen, war das Projekt mehr oder weniger zum Erliegen gekommen. Nach Verhandlungen, die ich im Frühjahr 1992, unterstützt vom Archivleiter Werner Röder, in Moskau führte und weiteren Abmachungen mit François Genoud im August 1992, der nach einem früheren Vergleich mit Bundesarchiv und Institut weiterhin im Besitz der kommerziellen Nutzungsrechte und der Publikationsrechte war, konnte dessen Zustimmung zur zeitlich, sachlich und quantitativ unbegrenzten wissenschaftlichen Nutzung erreicht werden. Die nach den Vereinbarungen u. a. mit dem damaligen Präsidenten und Vizepräsidenten der Russischen Archivverwaltung möglich gewordene Kopierung des in Moskau aufbewahrten, von Elke Fröhlich entdeckten Glasplattenbestandes, die unter der Aufsicht von ihr und Hartmut Mehringer erfolgte, schließlich die Reorganisation des Projekts unter Einsatz mehrerer Editoren erlaubte es, zwischen 1993 und 2006 insgesamt 29 Textbände nach sorgfältig erarbeiteten Editionsrichtlinien auf sicherer Quellenbasis zu publizieren; im Jahr 2008 erschienen noch drei Erschließungsbände.[143]

---

[142] Vgl. Frank-Lothar Kroll, in: Horst Möller/Udo Wengst (Hrsg.), 50 Jahre Institut für Zeitgeschichte, S. 237–247.

[143] Vgl. Horst Möller, Vorwort zu: Die Tagebücher von Joseph Goebbels, München 1993 ff., S. 7–9, sowie Hans Günter Hockerts, in: Horst Möller/Udo Wengst (Hrsg.), 50 Jahre Institut für Zeitgeschichte, S. 249–264.

Unter den in den 1990er Jahren erschienenen Editionen bzw. Dokumentationen sind auch mehrere zur Nachkriegsgeschichte: die dreibändige Dokumentation „Die CSU – 1945–1948: Protokolle und Materialien zur Frühgeschichte der Christlich-Sozialen Union"[144], mit der ein früherer Dokumentenband über die „Lehrjahre der CSU"[145] fortgesetzt wurde, sowie ein in der Außenstelle Berlin vorbereiteter Band über die SMAD, bearbeitet von Jan Foitzik[146], dem überdies eine grundlegende Monographie zur SMAD zu verdanken ist[147], sowie „Das SKK-Statut. Zur Geschichte der Sowjetischen Kontrollkommission in Deutschland 1949–1953"[148] mit einer monographischen Einleitung der Bearbeiterin Elke Scherstjanoi. Diese Veröffentlichungen ergänzen die Editionen zur Nachkriegsgeschichte, deren Zentrum die schon erwähnten, seit 1993 publizierten Akten zur Auswärtigen Politik der Bundesrepublik sind.

Die erwähnten Dokumentationen zur Geschichte der SBZ bzw. DDR erschienen in der von Werner Röder und Christoph Weisz für das Institut herausgegebenen Reihe „Texte und Materialien zur Zeitgeschichte", die seit einigen Jahren von Hartmut Mehringer und Udo Wengst herausgegeben wird und die neben Quellen auch Inventare und sonstige für die Forschung vor allem zur NS-Zeit unentbehrliche Hilfsmittel publiziert: Sie kombinieren insofern die archivalische und bibliographische mit der Forschungsarbeit des Instituts.

Nicht als Bearbeiter im engeren Sinne, aber doch als mitherausgebende Institution erscheint das Institut bei einer weiteren zentralen Veröffentlichung zur Nachkriegsgeschichte, der vierbändigen Dokumentation der diplomatischen, allgemein-politischen, wirtschaftlichen und kulturellen Beziehungen zwischen der Bundesrepublik Deutschland und Frankreich von 1949 bis 1963, die gemeinsam mit der Historischen Kommission bei der Bayerischen Akademie der Wissenschaft herausgegeben wurde. Die Publikation und der umfassende Erschließungsband wurden von beiden Instituten finanziert, außerdem besteht eine Perso-

---

[144] München 1993.
[145] Lehrjahre der CSU. Eine Nachkriegspartei im Spiegel vertraulicher Berichte an die amerikanische Militärregierung, hrsg. von Klaus-Dietmar Henke und Hans Woller, München 1984.
[146] Inventar der Befehle des Obersten Chefs der Sowjetischen Militäradministration in Deutschland (SMAD) 1945–1949 – Offene Serie –, München u. a. 1995.
[147] Sowjetische Militäradministration in Deutschland (SMAD) 1945–1949. Struktur und Funktion, Berlin 1998.
[148] München 1998.

nalunion durch mich selbst als Initiator, Projektleiter und Herausgeber (gemeinsam mit Klaus Hildebrand).

Dieses Projekt steht insofern in einem inneren Zusammenhang mit neueren Forschungsaktivitäten des Instituts, als hier nicht allein eine Reihe von Studien zur französischen Geschichte von Autoren außerhalb des Instituts veröffentlicht wurden, sondern seit 1992 die international vergleichende Forschung, vor allem zu Deutschland und Frankreich, intensiv betrieben wird: Von insgesamt sechs Untersuchungen zur französischen Geschichte bzw. einem deutsch-französischen Vergleich, der die Instabilität der europäischen Demokratien zwischen den Kriegen exemplarisch erforscht, sind – außer einem von Manfred Kittel und mir selbst herausgegebenen Sammelband – fünf große Monographien (Andreas Wirsching, Manfred Kittel, Thomas Raithel, Stefan Grüner, Daniela Neri-Ultsch) veröffentlicht.[149] Zwei später begonnene Projekte (Petra Weber und Eva Oberloskamp) sind ebenfalls abgeschlossen und werden 2009 veröffentlicht. Diese Untersuchungen stehen im Zusammenhang mit meinen eigenen Studien zur Entwicklung des Parlamentarismus und der Demokratie, die zum Teil auch im Institut entstanden sind: Die Arbeit an meinem Buch „Parlamentarismus in Preußen 1919–1932"[150], mit der ein Gegenmodell des funktionierenden Parlamentarismus zum nicht funktionstüchtigen Reichsparlamentarismus während der Weimarer Republik entworfen wurde, begann zwar vor meinem Eintritt ins Institut 1979 und wurde nach 1982 zu Ende geführt, aber doch auch wesentlich während dieser Jahre gefördert. Das spätere Buch „Europa zwischen den Weltkriegen"[151] aber steht in bezug auf die komparatistische Fragestellung der Gefährdung und Auflösung europäischer Demokratien im engen Kontext zu dem deutsch-französischen Vergleich für diese Jahrzehnte, wie auch schon das von mir 1981 im Institut organisierte Colloquium über den deutschen „Sonderweg" auf eine vergleichende Perspektive abzielte. Zu dieser Thematik wurden seinerzeit weitere Arbeiten geplant, die jedoch aus Kapazitätsgründen erst später in Angriff genommen werden konnten. Eine zeitliche Erweiterung komparatistischer Untersuchungen für die ausgehenden 1960er Jahre, für die vergleichend die gesellschaftspolitischen Wirkungen der Ereignisse von 1968 analysiert werden, konnte ebenfalls erst später begonnen werden. Der gesellschaft-

---

[149] Andreas Wirsching, in: Horst Möller/Udo Wengst (Hrsg.), 50 Jahre Institut für Zeitgeschichte, S. 365–381.
[150] Düsseldorf 1985.
[151] München 1998.

lich-politische Wandel in Frankreich, Deutschland und weiteren Staaten unter dem doppelten Gesichtspunkt der im Zuge von europäischer Integration und Globalisierung sich vollziehenden Angleichung der europäischen Industriegesellschaften sowie die historischen Ursachen der gegenwärtigen Probleme bilden die Leitfragen.

Die zeitliche Erweiterung der Nachkriegsforschungen in die 1960er und 1970er Jahre hinein kann und muß erfolgen, weil hier nicht zuletzt aufgrund des sukzessiven, im dreißigjährigen Abstand möglichen Quellenzugangs die größten Desiderate liegen. Sie weist folglich über die bereits früher betriebenen Forschungen zu den 1950er Jahren – beispielsweise dem seinerzeit von Ludolf Herbst geleiteten Projekt über die Eingliederung Westdeutschlands in europäische Institutionen[152] hinaus. Selbstverständlich stehen zeitliche Erweiterungen in Analogie zur diplomatischen Aktenedition der Berliner Abteilung, so daß mehrere aktuelle Forschungsprojekte daraus erwachsen sind, auf die noch einzugehen ist: Im letzten Jahrzehnt führte das Institut für Zeitgeschichte ein chronologisch gesehen drittes „Bayern-Projekt" durch, doch verfolgt dieses aufgrund der fundamental gewandelten Konstellation ganz andere Fragestellungen und neue Themen. So konnte die Unterstützung des Freistaats Bayern, der Staatsarchive und ihrer Generaldirektion gewonnen werden, um „Politik und Gesellschaft in Bayern 1949 bis 1973" in mehreren monographischen Fallstudien und mehreren systematisch angelegten Sammelbänden zu untersuchen; im Mittelpunkt stehen dabei u. a. die Modernisierungspolitik und die Wirkungen, die von der technologischen und ökonomischen Entwicklung auf Gesellschaft und Kultur ausgehen. Auch dieses inzwischen mit vier Monographien und drei Sammelbänden abgeschlossene Projekt gibt durch innovative Fragestellungen und Methoden vielfältige Anstöße für die Erforschung der 1950er, 1960er und 1970er Jahre. Das Projekt wurde von Hans Woller geleitet.[153] Es bildet das Modell einer exemplarischen regionalen Strukturgeschichte der modernen Gesellschaft und ihrer komplexen Wandlungsprozesse.

Nicht im direkten Zusammenhang mit Projekten, aber beziehungsgeschichtlich auf die Zwischenkriegszeit bezogen war ein seinerzeit vom Bundesministerium für Forschung und Technologie unterstütztes, 1992

---

[152] Vgl. etwa Vom Marshall-Plan zur EWG. Die Eingliederung der Bundesrepublik Deutschland in die westliche Welt, hrsg. von Ludolf Herbst, Werner Bührer und Hanno Sowade, München 1990. Vgl. Wolfgang Krieger, in: Horst Möller/Udo Wengst (Hrsg.), 50 Jahre Institut für Zeitgeschichte, S. 441–458.

[153] Vgl. Thomas Schlemmer, ebd., S. 427–440.

begonnenes Projekt über die deutsch-tschechoslowakische Problematik zwischen den Kriegen (Christoph Boyer, Jaroslav Kučera, beide Bände erschienen 1999)[154] sowie eine Dokumentation über Deutschland und Polen zwischen den Kriegen, die außerhalb des Instituts, aber mit seiner Unterstützung erarbeitet worden ist.[155]

Auf eine vergleichende Thematik der Zwischenkriegszeit bezogen sich außerdem weitere Arbeiten von Wissenschaftlern des Instituts, beispielsweise Untersuchungen zum italienischen Faschismus, u.a. von Hans Woller[156], auch wenn dieses Buch nicht wie dasjenige über „Die Abrechnung mit dem Faschismus in Italien 1943–1948" als Institutsveröffentlichung erschien.[157]

Den Gesamtbereich der Zeitgeschichte, auch nach 1945, umfassen schließlich die „Biographischen Quellen zur Zeitgeschichte", die Udo Wengst zunächst mit Werner Röder, dann mit Elke Fröhlich und nun mit Mandred Kittel für das Institut für Zeitgeschichte herausgegeben hat bzw. herausgibt und in denen bis dahin unbekannte bzw. unveröffentlichte Texte erscheinen.

Tatsächlich führt die zeitliche Erweiterung auch zu einer paradigmatischen Veränderung, erzwingt zum Teil neue methodische Ansätze und entspricht schließlich einem Bewußtseinswandel in der Geschichte selbst: Sowohl die europäische Integration als auch die mit ihr korrespondierende Entwicklung der Bundesrepublik Deutschland bildet nun mehr und mehr spezifische Traditionen aus, die nicht mehr bloß in Abwehr zu den totalitären Systemen stehen. Durch den Zusammenbruch der kommunistischen Diktaturen verbesserte sich nicht allein der Zugang zu Quellen früherer Perioden, sondern verändert sich auch der Blick des Historikers, erscheint die Teilung der Welt und der partielle Sieg des Kommunismus doch nicht mehr als das Ende der Geschichte des 20. Jahrhunderts.

In methodischer, aber auch quellenmäßiger Hinsicht bedeutet also der Zusammenbruch der kommunistischen Diktaturen eine Wende: Das Ende der zweiten, das 20. Jahrhundert prägenden totalitären Ideologie, das Ende der bipolaren Welt mit ihrer unaufhebbaren Gegensätzlichkeit von Demokratie und Diktatur zwingt zu neuen Fragen auch an

---

[154] Vgl. Udo Wengst, ebd., S. 355–363.
[155] Deutsche und Polen zwischen den Kriegen. Minderheitenstatus und „Volkstumskampf" im Grenzgebiet (1920–1939), hrsg. von Rudolf Jaworski und Marian Wojciechowski, bearb. von Mathias Niendorf und Przemyslaw Hauser, München u.a. 1997.
[156] Rom. 28. Oktober 1922. Die faschistische Herausforderung, München 1999.
[157] München 1996.

frühere Epochen; die Relativität historischer Erkenntnis wird dadurch deutlicher sichtbar.[158] Zudem wurden insbesondere in ostdeutschen und Moskauer Archiven Quellenbestände zugänglich, deren Existenz teilweise zuvor nicht einmal bekannt war. Diese Veränderungen blieben nicht ohne Auswirkungen auf die Arbeit des Instituts für Zeitgeschichte, die sich erneut thematisch, zeitlich und methodisch erheblich ausgeweitet hat. Diese Ausweitung hat sich auch quantitativ niedergeschlagen. Von den 800 Bänden, die das Institut für Zeitgeschichte in seiner sechzigjährigen Geschichte veröffentlichte, sind über 380, also knapp die Hälfte, seit meinem Amtsantritt 1992 erschienen; seitdem publiziert das Institut in seinen Reihen ständig etwa 25 Bände, im Jahr 2008 waren es sogar 33. Dies erfordert die höchste Anspannung der personellen und finanziellen Ressourcen und muß auch vor dem Hintergrund zahlreicher Veröffentlichungen der Mitarbeiter gesehen werden, die Jahr für Jahr außerhalb der Institutspublikationen aufgrund der Kooperation mit anderen Einrichtungen erscheinen.

Aber auch die Lage des Instituts für Zeitgeschichte in der Forschungslandschaft hat sich in mancher Beziehung nach der Wiedervereinigung verändert: Seitdem sind mit öffentlichen Mitteln, sei es aus dem Haushalt des Bundes, aus Landesmitteln oder aus Stiftungsbewilligungen mehrere neue Institute mit zeitgeschichtlicher Thematik gegründet worden. Sie alle sind indes thematisch und zeitlich ungleich spezieller, kein zweites Institut behandelt ohne grundsätzliche thematische und methodische Begrenzung alle Epochen der Zeitgeschichte seit dem Ersten Weltkrieg. Insofern bewegt sich der sukzessive Ausbau des Instituts im Rahmen des schon während der frühen 1950er Jahren formulierten Auftrags. Und auch in bezug auf die Verbindung von allgemein zugänglicher großer Forschungsbibliothek, Archiv, Gutachtertätigkeit für Gerichte und Behörden ist das Institut singulär geblieben, und dies über die deutschen Grenzen hinaus.

Auf der anderen Seite zwangen verschiedene Faktoren, darunter auch die zeitweilige Verminderung der Mittel des ordentlichen Wirtschaftsplans am Ende der 1990er Jahre und die sich in den letzten Jahren erheblich intensivierende Drittmitteleinwerbung zu Veränderungen und Konzentration. Dabei mag die große Zahl der Veröffentlichungen,

---

[158] Vgl. Horst Möller, Die Relativität historischer Epochen: Das Jahr 1945 in der Perspektive des Jahres 1989, in: Aus Politik und Zeitgeschichte 18–19 (1995), S. 3–9, Wiederabdruck in: Horst Möller, Aufklärung und Demokratie. Historische Studien zur politischen Vernunft. Hrsg. von Andreas Wirsching, München 2003, S. 358–368.

in denen sich die Entwicklung der Zeitgeschichte spiegelt – was vor allem für die „Vierteljahrshefte für Zeitgeschichte" gilt[159] – darüber hinwegtäuschen, daß auch in der Vielfalt der methodischen, thematischen und zeitlichen Ansätze der am Institut betriebenen Forschungen ein einheitstiftendes Prinzip liegt. Sein Thema ist die erwähnte Trias: Das Institut untersucht die Zentralthemen dieses Jahrhunderts in ihrem inneren Zusammenhang und ihren verschiedenen Dimensionen: Begründung, Gefährdung und Auflösung der Demokratie durch totalitäre Bewegungen und Diktaturen, schließlich deren Verfall und die Wiederbegründung der Demokratie. Dabei zwingt die dialektische Wechselwirkung, in der Kultur, Politik, Gesellschaft und Wirtschaft stehen, zur Berücksichtigung aller genannter Sektoren, freilich in exemplarischer Weise. Der Tatsache, daß von isolierten Nationalgeschichten im 20. Jahrhundert immer weniger die Rede sein kann, hat das Institut für Zeitgeschichte in den letzten 15 Jahren nicht allein durch Verstärkung der internationalen Kooperation Rechnung getragen, sondern durch eigene komparatistische Projekte. Auch in dieser Hinsicht bleibt es unter den zeitgeschichtlichen Instituten singulär.

XIII.

Worin liegen die wesentlichen Charakteristika des letzten Jahrzehnts der Institutsarbeit?

Strukturen, Verwaltung, Öffentlichkeitsarbeit

Nach der Expansion der 1990er Jahre, in der nicht allein das Themenspektrum erweitert, sondern auch die Kapazität in München ausgebaut wurde, bedurfte es zunächst einer Konsolidierung. Nachdem nicht allein zwei neue Außenstellen entstanden waren, zunächst seit 1990 die in Bonn, dann 1995 die in Potsdam – die heute beide als Institutsabteilungen in Berlin angesiedelt sind (Auswärtiges Amt; Berlin-Lichterfelde), wurde unter der wissenschaftlichen Leitung des Instituts für Zeitgeschichte im Oktober 1999 die ständige Dokumentation Obersalzberg eröffnet: Vier Standorte statt einem, eine gegenüber 1990 bis heute fast

---

[159] Vgl. Hans Maier, in: Horst Möller/Udo Wengst (Hrsg.), 50 Jahre Institut für Zeitgeschichte, S. 169–176. Hrsg. der VfZ: Theodor Eschenburg und Hans Rothfels (1953–1978), Karl Dietrich Bracher und Hans-Peter Schwarz (seit 1978), ab 1993 gemeinsam mit Horst Möller.

verdoppelte Mitarbeiterzahl, von denen ungefähr die Hälfte jedoch nur befristet angestellt ist, erfordern von Institutsleitung, Verwaltung und Direktionssekretariat eine ungewöhnliche Effizienzsteigerung.

Anders als seinem Vorgänger stand dem neuen Direktor keine volle Assistentenstelle zur Verfügung. Vielmehr werden er und sein Stellvertreter außer durch das Sekretariat – in dem heute Annette Wöhrmann mit großem Engagement und Kompetenz die Hauptlast trägt – lediglich durch je eine wissenschaftliche Hilfskraft unterstützt, die beide im Rahmen von Institutsprojekten ihre Dissertationen vorbereitet haben bzw. vorbereiten. Der Stellvertretende Direktor, Udo Wengst, nimmt im übrigen – mit der Verwaltungsleiterin Ingrid Morgen – zum größten Teil die Vertretung des Instituts für Zeitgeschichte in der 1999 gegründeten Leibniz-Gemeinschaft wahr, eine zeitraubende Aufgabe, die es vor zehn Jahren noch gar nicht gab. Viele Jahre gehörte Udo Wengst dem Präsidium an und war Vorsitzender der Sektion A (Geisteswissenschaften). In der Leibniz- Gemeinschaft (WGL) sind die von Bund und Ländern gemeinsam finanzierten Forschungsinstitute als vierte Säule der außeruniversitären Forschung neben Max-Planck-Gesellschaft, Helmholtz-Gemeinschaft sowie Fraunhofer Gesellschaft zur Wahrnahme ihrer Interessen verbunden, in manchen Bereichen übernimmt die WGL Koordinierungs- und Informationsaufgaben. Obwohl die Finanzierung der Institute der Leibniz-Gemeinschaft weiterhin nach Programmplanung und Verhandlungen von Direktor und Verwaltungsleiter(in) direkt durch die Zuwendungsgeber erfolgt, sie also anders als Max-Planck-Institute selbständig bleiben, ist die Bedeutung der Leibniz-Gemeinschaft im letzten Jahrzehnt erheblich gewachsen. Insofern ist die Mitwirkung des Instituts für Zeitgeschichte in ihr wichtig, seit den letzten Jahren auch deshalb, weil die von Bund und Ländern bewilligten Mittel aus dem „Pakt für Forschung und Innovation" durch eine prononcierte Mitwirkung der Leibniz-Gemeinschaft vergeben werden.

Auch die immer wichtiger werdende Öffentlichkeitsarbeit muß im wesentlichen durch die Institutsleitung gleichsam nebenbei miterledigt werden, wenngleich sie dabei in spezifischen Aufgabenbereichen von den Projektleitern bzw. der Chefredaktion der „Vierteljahrshefte" wirkungsvoll unterstützt wird. Der Grund dieser insgesamt nicht befriedigenden Situation liegt nicht allein in personellen Kapazitätsproblemen, sondern auch in der 1992 getroffenen Entscheidung des neuen Direktors, die damals einzige freie Wissenschaftlerstelle vor allem für die Forschung in dem zu beginnenden deutsch-französischen Vergleichsprojekt zu nutzen und auch künftig eingeworbene Mittel nicht für „sekundäre"

Aufgaben, sondern für die primäre Aufgabe, also die wissenschaftliche Leistungssteigerung des Instituts einzusetzen. Da die Öffentlichkeitsarbeit des Instituts jedoch stark zugenommen hat und heute ohne sie auch wissenschaftliche Wirkung (und finanzielle Mittel) nicht mehr erzielt werden kann, muß sie künftig konzentriert und systematisiert werden. Aus diesem Grund sind ab Mitte 2010 Haushaltsmittel für einen Referenten des künftigen Direktors eingeplant, die die Zuwendungsgeber in den Verhandlungen auch zugestanden haben. Mit Hilfe dieser Stelle soll auch die Öffentlichkeitsarbeit verstärkt und koordiniert werden. Doch soll er auch – wenn das gegenwärtig geltende Prinzip beibehalten wird – weiterhin wissenschaftlich arbeiten.

Nach dieser Regel sind bisher auch Direktor und Stellvertretender Direktor wie all ihre Vorgänger verfahren: Trotz einer Überfülle von Organisations- und Verwaltungsaufgaben, trotz Öffentlichkeitsarbeit und wissenschaftspolitischem Management bleibt die Wissenschaft Dreh- und Angelpunkt eines Forschungsinstituts und ist insofern von Unternehmensführung oder Verwaltungsleitung zu unterscheiden.

Ähnlich unbefriedigend wie die Personalkapazität in der Institutsleitung ist sie in der Verwaltung: Obwohl ihr Aufgabenbereich sich durch die stark ausgeweiteten Institutsaktivitäten, aber auch infolge einer durch gesetzliche Vorgaben bedingten Bürokratisierung ganz erheblich erhöht, ja geradezu verdoppelt hat, ist sie in den letzten beiden Jahrzehnten nur durch eine zusätzliche Stelle verstärkt worden: Dies führt zu einer ständigen Überbeanspruchung, zumal sich nicht allein das Wissenschaftsmanagement, sondern auch die Wissenschaftsverwaltung eines Instituts in den letzten zehn Jahren stärker verändert hat als in mehreren Jahrzehnten zuvor. So hat, um nur zwei Beispiele zu nennen, das Institut für Zeitgeschichte als eines der ersten außeruniversitären Forschungsinstitute, in Bayern wohl als erstes, sowohl die Programmbudgetierung als auch die Kosten-Leistungs-Rechnung eingeführt, mit denen der frühere Wirtschaftsplan abgeschafft wurde: Nicht allein diese Umstellung war in sachlicher und zeitlicher Hinsicht äußerst aufwendig, vielmehr bleibt sie dies auch in der jährlichen Realisierung. Erschwert wurde die Einführung eines Programmbudgets naturgemäß, weil zu diesem Zeitpunkt weder auf einschlägige Erfahrungen, noch Vorbilder zurückgegriffen werden konnte. Größte Verdienste hat sich auch in diesem Bereich die damals neue Verwaltungsleiterin Ingrid Morgen erworben, die dem langjährigen, von 1973 bis 1999 sehr erfolgreichen Verwaltungsleiter Georg Maisinger, dessen Stellvertreterin sie zuvor war, nachfolgte. Beide waren bzw. sind Säulen der Institutsarbeit, nicht allein weil die Verwaltungsleiter reibungslos mit dem Direktor zusammenarbeiten müssen, sondern weil sie als vom Direktor ernannte Haushaltsbeauftragte auch mit ihm zusammen die finanzielle Verantwortung tragen. Und hinzu kommt: Es gibt keine Abteilung des Instituts, kein Projekt, an dem Institutsleitung und Verwaltung nicht ständig beteiligt wären, auch wenn das nach außen nicht immer sichtbar ist.

Haushaltsentwicklung

Die enorme Erhöhung der verfügbaren Haushaltsmittel in den beiden letzten Jahrzehnten ist zum einen auf die Schaffung neuer Abteilungen, zum anderen auf zahlreiche Sonderetatbestände zurückzuführen, die weder den Serviceleistungen noch der Forschung zugute kamen: Stattdessen wurden mit ihnen notwendige Reparaturen bzw. Umsetzung gesetzlicher Vorgaben, beispielsweise Brandschutzmaßnahmen, finanziert. Vor allem aber gelang eine kontinuierlich gesteigerte Einwerbung von Drittmitteln.

Einige Zahlen verdeutlichen die Entwicklung: Schloß der ordentliche Haushalt des Instituts für Zeitgeschichte 1991 mit ca. 4,627 Mio. DM ab und beliefen sich die Drittmittel auf 1,671 Mio. DM, so betrug er acht Jahre später, 1999, schon 6,711. Mio. DM, die Drittmittel konnten auf ca. 2, 737 Mio. DM gesteigert werden. Für das letzte Haushaltsjahr 2008 lauten die Zahlen: 5,029 Mio. ordentliche Haushaltsmittel und 1,6 Mio. Drittmittel – doch dieses Mal in Euro, was wiederum eine erhebliche Steigerung bedeutet. Diese Jahr für Jahr zu erreichende Finanzierung – die sich keineswegs von selbst ergibt – bietet die materielle Basis für die enorme Erhöhung der quantitativen und qualitativen Leistungsfähigkeit des Instituts in bezug auf Serviceleistung, Forschung und Publikationen: Sie läßt sich in den seit 1994, 2002 und erneut seit 2004 völlig neu gestalteten Jahresberichten des Instituts für Zeitgeschichte ablesen, die für das Jahr 1992 noch mit 21 Seiten Umfang auskamen, für 2008 aber mit 80 Seiten den vierfachen Umfang benötigen.

Serviceleistung in Archiv und Bibliothek

Eine wesentliche Grundlage für die Serviceleistungen des Instituts gegenüber der in- und ausländischen Wissenschaft, für die Medien sowie Studenten und Doktoranden, aber auch für die Forschung des Instituts für Zeitgeschichte selbst, bilden Archiv und Bibliothek. Sie haben nicht allein ihre Bestände erheblich vergrößert, sondern ihre Strukturen verändert und ihre Kooperation mit verwandten Einrichtungen, beispielsweise der Bayerischen Staatsbibliothek, intensiviert und sich dem Bayerischen Bibliotheksverbund angeschlossen. Aber nicht allein die von außen kaum sichtbare Verbesserung der Organisation steht hier im Zentrum, sondern vor allem die Revolutionierung der Informationstechnologie: Schon seit Januar 1995 erfaßt die Bibliothek des Instituts für Zeitgeschichte Neuzugänge nicht mehr in einem Zettelkatalog, sondern mit Hilfe moderner Informationstechnologie, seitdem erfolgte sukzessiv eine Verbesserung des Bibliotheksprogramms. Seit 1997 bzw. 1999 wurde das Institut für Zeitgeschichte neu verkabelt und an das Internet angeschlossen. Auch dieser Sektor wurde seitdem schrittweise verbessert.

Ein grundsätzlicher Fortschritt wurde erzielt, als es gelang, eine Sonderfinanzierung für die zwischen 2001 und 2003 durchgeführte Retro-Katalogisierung des gesamten Bibliothekskatalogs bis 1949 zurück, zu erreichen: Der Bibliotheksbestand des Instituts für Zeitgeschichte ist mit seiner differenzierten Erfassung von Autoren, Geographischem Register und Sacherschließung auch unselbständig erschienener Schriften seitdem weltweit online recherchierbar. Bei dieser und den folgenden sukzessiven Verfeinerungen haben sich die beteiligten Mitarbeiter außerordentlich bewährt, allen voran der bis 2008 tätige Bibliotheksleiter Christoph Weisz und seine Stellvertreterin Ingrid Baass. Diese durchgreifende Modernisierung hat entscheidend dazu beigetragen, daß die bis heute auf über 220 000 Medieneinheiten angewachsene Bibliothek national und international zu den führenden Fachbibliotheken der Zeitgeschichte zählt, zumal sie nicht allein im Bibliotheksverbund Bayern, sondern auch im Fachportal Chronicon, an der Elektronischen Zeitschriftenbibliothek (EZB), der Zeitschriftendatenbank (ZDB) und dem Datenbank-Infosystem (DBIS) mitwirkt bzw. mit ihnen vernetzt ist.

Eine intensive Bestandsausweitung, Pflege und Erschließung der Bestände erfährt auch das Archiv, in dem seit den 1993 nicht allein die Altregistraturen zu einem für die Forschung nach gesetzlichen Vorgaben zugänglichen Hausarchiv ausgebaut worden sind, das sowohl für die Zeitgeschichte im allgemeinen als auch für Wissenschaftsgeschichte des Fachs seit 1945 von hohem Interesse ist. Auch der Archivkatalog wurde bzw. wird sukzessive auf EDV umgestellt. Im letzten Jahrzehnt sind eine Reihe von Findmitteln digitalisiert worden, ebenfalls mit Hilfe von Sondermitteln konnte seit 2007 mit der systematischen Retrodigitalisierung von Archivkatalog und Findmitteln begonnen werden, die im wesentlichen bis Ende des Jahres 2009 abgeschlossen wird: Das Archiv, das über Jahre hinweg, u. a. aufgrund von Stellenkürzungen, mit großen personellen Engpässen zu kämpfen hatte, erreicht damit den gleichen Modernisierungsgrad wie die Bibliothek. In besonderem Maße waren und sind in dieser Phase auch die Archivmitarbeiter gefordert gewesen, einen wesentlichen Anteil haben daran der jetzige Archivleiter Hartmut Mehringer, der seinem verdienten Vorgänger Werner Röder 2000 nachfolgte und Alexander Klotz, während der Stellvertretende Archivleiter Klaus Lankheit für andere Bereiche wichtige Leistungen erbrachte[160].

Informationstechnologie

Seit mehreren Jahren erhält der IT-Bereich, der inzwischen mit Andreas Nagel und Willy Zirm professionalisiert worden ist, in den Jahresberichten eine eigene Rubrik. Einen großen Fortschritt brachte die vor allem durch Andreas Nagel völlig neu konzipierte Homepage – von der Marie-Thérèse Delteil auch eine französische Fassung erarbeitete – mit einem stark erweiterten Informationsangebot und einem regelmäßig erscheinenden Newsletter, der seit Mai 2007 eingeführt worden ist. Die Website des Instituts für Zeitgeschichte wurde 2008 über 1 Mio. mal besucht[161].

„Vierteljahrshefte für Zeitgeschichte" (VfZ)

Dieser informationstechnologische Schub, der sich auch in der gemeinsam mit anderen Institutionen in der beim Saur Verlag veröffentlichten Digitalisierung von zeithistorischen Quellen und Editionen des Instituts für Zeitgeschichte dokumentiert, betrifft auch die „Vierteljahrshefte für Zeitgeschichte", die zwar wie alle anderen geschichtswissenschaftlichen Zeitschriften einen Rückgang der Auflage hinnehmen muß, der unter anderem durch ein verändertes Benutzerverhalten der jüngeren Generationen, vor allem der Studenten, bedingt ist. Gleichwohl bleiben die „Vierteljahrshefte" mit weitem Abstand die auflagenstärkste deutsche geschichtswissenschaftliche Zeitschrift mit hoher internationaler Verbreitung von den USA bis nach Japan. Herausgeber, Redaktion und Verlag haben dieser Entwicklung in den letzten Rechnung getragen, in dem sie die Zeitschrift im Layout und im Aufbau behutsam modernisiert haben.

---

[160] Vgl. die entsprechenden Abschnitte in den Jahresberichten, zuletzt Jahresbericht 2008, S. 27–38.
[161] Vgl. zum aktuellen Stand auch den Jahresbericht 2008, S. 38 f.

Vor allem aber wurden die „Vierteljahrshefte", die sich wirtschaftlich selbst tragen und auf Zuschüsse von außen nicht angewiesen sind und den Institutshaushalt normalerweise schonen, komplett vom Beginn 1953 bis 2005 retrodigitalisiert. Auch diese Digitalisierung wurde im wesentlichen durch Andreas Nagel realisiert. Diese Jahrgänge werden kostenlos zum Download angeboten. Von 2005 an erscheinen die VfZ sowohl in der Druckversion als auch digitalisiert (allerdings jeweils für die letzten Jahrgänge kostenpflichtig).

Schließlich beteiligt sich das Institut für Zeitgeschichte durch die Redaktion der VfZ am gemeinsamen Münchner Internetportal „Sehepunkte" mit der Zuständigkeit für den Bereich der Zeitgeschichte (mit Ausnahme der eigenen Veröffentlichungen): Eine Liste der Rezensionen wird jeweils den VfZ beigefügt, im Volltext finden sich die Rezensionen einmal jährlich als Beigabe in Form einer CD-ROM. Der jährliche Download von VfZ-Heften betrug bereits im ersten Jahr 200 000. Dabei zeigt sich: Die „Vierteljahrshefte" besitzen nach langer Tradition einen Schwerpunkt in minutiös rekonstruierten empirischen Studien, sie bleiben deshalb buchstäblich „haltbar" und sind für die Forschung auch noch nach Jahrzehnten relevant, während reine Methodendiskussionen ohne empirischen Bezug oftmals ebenso schnell veralten wie durch bloße Aktualität bedingte Moden in der Wissenschaft.

Naturgemäß haben die „Vierteljahrshefte" im Laufe der letzten zwei Jahrzehnte noch andere Veränderungen erlebt, zu erwähnen sind zunächst die personellen. Sie wurden schon 1992 eingeleitet: War bis dahin noch nie ein amtierender Direktor unter den Herausgebern[162], so änderte sich dies mit Beginn meiner Amtszeit, allerdings bis zu einem neuen Statut 2008 ad personam. Seitdem gehört jeder Direktor – der ohnehin im Sinne des Pressegesetzes und haushaltsmäßig die Verantwortung trägt – in Zukunft qua Amt zu den Herausgebern der VfZ. Waren es von 1992 bis 2007 nun drei statt bisher zwei Herausgeber, wurden es ab 2008 vier. Nachdem der Altmeister unseres Fachs, das langjährige Mitglied und zeitweiliger Vorsitzender des Wissenschaftlichen Beirats des Instituts für Zeitgeschichte, Karl Dietrich Bracher, sich nach dreißigjähriger Herausgeberschaft zurückzog, wurde nach dem Auslaufen des Herausgebervertrages Hans-Peter Schwarz, ebenfalls langjähriger Herausgeber, Beiratsvorsitzender und großer Pionier der Zeitgeschichtsforschung, der um das Institut für Zeitgeschichte hoch-

---

[162] Vgl. dazu Hermann Graml und Hans Woller, Fünfzig Jahre Vierteljahrshefte für Zeitgeschichte 1953–2003, in VfZ 51 (2003), S. 51–87.

verdient ist, wiederberufen: Neben den beiden weiter amtierenden Herausgebern wurden zwei zusätzliche, in ihren Fachgebieten herausragende Historiker kooptiert, der eine mit Schwerpunkt osteuropäische, der andere mit Schwerpunkt westeuropäische und deutsche Geschichte. Seit 2008 gehören dem Herausgebergremium an: Helmut Altrichter, Horst Möller, Hans-Peter Schwarz und Andreas Wirsching.

Seit 2008 bzw. 2009 wurden zugleich neue Mitherausgeber berufen, die erheblich stärker als ihre Vorgänger in die Gestaltung der Zeitschrift einbezogen werden, es sind dies: Michael Burleigh (London), Harold James (Princeton), Hélène Miard-Delacroix (Paris), Herfried Münkler (Berlin), Georges-Henri Soutou (Paris) und Margit Szöllesi-Janze (Köln). Insgesamt ist also eine Internationalisierung und Verjüngung erfolgt, im Hinblick auf Methoden und Themen zudem eine große Erweiterung. Verkürzung der Mandatszeiten bzw. partieller turnusmäßig vorgesehener Wechsel, der im Statut vorgesehen ist, soll künftig Kontinuität mit regelmäßiger Erneuerung institutionalisieren.

Auch die Zusammensetzung der Redaktion hat sich verändert, sie ist ohnehin seit Jahren eine Redaktion vorwiegend der jüngeren und „mittleren" Generation, die wie die Herausgeber jeden Beitrag gründlich prüft, viel Energie und Kompetenz in die Bearbeitung steckt und die Herausgeber in der Gewinnung von Manuskripten und Anregung von Autoren unterstützt. Viele Jahre wurde sie von Hermann Graml geleitet, bis diese „Säule" des Instituts seit den 1950er Jahren (theoretisch) in den Ruhestand trat – tatsächlich arbeitet er jedoch bis heute nahezu täglich im Institut, nun aber wieder ausschließlich als „Einzelforscher"[163].

Seit Ende 1993 ist Hans Woller, Experte für die deutsche Nachkriegsgeschichte sowie die italienische Geschichte des 20. Jahrhunderts, ein ebenso bewährter Nachfolger, der auf die neuen Herausforderungen gleichermaßen ideenreich wie energisch reagiert. Weiterhin gehören der Redaktion an: Christian Hartmann als Stv. Chefredakteur, Johannes Hürter, Manfred Kittel, Udo Wengst und Jürgen Zarusky, der gemeinsam mit Johannes Hürter auch Redakteur der Schriftenreihe der VfZ ist, zu deren Gestaltung beide maßgeblich beitragen. Renate Bihl übt umsichtig und zuverlässig die Redaktionsassistenz aus.

Wenngleich Herausgeber und Redaktion von ganz wenigen Ausnahmen abgesehen am Ende immer zu übereinstimmenden Einschätzun-

---

[163] Vgl. über ihn: Horst Möller, Hermann Graml, dem langjährigen Chefredakteur der Vierteljahrshefte zum 80. Geburtstag, in : VfZ 57 (2009), S. 151–155.

gen gelangen, so darf dies doch nicht darüber hinwegtäuschen, daß der Beschlußfassung und den vorgeschlagenen Verbesserungen von Texten oft äußerst lebhafte, auch kontroverse Diskussionen vorausgehen – sie gehören, das kann ich nach früher vier Jahren in der Redaktion und heute seit über 17 Jahren als Herausgeber sagen, zu den sachlich gewinnbringendsten Beratungen, die überdies in entspannter, deswegen aber nicht weniger ernsthafter Atmosphäre stattfinden. Dabei gilt als Prinzip der Herausgeber, daß sie nicht ihre eigene Übereinstimmung mit der Interpretation der Autoren zum Maßstab ihrer Entscheidungen machen, sondern Qualitätskriterien. Aus diesem Grund erscheinen immer wieder Beiträge, zu denen es auch innerhalb des Herausgebergremiums, der Redaktion oder auch bei anderen Angehörigen des Instituts für Zeitgeschichte unterschiedliche Auffassungen gibt. Ein Beispiel bilden etwa die Kontroversen über die Deutung des militärischen Widerstands gegen das NS-Regime bzw. Hitler. Pluralismus und Kontroversen gehören nicht allein zur Demokratie, sondern auch zur Wissenschaft, gäbe es sie nicht, wären beide tot.

Überblickt man auch nur die wenigen hier ausgewählten Beispiele im Wandel der Arbeitprozesse des Instituts, dann wird klar: Die letzten eineinhalb Jahrzehnte bildeten für das Institut im einzelnen wie im Ganzen eine dynamische Phase der Modernisierung, die die Serviceleistungen des Instituts, aber auch die eigenen Recherchemöglichkeiten revolutionierten, jedoch auch das Benutzerverhalten veränderten, da auswärtige Nutzer beispielsweise Recherchen in den Katalogen nicht mehr im Haus durchführen müssen, sondern dies am häuslichen Schreibtisch tun können.

Dokumentation Obersalzberg

Eine für das Institut völlig neue Aufgabe bestand nicht allein in der Entwicklung, sondern vor allem der Realisierung der Dokumentation Obersalzberg, da bis dahin außer dem Direktor, der in den 1980er Jahren u. a. Mitglied des Gründungsdirektoriums des Hauses der Geschichte der Bundesrepublik Deutschland in Bonn und anderer Ausstellungsgremien war, bis dahin niemand im Ausstellungswesen mitgewirkt hatte.[164] Allerdings bildete die im Institut für Zeitgeschichte versam-

---

[164] Vgl. Volker Dahm, in: Horst Möller/Udo Wengst (Hrsg.), 50 Jahre Institut für Zeitgeschichte, S. 159–167, sowie Horst Möller, Obersalzberg – Orts- und Zeitgeschichte. Eine ständige Dokumentation des Instituts für Zeitgeschichte in Berchtesgaden, in: VfZ 48 (2000), S. 199–206.

melte hohe Kompetenz für alle Bereiche der NS-Forschung die beste sachliche Voraussetzung für das Gelingen, nachdem ich dem Bayerischen Staatsministerium der Finanzen – das die Dokumentation über die Jahre hinweg nachhaltig unterstützt hat – einen Vorentwurf vorgelegt hatte und das Institut für Zeitgeschichte nach dessen Beratung im Landtag und in der Staatsregierung dann mit der Erarbeitung beauftragt wurde: Bei der Vorbereitung wirkte zunächst auch ein von mir geleiteter Fachbeirat und zahlreiche Wissenschaftler des Instituts für die jeweiligen Ausstellungseinheiten mit. Mit Volker Dahm als Wissenschaftlichem Leiter und Albert A. Feiber als Wissenschaftlichem Mitarbeiter wurde schließlich ein festes personelles Rückgrat geschaffen: Beide haben sich in der Sacharbeit hervorragend bewährt.

Inzwischen hat das Institut auch eine Reihe weiterer kleinerer Ausstellungen durchgeführt, beispielsweise zur Judendeportation aus Franken (v. a. Edith Raim gemeinsam mit der Generaldirektion der Bayerischen Archive), zum Widerstand gegen das NS-Regime oder verschiedene Ausstellungen, die das Archiv erarbeitet hat. Die Dokumentation Obersalzberg aber wurde zu einem geradezu sensationellen, von uns selbst nicht vorausgesehenen Erfolg, bei dem die chronische Unterfinanzierung durch ein außerordentliches Engagement vor allem der beiden hauptsächlich zuständigen Wissenschaftler ausgeglichen wurde und noch wird. Allerdings konnte nach längeren Verhandlungen eine Zuweisung von Stellen für Museumspädagogen erreicht werden, durch die ab Mitte 2009 die personellen Engpässe beseitigt werden. Notwendig bleibt aber eine Lösung organisatorischer Fragen, die sich aus der komplizierten Trägerstruktur und der Beteiligung mehrerer Institutionen ergeben, die auch die wissenschaftliche Leitung durch das Institut betreffen.

Nach einer zum Teil emotionalen öffentlichen Diskussion über die Planung der Dokumentation hat sie sich trotz (oder wegen?) ihrer überschaubaren Dimension unter der nur vier Prozent umfassenden Gruppe der meistbesuchten deutschen Dauerausstellungen bzw. einschlägigen Museen etabliert: Ungeachtet der exponierten und von Großstädten (mit Ausnahme Salzburgs) weit entfernten Lage, besuchten in den neuneinhalb Jahren seit der Eröffnung im Oktober 1999 mehr als 1,3 Millionen Besucher die Dokumentation bei Berchtesgaden, der bisherige Spitzenwert wurde mit 176 619 Besuchern im Jahre 2007 erreicht. Unter den Besuchern befinden sich in- und ausländische Minister, Abgeordnete, Diplomaten, Journalisten, Bundeswehrsoldaten, Schulklassen, natürlich auch Historiker oder historisch-politisch Interessierte aller Altersgruppen.

Nach einhelliger in- und ausländischer Resonanz, die sich in zahllosen Zeitungsartikeln, Fernsehsendungen usw. niederschlug, hat diese Dokumentation, an der im übrigen ständig Verbesserungen vorgenommen werden, ihr Ziel erreicht: Mit moderner Museumstechnik und -didaktik, auf wissenschaftlicher Basis und dem jeweils aktuellen Forschungsstand, aber nicht nur für ein Fachpublikum, ebenso anschaulich wie zuverlässig die zentralen Sektoren und Charakteristika der nationalsozialistischen Diktatur darzustellen: Terror und Verführung, propagandistisch instrumentalisierte gesellschaftliche Integration der „Volksgemeinschaft" und Ausgrenzung von Minderheiten, die bis zum millionenfachen Massenmord, insbesondere an den europäischen Juden, führte, Weltkrieg und Besatzungspolitik, Anpassung und Widerstand, Herrschaftsstrukturen und Personal des NS-Regimes.

Ein besonderes Anliegen bildet die politische Bildung auf der Basis historischer Aufklärung und Information, bildet die Absicht, nicht nur zu zeigen, sondern mit Ausstellungsmitteln auch zu erklären. Dazu wurde eigens ein „pädagogischer Koffer" mit Lern- und Lehrmitteln auch für Lehrer entwickelt, der außer einem pädagogischen Handbuch auch Video, CD und den auch getrennt zu erwerbenden Begleitband bietet.

Dieser Begleitband, in vielen Rezensionen als beste allgemeinverständliche, hervorragend illustrierte Darstellung des NS-Regimes bezeichnet, war bereits in der 1. Auflage ein großer Erfolg. 2008 erschien wiederum im Selbstverlag des IfZ die 5. vollständig neubearbeitete und erweiterte Neuausgabe (bei einer Gesamtauflage von 75 000 Exemplaren zweifellos ein zeitgeschichtlicher Bestseller), sie umfaßt 830 Seiten, mitverfaßt und herausgegeben von Volker Dahm, Albert A. Feiber, Hartmut Mehringer und Horst Möller unter dem Titel „Die tödliche Utopie. Bilder, Texte, Dokumente, Daten zum Dritten Reich".

Die Dokumentation veranstaltet eigene und fremde Sonderausstellungen in den inzwischen erweiterten Räumlichkeiten (darunter der alten Bunkeranlage) und hat im Jahr 2008 insgesamt 484 Führungen mit Hilfe von eigens vom Institut für Zeitgeschichte ausgebildeten Ausstellungsführern bzw. Mitarbeitern des Instituts für Zeitgeschichte organisiert, schließlich auch gemeinsam mit der dort von der Gemeinde Berchtesgaden eingesetzten engagierten Verwalterin der Dokumentation, Linda Pfnür, weitere Veranstaltungen mitbetreut[165].

---

[165] Vgl. Jahresbericht 2008, S. 23–26 bzw. den eingehenderen vom IfZ herausgegeben Jahresbericht 2008 Dokumentation Obersalzberg.

Veranstaltungen des Instituts

War von der Öffentlichkeitsarbeit schon die Rede, so muß in diesem Kontext festgestellt werden: Auch im Hinblick auf die Veranstaltungen in allen Abteilungen des Instituts für Zeitgeschichte hat sich in den letzten eineinhalb Jahrzehnten ein gravierender Wandel vollzogen. Konnte Martin Broszat noch lapidar bemerken: Das Institut für Zeitgeschichte sei kein Tagungsinstitut und damit die geringe Zahl von Veranstaltungen begründen, so hat das Institut für Zeitgeschichte, ohne deshalb zum bloßen Tagungsinstitut zu werden, seine Veranstaltungsfrequenz ganz erheblich erhöht. Allein im Jahr 2008 fanden in den beiden Berliner Abteilungen und in München ungefähr 35 öffentliche Veranstaltungen statt, mit denen in die fachliche oder weitere Öffentlichkeit gewirkt wurde[166], darunter mehrere große internationale Colloquien, die unterschiedlichen Perioden und Themen der Zeitgeschichte gewidmet waren. Unter den rein wissenschaftlichen Tagungen wurden mehrere gemeinsam mit Partnern aus dem In- und Ausland, vor allem aus Frankreich, Österreich, Italien und Rußland, vorbereitet und organisiert. Die Themen bilden eine Auswahl, zeigen unterschiedliche Kontexte und methodische Zugänge und sind doch – wie die gesamte Arbeit des Instituts der thematisch und zeitlich definierten Leitfrage nach „Demokratie und Diktatur im 20. Jahrhundert" zuzurechnen[167]. In räumlicher Hinsicht bezeichnen die behandelten Sektoren ebenfalls den Schwerpunkt der Institutsarbeit, nämlich die deutsche Zeitgeschichte im europäischen Kontext, dabei werden methodisch vor allem komparative Verfahren genutzt.

So organisierte das Institut für Zeitgeschichte in München eine Podiumsdiskussion über die beiden Reichspräsidenten der Weimarer Republik, mehrere Veranstaltungen über die NS-Diktatur, mit dem Deutsch-Italienischen Institut in Trient ein Colloquium über „Gesellschaftlichen Protest und politische Gewalt in Deutschland und Italien", mit der Deutsch-Russischen Historikerkommission und dem Institut für Universalgeschichte der Russischen Akademie der Wissenschaften ein Colloquium über Erinnerungskultur nach dem Fall von Diktaturen, mit der Universität Bordeaux eine Arbeitstagung über die „Krise der 1960er Jahre in Deutschland und Frankreich", mit dem Ludwig-Boltzmann-Institut für Kriegsfolgenforschung in Graz und Wien über den „Prager

---

[166] Vgl. Jahresbericht 2008, S. 40–46.
[167] Vgl. Horst Möller, Diktatur- und Demokratieforschung im 20. Jahrhundert in: VfZ 51 (2003), S. 29–50.

Frühling 1968", mit dem Collegium Carolinum in München im IfZ eine internationale Tagung mit Historikern aus zehn Nationen über die Münchner Konferenz 1938, ein Arbeitsgespräch und Vorträge über Ghettorenten, gemeinsam mit dem ifo-Institut für Wirtschaftsforschung ein Colloquium über die „Krise der Arbeitsgesellschaft in den 1970er und 1980er Jahren" (am Beispiel vor allem Deutschlands, Italiens und Frankreichs) u. a. m.

Internationalisierung

Die hierin zum Ausdruck kommende thematische Internationalisierung, aber auch die starke Ausweitung der internationalen Kooperation wurde seit Mitte der 1990er Jahre begonnen und immer stärker ausgebaut, wobei neben institutioneller Zusammenarbeit die regelmäßige Arbeit von Gastwissenschaftlern aus dem Ausland steht, die für längere oder kürzere Zeit im Institut forschen. Besonders eng ist dabei die Kooperation mit französischen, aber auch italienischen und russischen Wissenschaftlern, da hier jeweils korrespondierende komparatistische Forschungsprojekte betreiben. Außer Historikern aus diesen drei Nationen waren im Institut in den letzten Jahren als Gastwissenschaftler auch Polen, Ungarn, Tschechen, Japaner, Koreaner, Chinesen u. a. tätig.

Unter den Mitgliedern des Wissenschaftlichen Beirats sind mehrere hochrangige ausländische Wissenschaftler: zwei französische Historiker (Hélène Miard-Delacroix, George-Henri Soutou – als Stv. Vorsitzender), ein englischer, Michael Burleigh, einer aus den USA, Harold James, sowie eine deutsche Politikwissenschaftlerin, die aber in Großbritannien einen Lehrstuhl innehat, Beatrice Heuser. Bis 1998 gehörten dem Wissenschaftlichen Beirat ausschließlich deutsche und hier tätige Mitglieder an. Im übrigen haben sich auch im Wissenschaftlichen Beirat, dessen Mandatszeiten ebenso verkürzt wurden wie die Möglichkeit zur Wiederwahl, im letzten Jahrzehnt große Veränderungen vollzogen, wobei es im Interesse des Instituts liegt, weiterhin für alle Schwerpunkte der Institutsarbeit herausragende Berater zu haben. Auch der Beiratsvorsitzende wechselte, nachdem Hans-Peter Schwarz nicht mehr kandidierte, wurde Helmut Altrichter 2004 erstmals zu seinem Nachfolger gewählt. Nach dem turnusmäßigen Ausscheiden von Klaus Hildebrand wurde George-Henri Soutou dessen Nachfolger als Stv. Vorsitzender. Einige der Genannten bleiben dem Institut glücklicherweise als Ehrenmitglieder des Beirats verbunden, das so auch bei Begutachtungen von ihrer hohen Kompetenz profitiert.

All diese Beispiele zeigen: Seit den 1990er Jahren gehört die Internationalisierung der Institutsarbeit zum Programm, das im letzten Jahrzehnt immer stärker realisiert werden konnte. Allerdings mußte hier sehr oft improvisiert werden, da die eigentlich für Gastwissenschaftler vorgesehenen Mittel durch die sog. DFG-Abgabe, die seit Gründung der Leibniz-Gemeinschaft eingeführt worden ist und das Institut ungefähr eineinhalb Wissenschaftlerstellen kostet, anderweitig verausgabt werden müssen.

Lehre und Forschungsprojekte

Überblickt man all diese Aktivitäten, die weitergeführt wurden oder ganz neu in der Arbeit des Instituts für Zeitgeschichte sind, bedenkt man außerdem das schon erwähnte ständig gesteigerte Engagement von Wissenschaftlern des Instituts an zahlreichen Universitäten (siehe dazu oben Seite 18f.), wozu eine große Zahl von Lehr- und Prüfungsverpflichtungen sowie die Betreuung von Doktoranden, auch innerhalb von Forschungsprojekten des Instituts zählt, dann stellt sich unwillkürlich die Frage: Wo gibt es noch Kapazitäten für die eigentliche Aufgabe eines wissenschaftlichen Instituts, die Forschung? Wie läßt sich die Grundüberzeugung verwirklichen, der zufolge all diese Aktivitäten eine ebenso solide wie innovative Basis in der eigenen Forschung haben müssen? Forschung bleibt auch bei den optimalen Voraussetzungen, die das Institut seinen Angehörigen bietet, in den Geisteswissenschaften immer ein individueller Prozeß. Sie ist nicht allein eine produktive, sondern genuin kreative Leistung, die – trotz aller notwendigen Leitung und Koordination – Freiheit des einzelnen Forschers voraussetzt. Das alte Postulat, demzufolge die wissenschaftliche Leistung in „Einsamkeit und Freiheit" erbracht werde, um den Buchtitel von Helmut Schelsky zu zitieren, ist so falsch nicht, wie es einer betriebsamen und in kollektiven Projekten denkenden Zeit erscheinen mag.

Die vielen erwähnten Buchveröffentlichungen (siehe oben Seite 79), zu denen Jahr für Jahr die außerordentlich hohe Zahl von Aufsätzen, Abhandlungen und Dokumentationen kommen, die in Zeitschriften und Sammelbänden publiziert werden, sowie die zahlreichen wissenschaftliche Vorträge belegen: Die Forschung bleibt trotz der großen Zahl anderer neuer Aufgaben das ständig verstärkte Fundament des Instituts für Zeitgeschichte[168].

---

[168] Vgl. etwa den Jahresbericht 2008, S. 47–57, 58–67.

Eine große Zahl der Editions- wie der monographischen Forschungsprojekte des Instituts konnten in den letzten Jahren erfolgreich abgeschlossen werden, darunter die 17-bändige Hitler-Dokumentation 1924–1933 und die 32-bändige nach 1992 ebenfalls völlig neu konzipierte Edition der Goebbels-Tagebücher 1923–1945 zuzüglich einer 4-bändigen französischen Auswahlausgabe. Dies ist nicht so selbstverständlich wie es scheint, kann man doch zuweilen den Eindruck bekommen, daß zwar die Einwerbung von Drittmitteln jedermann interessiert, aber kaum ihr Erfolg oder Mißerfolg. Ziel der Institutsleitung ist deswegen immer eine realistische Planung, nicht aber Chimären. Gehören diese und andere Vorhaben, etwa die dreibändige Dokumentation der deutschen Besatzungspolitik in Norwegen zur Diktaturforschung, so andere Editionsprojekte zur Demokratieforschung, beispielsweise Dokumentationen zur Geschichte der CSU, vor allem aber die fortlaufende Edition der Akten zur Auswärtigen Politik der Bundesrepublik Deutschland mit ihren bisher 44 Bänden. Editionen dieses Zuschnitts und dieses Ranges bilden eine nach wie vor unentbehrliche Grundlagenforschung. Das Institut für Zeitgeschichte engagiert sich in diesem Zusammenhang auch in dem im Vorjahr gegründeten Münchner Zentrum für Editionswissenschaft.

Einen anderen Charakter besitzt ein fast abgeschlossenes, im letzten Jahrzehnt durchgeführtes Vorhaben, das primär der Quellenerschließung gewidmet ist. Es wird in einer Datenbank kondensiert und durch zwei auswertende Monographien ergänzt. Dieses Projekt führt das Institut in lockerer Kooperation mit dem Archiv von Yad Vashem in Jerusalem durch und hat die Sammlung sämtlicher Ermittlungsakten über Gewaltverbrechen des NS-Regimes zum Ziel: Allein für die alte Bundesrepublik Deutschland 1949 bis 1989 wurden 37 000 Ermittlungsverfahren gegen ca. 160 000 Personen dokumentiert – schon diese Zahl ist ein Zeichen, wie abwegig die Einschätzung ist, man habe sich früher mit den NS-Massenverbrechen nicht beschäftigt, ja sie offiziell verdrängt. Daß nur ein kleiner Teil der Ermittlungen zu Verurteilungen führte, hatte – so ärgerlich das oft auch ist – in der Regel juristische Gründe, gilt doch in einem Rechtsstaat das Prinzip „Im Zweifel für den Angeklagten".

Ein editorisches Großprojekt hat das Institut gemeinsam mit dem Bundesarchiv und dem Lehrstuhl von Ulrich Herbert (Universität Freiburg/Br.) auf der Basis eines DFG-Langzeitprojekts begonnen. Das Institut für Zeitgeschichte erhält etwa 60% dieser Mittel und erbringt außerdem eine erhebliche Eigenleistung: Von den geplanten 16 Bänden ist 2008 der erste Band erschienen: „Die Verfolgung und Ermordung der europäischen Juden durch das nationalsozialistische Deutschland 1933–1945". Das vor allem in der Abteilung Berlin sowie mit Außenmitarbeitern organisierte Projekt wird geleitet und herausgegeben von Götz Aly, Wolf Gruner (nur Band 1, inzwischen ausgeschieden), Susanne Heim (die die Koordination übernommen hat), Ulrich Herbert, Hans-Dieter Kreikamp, Horst Möller, Dieter Pohl und Hartmut Weber. Dieses Projekt über zwanzig europäische Staaten, aus denen unter deutschem Besatzungsregime Juden deportiert und ermordet wurden, folgt sehr differenzierten Auswahlprinzipien und ist deswegen nicht allein in bezug auf einen großen Teil der publizierten Quellen höchst unterschiedlicher Gattungen neu: Die Suche und Auswahl der Dokumente erfolgt multiperspektivisch, sie konzentriert sich auf Opfer und Täter, auf zentrale und kommunale Vorgänge, auf die öffentliche Wahrnahme im In- und Ausland, auf politische Entscheidungen und alltägliche Verhaltensweisen – erlittene und begangene, auf Mitläufer und Resistente in der nichtjüdischen Umwelt. Ohne Zweifel handelt es sich primär um ein wissenschaftliches Projekt, zugleich aber um ein Mahnmal für die Opfer, ein moralisch und gesellschaftlich notwendiges monumentales Vorhaben.

Unter den monographischen Projekten wurden alle in den 1990er Jahren begonnenen Großprojekte erfolgreich abgeschlossen. Sie umfassen jeweils mehrere Bände. Diese Projekte werten jeweils umfangreichen Quellenbestände aus, in ihrer thematischen Orientierung sind sie neu und im methodischen Zugriff innovativ. Zu erinnern ist unter anderem an das komparative Forschungsprojekt zur Demokratie und Demokratiegefährdung in Deutschland und Frankreich zwischen den Kriegen, das vielgliedrige Wehrmachtprojekt, Politik und Gesellschaft in Bayern (1949 bis 1973) als Exempel politischer, gesellschaftlicher und kultureller Modernisierung, mit ihren Erfolgen aber auch Nebenwirkungen, Politische Justiz in der SBZ/DDR, Mecklenburg im 20. Jahrhundert – Fallstudien zu einem Land unter zwei Demokratien und zwei Diktaturen (beide in der Abteilung Berlin), Reform und Revolte in den 1960er Jahren (unter Leitung von Udo Wengst). Außer diesen Projekten mit mehreren Personen wurden zahlreiche große Monographien abgeschlossen, die jeweils zur Demokratie- oder Diktaturforschung zählen, darunter verschiedene Einzelstudien zur Vertriebenenproblematik, über die das Institut für Zeitgeschichte 2007 unter der Federführung von Horst Möller und Manfred Kittel (der dazu eine Reihe weiterer Studien veröffentlichte) gemeinsam mit tschechischen Historikern und

Juristen (Jiří Pešek, Oldřich Tůma) einen Sammelband über „Deutsche Minderheiten 1945" (zugleich in tschechischer Sprache veröffentlichte). Beteiligt waren mehrere deutsche und ausländische Historiker[169].

Neben der Abteilung im Auswärtigen Amt hat sich auch die Abteilung Berlin inzwischen fest etabliert. Unmittelbar beim Bundesarchiv gelegen, profitiert sie von dieser Nähe zu zahlreichen zentralen Archivbeständen zur DDR-Geschichte, darunter dem Archiv für Parteien und Massenorganisationen, das auch die Akten des Politbüros der SED beherbergt, während die Arbeit an NS-Projekten, insbesondere zur Verfolgung und Ermordung der europäischen Juden von den NS-Beständen des Bundesarchivs profitiert, das seinerseits an diesem Projekt beteiligt ist.

Nachdem planmäßig die erste Staffel großer Projekte zur Geschichte der DDR abgeschlossen worden ist, darunter die erwähnten Studien zur Justizpolitik, zur SMAD (Jan Foitzik), zu Aufbau und Krise der Planwirtschaft (Dierk Hoffmann), über Vertriebene und „Umsiedlungspolitik" (Michael Schwartz), zur SED- Agrarpolitik unter sowjetischer Kontrolle (Elke Scherstjanoj), zur Berlin-Krise nach 1958 (Matthias Uhl, Gerhard Wettig – gemeinsam mit der Deutsch-Russischen Historikerkommission) sowie eine ganze Reihe weiterer Studien und Dokumentationen, u. a. zur Sozialstaatlichkeit (Dierk Hoffmann, Michael Schwartz) sowie zur nationalsozialistischen Jugendpolitik (Michael Buddrus), wurden weitere Studien erarbeitet, darunter eine Gesamtdarstellung der DDR-Außenpolitik von Hermann Wentker, eine Grotewohl-Biographie von Dierk Hoffmann, Darstellungen zur Geschichte Mecklenburgs von Michael Buddrus, Susanne Raillard und Hendrik Bispinck, mehrere Dokumentationen von Elke Scherstjanoj u. a. zur Kulturpolitik, von Damian van Melis und Henrik Bispinck zur „Republikflucht". Mithin ist zu zentralen Bereichen der DDR-Geschichte Grundlagenforschung durchgeführt worden. In Kooperation mit der Deutsch-Russischen Historikerkommission, die vom Bundesministerium des Innern (Referatsleiter Eberhard Kuhrt) federführend betreut wird, dem Bundesarchiv und russischen Institutionen wurden mehrere Projekte unter der Leitung von Jan Foitzik zur Geschichte der SMAD durchgeführt; Frucht dieser Bemühungen waren gemeinsam erarbeitete Publikationen, darunter Handbücher zur SMAD sowie zur Kulturpolitik der SMAD.

---

[169] Vgl. dazu Manfred Kittel/Horst Möller, Die Beneš-Dekrete und die Vertreibung der Deutschen, in: VfZ 54 (2006), S. 541–581.

Thematischer und methodischer Schwerpunkt der SBZ/DDR-Forschungen ist die Geschichte von Politik und Gesellschaft, von Kultur und Außenpolitik.

Während die Mecklenburg-Studien und NS-Studien von Michael Buddrus und Detlev Brunner fortgeführt werden, liegt der Akzent eines begonnen Großprojekts auf der Geschichte des „Doppelten Deutschland", zu der Udo Wengst und Hermann Wentker einen sehr erfolgreichen Sammelband herausgegeben haben, an dem Wissenschaftler aus den Berliner Abteilungen und der Münchner Zentrale des Instituts mitwirkten und der die Keimzelle einer künftigen Gesamtdarstellung mehrerer Mitarbeiter des Instituts zur „doppelten" deutschen Nachkriegsgeschichte ist, die von der wechselseitigen Bezüglichkeit der Bundesrepublik Deutschland und der DDR von 1945 bis 1990 ausgeht. In der Berliner Abteilung finden im übrigen regelmäßig Colloquien und Vorträge statt (zum Teil gemeinsam mit der Abteilung im Auswärtigen Amt. Auch die Abteilungen in Berlin führen Veranstaltungen mit anderen Einrichtungen, z. B. der Bundesstiftung zur Aufarbeitung der SED-Diktatur, der Bundeszentrale für Politische Bildung oder dem Zentrum für Zeithistorische Forschung in Potsdam, durch.

In einem weiteren mehrgliedrigen Projekt aller Berliner Abteilungen mit der Münchner Zentrale werden seit 2008 Studien zur Geschichte der Internationalen Beziehungen und der deutschen Außenpolitik durchgeführt: Das Institut für Zeitgeschichte ist mit bisherigen und laufenden Projekten zu diesem Bereich, deren editorische Basis die Akten zur Auswärtigen Politik der Bundesrepublik Deutschland sind, das einzige geschichtswissenschaftliche Forschungsinstitut in Deutschland, das einen ausgeprägten Schwerpunkt in der Geschichte der Internationalen Beziehungen besitzt. An diesem Projekt, an dem in den beiden Berliner Abteilungen Matthias Peter und Hermann Wentker bearbeitend und leitend mitwirken – in München Horst Möller und Udo Wengst sowie als Bearbeiterin Veronika Heyde –, sind außerdem der Lehrstuhl für Osteuropäische Geschichte und Zeitgeschichte an der Universität Erlangen Nürnberg (Helmut Altrichter mit mehrerer Mitarbeitern) sowie Georges-Henri Soutou (Professor an der Universität Paris-Sorbonne) beteiligt. Es handelt sich hier um ein groß angelegtes internationales Verbundprojekt des Instituts mit zwei Universitäten zur Wirkungsgeschichte der KSZE von Mitte der 1970er bis zum Beginn der 1980er Jahre. Neben der Bundesrepublik und der DDR werden Frankreich sowie ost- bzw. ostmitteleuropäische Staaten behandelt, daneben auch zwei neutrale, Österreich und die Schweiz.

In diesem Projekt wird noch stärker als bei anderen Institutsprojekten gezielt Nachwuchspolitik betrieben, da die Mehrzahl der Studien auch als Dissertationen eingereicht werden sollen und eine als Habilitationsschrift angelegt wird. Es handelt es sich also zugleich um ein thematisch konzentriertes und überschaubares Projekt, das den Charakter eines auch örtlich und institutionell mehrgliedrigen Graduiertenkollegs aufweist.

Das KSZE-Projekt befaßt sich aber nicht allein mit Außenpolitik und ihren gesellschaftlichen Wirkungen in einzelnen Staaten, sondern steht an der Schnittstelle der Dialektik von Demokratie und Diktatur im 20. Jahrhundert, also der Leitfrage der Institutsarbeit, indem es eine neue Dimension dieser Dialektik erschließt.

Dies gilt ebenfalls für andere neue Projektschwerpunkte der letzten Jahre, die noch in Bearbeitung sind oder kurz vor dem Abschluß stehen: ein unternehmensgeschichtlicher Schwerpunkt (Johannes Bähr, Axel Drecoll, Bernhard Gotto), der einen Vorläufer in dem 1999 im Auftrag des Instituts von Paul Erker und Toni Pierenkemper veröffentlichten Band „Deutsche Unternehmer zwischen Kriegswirtschaft und Wiederaufbau" besitzt. Jedoch konnte ein neuer Anlauf genommen werden, als der Direktor auf der Grundlage einer der Stiftung Preußischer Kulturbesitz in Berlin vorgelegten Konzeption den Auftrag für eine umfassende Studie zum Flick-Konzern in der NS-Diktatur bzw. die Verhandlung gegen Friedrich Flick im Nürnberger Prozeß erhielt und daraufhin das genannte Team zusammenstellte. Der umfangreiche Band wurde pünktlich im Sommer 2008 vorgelegt, in mehreren Veranstaltungen, auch in der Stiftung Preußischer Kulturbesitz, der Öffentlichkeit präsentiert und erhielt höchste wissenschaftliche Anerkennung. Schon vor Abschluß des Projekts hatte die Evaluierungskommission der Leibniz-Gemeinschaft 2007 geurteilt: „Das IfZ befindet sich hier an der Spitze der modernen internationalen NS-Forschung".

Nach entsprechenden Verhandlungen des Direktors erteilte die Bayerische Landesbank dem Institut einen Auftrag für die Erarbeitung einer historischen Darstellung zu ihrer 125-jährigen Geschichte sowie zur wissenschaftlichen Beratung der Jubiläumsausstellung. Dafür wurden die gleichen Mitarbeiter wie beim Flick-Projekt eingesetzt, das Projekt wurde ebenfalls pünktlich im Frühjahr 2009 abgeschlossen.

So wünschenswert es wäre, dieses so erfolgreiche und in einem in der gegenwärtigen Forschung intensivierte Arbeitsfeld fortzuführen, so schwierig ist es, unternehmensgeschichtliche Projekte längerfristig zu planen. Da dem Institut dafür keine feste Stelle zur Verfügung steht, hängen derartige Vorhaben ausschließlich von der entsprechenden Einwerbung von Drittmitteln ab, bevor überhaupt Mitarbeiter zur Realisierung gewonnen werden können. In beiden erwähnten Fällen kam erstmals in der Institutsgeschichte die Finanzierung weder von der öffentlichen Hand noch von den üblichen Institutionen der Forschungsförderung.

Unter den laufenden Forschungen des Instituts, die erst in jüngster Zeit begonnen worden sind, dominieren komparatistische Projekte, die die Tradition des deutsch-französischen Vergleichs, deutsch-italienische Projekte und die noch laufende Untersuchung der politischen Justiz unter Lenin, Stalin und Hitler (Jürgen Zarusky) fortsetzen. In erster Linie zu nennen sind hier neben dem KSZE-Projekt Vorhaben zur jüngsten Geschichte: „Demokratischer Staat und terroristische Herausforderung. Die Antiterrorismus-Politik der 1970er und 1980er Jahre in Deutschland, Frankreich und Italien" (Johannes Hürter, Eva Oberloskamp, Markus Lammert). In diesem Projekt ist die Studie von Tobias Hof über Italien 1969 bis 1982 im Manuskript bereits abgeschlossen, das Gleiche gilt für die Gesamtdarstellung von Hans Woller „Italien im 20. Jahrhundert", die allerdings außerhalb der Institutsreihen erscheinen wird.

Komparatistisch angelegt ist auch das noch laufende Projekt über die „Krise der Arbeitsgesellschaft 1973 bis 1989 im internationalen Vergleich" (Thomas Raithel und Thomas Schlemmer); der Schwerpunkt der komparativen Untersuchungen liegt auf Deutschland, Frankreich und Italien.

Ein ebenfalls komparatistisches Projekt über Deutschland und England im Luftkrieg, das im Institut begonnen worden ist, wird nun von dem inzwischen ausgeschiedenen Mitarbeiter bedauerlicherweise an einer anderen Einrichtung fortgesetzt. Ein erstes Ergebnis wurde 2007 in der neugegründeten Reihe des Instituts für Zeitgeschichte „Zeitgeschichte im Gespräch" veröffentlicht und enthält Beiträge vorwiegend jüngerer Mitarbeiter, die zur Zeit des zugrunde liegenden Colloquiums zum größeren Teil am Institut für Zeitgeschichte tätig waren: „Deutschland im Luftkrieg. Geschichte und Erinnerung" (herausgegeben von Dietmar Süß).

Alle hier genannten und eine Reihe weiterer, hier aus Platzgründen nicht aufgeführte Projekte (siehe insgesamt die letzten Jahresberichte des Instituts) sind als editorische oder monographische Forschungen den großen Programmbereichen zugeordnet:
– Verfolgung, Politische Justiz, Widerstand
– Diktaturen im 20. Jahrhundert: nationalsozialistische Herrschaft, Faschismus sowie sozialistische Regime nach 1945

– Demokratien im 20. Jahrhundert
– Auf dem Weg zum „neuen" Europa

Hieraus ergibt sich eine dezidiert europäische, entschieden komparatistische Betrachtungsweise, die zwar von der deutschen Geschichte ausgeht, sie doch klar in den größeren transnationalen Kontext stellt. Die umfassende Perspektive ergibt sich jedoch nicht allein aus der thematischen und geographischen Spannweite, sondern auch aus der zeitlichen, die inzwischen – ohne den traditionellen Schwerpunkt Nationalsozialismus zu vernachlässigen – vom Ersten Weltkrieg bis zum Ende des 20. Jahrhunderts reicht. Nur so lassen sich Diktatur und Demokratie, die dieses Jahrhundert prägen, exemplarisch erforschen. Auch nach eigener sechzigjähriger Geschichte erschließt das Institut für Zeitgeschichte regelmäßig neue Forschungsbereiche und bleibt so selbst methodisch, thematisch und zeitlich offen.

Institutschronik
(Hellmuth Auerbach/Hermann Weiß/Udo Wengst)

1945 — Ende des Jahres wurden erste Vorschläge zur Gründung eines Instituts gemacht, das die beschlagnahmten nationalsozialistischen Parteiakten auswerten sollte.

1947

13. Februar — Auf der 23. Tagung des Direktoriums des Länderrats der US-Zone wird die Errichtung eines „Amts für Politische Dokumentation" angeregt.

14. April — Nach einer Besprechung zwischen Vertretern Bayerns, Hessens, Württemberg-Badens und des Länderrats wird ein Ausschuss gebildet, aus dem später ein Organisationskomitee hervorgeht.

8. September — Die Ministerpräsidenten der amerikanischen Besatzungszone beraten einen Staatsvertrag über die Errichtung eines „Instituts für Politische Dokumentation".

7. Oktober — Die Ministerpräsidenten von Bayern, Hessen und Württemberg-Baden und der Senatspräsident von Bremen unterzeichnen die Stiftungsurkunde für das „Institut zur Erforschung der nationalsozialistischen Politik".

1948

8. Dezember — Nach einer Unterbrechung durch die Währungsreform erfolgt ein neuer Startversuch; die Bayerische Staatskanzlei stellt Räume in der Reitmorstraße 29 zur Verfügung.

1949

27. Februar — Gerhard Kroll (MdL, CSU) wird vom Kuratorium mit der Geschäftsführung des Instituts beauftragt.

28. Februar — Der Wissenschaftliche Rat des Instituts tritt erstmals zusammen, er besteht aus den Professoren Ludwig Bergsträsser, Walter Goetz, Theodor

	Heuss, Erich Kaufmann, Gerhard Ritter, Franz Schnabel und General a. D. Hans Speidel
Mai	Das Institut beginnt trotz der ungeklärten finanziellen Lage mit der praktischen Arbeit.
5. August	Die Ministerpräsidenten-Konferenz diskutiert den Entwurf eines Staatsabkommens über das Institut.
12./15. September	Auf dem ersten Deutschen Historikertag nach dem Krieg in München wird eine Entschließung verabschiedet: „Wir halten die schleunige Errichtung eines gut ausgestatteten deutschen Instituts zur zentralen Organisierung zeitgeschichtlicher Forschungen für äußerst vordringlich".
Oktober/ November	Zwischen Bayern und der Bundesregierung finden Verhandlungen über die Finanzierung des Instituts durch den Bund statt, da sich die anderen Länder nicht zu einer Beteiligung entschließen können.

1950

1. März	Unter dem Vorsitz von Bundesinnenminister Gustav Heinemann wird in Bonn die künftige Form und Arbeit des Instituts besprochen.
8. September	Heinemann unterzeichnet die neue Satzung des „Deutschen Instituts für Geschichte der nationalsozialistischen Zeit", das vom Bund und Bayern gemeinsam getragen wird.
11. September	Unter Vorsitz von Bundespräsident Heuss treten in Bad Godesberg Kuratorium und Beirat des neugegründeten Instituts zu einer konstituierenden Sitzung zusammen (dem Beirat gehören an: Philipp Auerbach, Ludwig Bergsträsser, Hermann Brill, Ludwig Dehio, Constantin v. Dietze, Fritz Hartung, Ernst v. Hippel, Erich Kaufmann, Eugen Kogon, Theodor Litt, Gerhard Ritter, Franz Schnabel, Hans Speidel, Bernhard Vollmer und Wilhelm Winkler; Theodor Heuss und Friedrich Meinecke werden Ehrenmitglieder).
September	Kontroversen um die Aufgaben des Instituts zwischen Gerhard Kroll und Gerhard Ritter führen zum Rücktritt Krolls, der bis Januar 1951 die Geschäfte kommissarisch weiterleitet.

1951

1. Februar	Hermann Mau, Privatdozent an der Universität München, wird Generalsekretär des Instituts.
März	Mau plant die Herausgabe einer Zeitschrift.
Juni	Als erstes Arbeitsergebnis des Instituts wird in der Zeitschrift „Europa-Archiv" ein Aufsatz von Heinrich Stuebel: „Die Finanzierung der Aufrüstung im Dritten Reich" veröffentlicht.
Juni/Juli	Mau informiert sich in den Vereinigten Staaten über deutsche Akten in amerikanischen Archiven.
Herbst	Nach internen Kontroversen über die Vertretbarkeit der editorischen Einrichtung erscheinen „Hitlers Tischgespräche" als erste Buchveröffentlichung des Instituts. Im Zusammenhang mit der Kritik an dieser Publikation nimmt der Herausgeber G. Ritter in den folgenden Jahren an den Sitzungen des Beirats nicht mehr teil.
1. November	Archiv und Bibliothek des Instituts werden geteilt; die Leitung des Archivs übernimmt Anton Hoch, die Leitung der Bibliothek Thilo Vogelsang. Die Bibliothek umfaßt ca. 12000 Bände, das Archiv besitzt bereits Kopien eines beträchtlichen Teils der Nürnberger Prozeßakten und beginnt mit dem Aufbau einer Dokumentenkartei und der Sammlung von Zeugenschrifttum.

1952

17. Mai	Auf Beschluss von Kuratorium und Beirat lautet die offizielle Bezeichnung des Instituts jetzt „Institut für Zeitgeschichte" (IfZ).
25. Oktober	Hermann Mau verunglückt auf einer Dienstreise tödlich; mit der Wahrnehmung der Geschäfte des Generalsekretärs wird Helmut Krausnick beauftragt.
8. November	Das erste Heft der im Auftrag des IfZ von Hans Rothfels und Theodor Eschenburg herausgegebenen Zeitschrift „Vierteljahrshefte für Zeitgeschichte" (VfZ) wird auf einer Pressekonferenz vorgestellt (offizielles Erscheinen im Januar 1953).
Dezember	Da ein Teil der zugesagten Zuschüsse des Bundes

1953
27. Juli   Als neuen Generalsekretär beruft das Kuratorium den Berliner Privatdozenten Paul Kluke; er tritt das Amt am 1. Oktober 1953 an.

1954
3. Mai   Bundespräsident Theodor Heuss besucht das IfZ

1955
Oktober   Die ersten in den USA bestellten Mikrofilme (ca. 25 000 Blatt) aus deutschen Aktenbeständen treffen ein.

Dezember   Das IfZ wird – obwohl noch ohne Rechtsform – in das Königsteiner Abkommen zur Finanzierung überregionaler wissenschaftlicher Institute durch den Bund und die Länder aufgenommen; durch die Verbesserung der finanziellen Basis des IfZ können dringend benötigte Mitarbeiterstellen geschaffen und längerfristige Arbeitspläne aufgestellt werden. Allerdings sind die Räumlichkeiten unzulänglich (2 Wohnungen in einem Mietshaus).

1956
März   Umzug in das Haus Möhlstraße 26. Dem IfZ gehören jetzt (neben dem Generalsekretär) fünf planmäßige wissenschaftliche Mitarbeiter und drei wissenschaftliche Honorarmitarbeiter an. Die Bibliothek ist auf 36 000 Bände angewachsen.

April   Einrichtung eines Lesesaals für Benutzer (noch im selben Jahr über 400 Besucher)

22./25. Mai   Das IfZ veranstaltet in Tutzing eine Internationale Tagung für Zeitgeschichte unter dem Generalthema „Das Dritte Reich und Europa" mit Referaten von Theodor Eschenburg (Tübingen), Georges Castellan (Paris), Thilo Vogelsang (München), Ettore Anchieri (Padua), Jean Baptiste Duroselle (Paris), James Joll (Oxford), Paul Kluke (München), Louis de Jong (Amsterdam), Josef Matl (Graz) und Theodor Litt (Bonn).

Oktober   Die Rockefeller Foundation stellt dem IfZ 26 000 Dollar für Forschungen über die nationalsozialisti-

	sche Judenverfolgung und Besatzungspolitik im Zweiten Weltkrieg zur Verfügung.1957
Juni	Der Generalsekretär Paul Kluke erhält einen Ruf an die Universität Frankfurt. Die ersten zwei Bände der neuen Publikationsreihe „Quellen und Darstellungen zur Zeitgeschichte" erscheinen, außerdem wird im Selbstverlag ein Band „Gutachten des Instituts für Zeitgeschichte" veröffentlicht; die Zahl der Abonnenten der VfZ übersteigt 2000.
1958	
April	Mehrere Mitarbeiter des IfZ nehmen erstmals an Tagungen der Niedersächsischen Landeszentrale für Heimatdienst teil und halten zeitgeschichtliche Vorträge.
29. September	Das Bayerische Kultusministerium weist die Schulverwaltungen an, die Forschungsergebnisse des IfZ für den Geschichtsunterricht nutzbar zu machen.
1959	
8./9. Januar	Die Leiter der Landeszentralen für Heimatdienst bzw. für staatsbürgerliche Bildung tagen im IfZ. Die Zusammenarbeit mit dem IfZ wird intensiviert.
31. März	Paul Kluke, der seit Mitte 1958 das IfZ kommissarisch weiterleitete, scheidet aus dem IfZ aus; Helmut Krausnick wird Generalsekretär des IfZ.
8./9. Mai	Die „prinzipielle Wünschbarkeit" einer Aufnahme der Nachkriegszeit in das Arbeitsprogramm des IfZ wird auf einer Sitzung des Wissenschaftlichen Beirats festgestellt.
24./27. November	Das IfZ veranstaltet gemeinsam mit dem Kulturreferat der Stadt München und der Münchener Volkshochschule in der Aula der Universität einen Internationalen Kongress zur Zeitgeschichte mit Vorträgen von Hugh Trevor-Roper (Oxford), Theodor Eschenburg (Tübingen), Raymond Aron (Paris), Ernst Fraenkel (Berlin) und Helmut Krausnick (München).
1960	
25. Mai	Bundespräsident Heinrich Lübke besucht in Begleitung des bayerischen Ministerpräsidenten Hans

	Ehard und des bayerischen Kultusministers Theodor Maunz das IfZ.
Oktober	Als erster Band der „Schriftenreihe der Vierteljahrshefte für Zeitgeschichte" erscheint das Tagebuch von Joseph Goebbels 1925/26, hrsg. von Helmut Heiber.
21.Oktober	Nach dem Tode von Ludwig Bergsträsser wählt der Wissenschaftliche Beirat Hans Rothfels (der seit 1951 dem Beirat angehört) zum Vorsitzenden.

1961

2. August	Die vom IfZ herausgegebene Edition „Hitlers zweites Buch" wird auf einer Pressekonferenz vorgestellt. Die Publikation erregt in der Öffentlichkeit viel Aufsehen.
20. September	Als Träger des IfZ wird nach jahrelangen Bemühungen eine „Stiftung zur wissenschaftlichen Erforschung der Zeitgeschichte" gegründet (Rechtsform: öffentliche Stiftung des bürgerlichen Rechts); im Stiftungsrat sind der Bund mit drei Stimmen, Baden-Württemberg, Bayern und Hessen mit je einer, die übrigen über das Königsteiner Abkommen an der Finanzierung beteiligten Länder mit insgesamt zwei Delegierten (Nordrhein-Westfalen und Niedersachsen) mit je einer Stimme vertreten; zur Beschlussfähigkeit sind sechs Stimmen erforderlich; der Generalsekretär des IfZ führt künftig den Titel Direktor.

1962

März	In der konstituierenden Sitzung des Stiftungsrates wird Ministerialdirigent Dr. Dr. Walter Keim zum Vorsitzenden gewählt.
Juni	Das Archiv nimmt ein von der Thyssen-Stiftung finanziertes Sonderprogramm zur Erschließung von Mikrofilmen deutscher Akten in amerikanischen Archiven in Angriff.
30. Juli	Der neue Wissenschaftliche Beirat des IfZ tritt erstmals zusammen; ihm gehören an: Hans Rothfels (Vorsitzender), Hellmut Becker, Karl Dietrich Bracher, Max Braubach, Karl G. Bruchmann, Werner Conze, Karl Dietrich Erdmann, Theodor Eschen-

burg, Ernst Fraenkel, Otto von der Gablentz, Hans Herzfeld, Paul Hübinger, Erich Kaufmann, Paul Kluke, Golo Mann, Theodor Schieder, Hans Speidel und Georg Stadtmüller; der Direktor des IfZ gibt auf dieser Sitzung einen Überblick über die bisherige Entwicklung des IfZs; es hat jetzt 12 wissenschaftliche Mitarbeiter, bisher wurden 23 Bücher publiziert.

1963

19. Februar — Der Stiftungsrat stellt fest, dass eine räumliche Erweiterung des IfZ dringend notwendig ist.

11./12. März — Gemeinsam mit dem IfZ veranstaltet die Politische Akademie in Tutzing eine Tagung über das „Unbehagen an der Zeitgeschichte", die vor allem einer Auseinandersetzung mit den revisionistischen und apologetischen Thesen David Hoggans und seiner neonazistischen Gesinnungsgenossen gewidmet ist; auch bei zahlreichen anderen Gelegenheiten treten das IfZ und seine Mitarbeiter Versuchen rechtsradikaler Geschichtsklitterung entgegen.

1964

Januar — Das IfZ übernimmt die Betreuung und Koordinierung eines von der Stiftung Volkswagenwerk finanzierten Forschungsvorhabens zur deutschen Geschichte 1945–1949 (Federführung Thilo Vogelsang).

7./21. Februar — Beim Frankfurter „Auschwitz-Prozeß" werden H. Krausnick, M. Broszat und H. Buchheim als Sachverständige zugezogen (die Gutachten erscheinen 1965 unter dem Titel „Anatomie des SS-Staates" in einer zweibändigen Buchausgabe); damit erreicht die Gutachtertätigkeit von IfZ-Mitarbeitern einen Höhepunkt.

März — Als Nachfolger von Ministerialdirigent Dr. Dr. Walter Keim wird Ministerialdirigent Dr. Emil Kessler zum Vorsitzenden des Stiftungsrates gewählt.

19./20. Mai — Der Direktor und mehrere Mitarbeiter des IfZ folgen einer Einladung der Tschechoslowakischen Akademie der Wissenschaften in Prag zu einem

„Colloquium tschechoslowakischer und deutscher Historiker über die Entwicklung zwischen dem Münchner Abkommen 1938 und der Besetzung Prags 1939".

1965 Die Bibliothek besitzt über 50000 Bände; der Generalkatalog des Archivs enthält ca. 10000 Sach- und Personennachweise; der Lesesaal verzeichnet etwa 1300 Benutzer jährlich.

18. Juni Der Stiftungsrat beschließt einen Neubau für das IfZ.

1966
23. Februar Der bayerische Ministerpräsident Alfons Goppel besucht das IfZ und überzeugt sich von den beengten räumlichen Verhältnissen.

Juni Der Freistaat Bayern stellt dem IfZ ein Grundstück im Nordwesten der Stadt, an der Leonrodstraße, zur Verfügung.

1967 Mit der Philosophischen Fakultät der Universität München wird vereinbart, daß das IfZ „in Arbeitsgemeinschaft mit dem Historischen Seminar der Universität München, Lehrstuhl für Neuere und Neueste Geschichte" steht. Die Lehrtätigkeit von Mitarbeitern des IfZ an der Universität wird in den folgenden Jahren intensiviert.

1968
20./21. Februar Das IfZ veranstaltet in der Bayerischen Akademie der Wissenschaften in München ein Colloquium tschechoslowakischer und deutscher Historiker zum Thema „Die deutsch-tschechoslowakischen Beziehungen zwischen den beiden Weltkriegen" mit je drei tschechoslowakischen und deutschen Referaten und ausführlichen Diskussionen.

26. Juli Zur Finanzierung des Neubaus wird eine Regelung erreicht, nach der die Stiftung Volkswagenwerk die Hälfte der Baukosten trägt und die andere Hälfte im Verhältnis 2:1 zwischen Bund und Bayern geteilt wird.

14. August Helmut Krausnick wird zum Honorarprofessor an der Universität München bestellt.

Herbst	Nach jahrelanger Vorarbeit im IfZ (Federführung Lothar Gruchmann) erscheint der erste Band des Forschungsprojekts „Die deutsche Justiz und der Nationalsozialismus".
16. Dezember	Der Stiftungsrat genehmigt den Erwerb des Grundstücks Leonrodstraße 46b zur Errichtung des Institutsgebäudes und stimmt dem Vorprojekt des Architekten Sepp Pogadl zu.

1969

1. Januar	Gemeinsam mit dem Bundesarchiv, der Deutschen Bibliothek, der Friedrich-Ebert-Stiftung und dem Archiv des DGB wird die von der DFG finanzierte „Dokumentation zur Emigration 1933–1945" gegründet, deren Zentralstelle im IfZ eingerichtet wird.
12. Dezember	Das IfZ veranstaltet eine öffentliche Podiumsdiskussion zum Thema „Faschismus – Neofaschismus, wissenschaftlicher Begriff oder politisches Schlagwort?"; an der von Martin Broszat geleiteten Diskussion nehmen teil: Wilhelm Alff (Braunschweig), Iring Fetscher (Frankfurt), Hermann Graml (München), Reinhard Kühnl (Marburg), Hans Mommsen (Bochum), Dietmar Petzina (München), Theo Pirker (München) und Wolfgang Schieder (Heidelberg).

1970

Januar	Die Zahl der Abonnenten der VfZ überschreitet 4000.
März	Beginn der Bauarbeiten für das neue Institutsgebäude.
10. März	Zwischen dem Bundesarchiv und dem IfZ wird eine Vereinbarung über die gemeinsame Edition von Akten zur Vorgeschichte der Bundesrepublik 1945 bis 1949 getroffen.
29. Oktober	Richtfest in der Leonrodstraße
Dezember	Aus Anlass des 20jährigen Bestehens des IfZ und des 65. Geburtstags seines Direktors erscheint ein Sonderheft der VfZ ausschließlich mit Beiträgen von IfZ-Mitarbeitern. Das IfZ veranstaltet einen öffentlichen Vortragsabend, an dem Hermann

Graml zum Thema „Nationalstaat oder westdeutscher Teilstaat. Die Reaktion auf die sowjetischen Deutschlandnoten des Jahres 1952" spricht.

1971

15. Juli Heinz Förster, der sich um Aufbau und Entwicklung des IfZ als Verwaltungsleiter seit 1952 ungewöhnliche Verdienste erwarb, stirbt unerwartet im Alter von 60 Jahren. Der erste Band einer von mehreren Mitarbeitern des IfZ erarbeiteten dreibändigen Gesamtdarstellung „Deutsche Geschichte seit dem Ersten Weltkrieg" erscheint.

1972

15. März Nach dem Umzug des IfZ in das neue Gebäude in der Leonrodstraße findet die offizielle Einweihungsfeier statt mit Ansprachen des Bayerischen Ministerpräsidenten Alfons Goppel, des Staatsministers für Unterricht und Kultus, Hans Maier, und der Staatssekretärin im Bundesministerium für Bildung und Wissenschaft, Hildegard Hamm-Brücher. Martin Broszat hält einen Vortrag über die Konferenzen der westdeutschen Ministerpräsidenten 1948.

1. Juli Als Nachfolger des in Ruhestand getretenen Helmut Krausnick wird Martin Broszat Direktor des IfZ, der noch im selben Monat zum Honorarprofessor an die Universität Konstanz berufen wird.

Herbst Beginn der Arbeiten für ein „Biografisches Handbuch der deutschsprachigen Emigration nach 1933", die als gemeinsames Projekt des IfZ und der Research Foundation for Jewish Immigration, New York, durchgeführt werden.

1973

Januar Die erste Nummer des Pressedienstes des IfZ erscheint.

15. März Gershom Scholem (Jerusalem) hält im IfZ einen Vortrag über die soziale und psychologische Problematik jüdisch-deutscher Beziehungen vor Hitler.

April Thilo Vogelsang wird zum Honorarprofessor an der Technischen Universität München bestellt.

September	Arbeitsbeginn des vom Bayerischen Staatsministerium für Unterricht und Kultus finanzierten Sonderprojektes „Widerstand und Verfolgung in Bayern 1933–1945".
13. Oktober	Bundespräsident Gustav Heinemann besucht das IfZ.
15. November	Alfred Grosser (Paris) hält im IfZ einen Vortrag über „Fragen des politischen Bewusstseins in Deutschland und Frankreich nach 1945".

1974

16. Januar	Im IfZ findet ein Kolloquium über die Haltung der französischen Gewerkschaften in der „Affäre Lip" (Referent M. Michel Cullin, Paris) statt.
7. März	Hans Rothfels legt den Vorsitz des Wissenschaftlichen Beirats aus Altersgründen nieder. Karl Dietrich Erdmann wird zum Nachfolger gewählt.
März	Öffentliche Kritik des IfZ an einer Illustrierten-Serie über das Dritte Reich, in deren Verlauf es zu gerichtlichen Auseinandersetzungen kommt, die im Dezember 1974 überwiegend im Sinne des IfZ entschieden werden.
21. Oktober	Ministerialdirektor Karl Böck (Bayerisches Staatsministerium für Unterricht und Kultus) wird als Nachfolger des in den Ruhestand tretenden Ministerialdirigenten Emil Kessler zum Vorsitzenden des Stiftungsrats gewählt.
	In den Räumen des IfZ wird die Ausstellung des Deutschen Literaturarchivs Marbach „Als der Krieg zu Ende war – Literarisch-politische Publizistik 1945–1950" gezeigt. Anlässlich der Eröffnung hält Peter de Mendelssohn einen Vortrag über die Neuanfänge der Publizistik nach 1945.

1975

April	Der erste Band der Edition „Akten zur Vorgeschichte der Bundesrepublik Deutschland" geht in Satz.
12. Mai	Kolloquium im IfZ mit Peter Gunst (Ungarische Akademie der Wissenschaften, Budapest) über „Agrarwirtschaft und Agrargesellschaft in Ungarn seit 1945".

17. Oktober	Festakt zur Feier des 25jährigen Bestehens des IfZ mit Ansprachen des Direktors Martin Broszat, des bayerischen Kultusministers Hans Maier, des Staatssekretärs im Bundesministerium für Forschung und Technologie Hans-Hilger Haunschild und einem Vortrag von Theodor Eschenburg über „Regierung, Bürokratie und Parteien 1945–1949. Ihre Bedeutung für die politische Entwicklung in der Bundesrepublik". Anschließend Empfang der bayerischen Staatsregierung mit Begrüßung durch den bayerischen Ministerpräsidenten Alfons Goppel in den Räumen des IfZ.
3. Dezember	Nach jahrelangen Verhandlungen wird eine Rahmenvereinbarung zwischen Bund und Ländern über die gemeinsame Förderung der Forschung nach Art. 91b GG geschlossen. Aufgrund dieser Vereinbarung werden Bund und Sitzland (Bayern) künftig Hauptträger des IfZ (Blaue Liste).

1976

22. März	Besuch des Bundespräsidenten Walter Scheel im IfZ und Diskussion mit einigen Gästen und den wissenschaftlichen Mitarbeitern des IfZ über Probleme der Geschichtswissenschaft und die Situation der historischen Bildung in der Bundesrepublik.

1977

7. März	Nach längeren Vorarbeiten und Verhandlungen wird zwischen dem IfZ und dem Bundesarchiv einerseits und den National Archives (Washington) andererseits ein Vertrag über die Erschließung und Verfilmung der Akten der amerikanischen Militärverwaltung in Deutschland 1945–1949 (OMGUS) unterzeichnet. Das Projekt wird durch die Stiftung Volkswagenwerk finanziert.
5. Mai	Nach dem Tode von Hans Rothfels und dem Rücktritt von Theodor Eschenburg beruft der Stiftungsrat Karl Dietrich Bracher und Hans-Peter Schwarz als neue Herausgeber der VfZ.
18. November	Öffentliches Kolloquium des IfZ zum Thema „Die Informationsfreiheit der zeitgeschichtlichen Forschung und ihre rechtlichen Schranken" (mit Eber-

hard Jäckel/Stuttgart, RA Ferdinand Sieger/Stuttgart, Arch. Dir. Klaus Oldenhage/Koblenz, MdB Hans A. Engelhard/München und Gert Kolle/München).

1978

April — Nach dem plötzlichen Tode von Thilo Vogelsang übernimmt Hellmuth Auerbach, schon bisher wissenschaftlicher Mitarbeiter des IfZ, die Leitung der Bibliothek.

24. November — Öffentliches Kolloquium des IfZ zum Thema „Totalitarismus und Faschismus. Eine wissenschaftliche und politische Begriffskontroverse" (mit Karl Dietrich Bracher/Bonn, Hans Mommsen/Bochum, Ernst Nolte/Berlin, Wolfgang Schieder/Trier, Jürgen Kocka/Bielefeld, Martin Broszat und Günter Plum/beide IfZ).

1979

Januar — Horst Möller, Mitarbeiter im Bundespräsidialamt in Bonn und Privatdozent an der Freien Universität Berlin, tritt als ständiger Stellvertretender Direktor ins IfZ ein. Nach dem Ausscheiden von Anton Hoch wegen Erreichung der Altersgrenze wird das Archiv kommissarisch von Hermann Weiß geleitet. Das Archiv besitzt inzwischen ca. 1650 Meter und ca. 3000 Mikrofilmrollen an Archivalien überwiegend deutscher Provenienzen, vor allem aus der Zeit zwischen 1933 und 1945 und nach 1945. Die Bibliothek hat jetzt ca. 100 000 Bände und hält 303 laufende Zeitschriften.

27. April — Der Stiftungsrat beruft Martin Broszat für weitere sieben Jahre zum Direktor des IfZ.

23. November — Das Herbstkolloquium steht unter dem Titel: „Der Weg nach Pankow. Zur Gründungsgeschichte der DDR". Unter der Leitung von Horst Möller diskutieren Alexander Fischer, Peter Bender, Hermann Weber, Hermann Rudolph und Wolfgang Leonhard.

30. November — Ministerialdirektor Herbert Kießling wird als Nachfolger von Ministerialdirektor Dr. Karl Böck zum Vorsitzenden des Stiftungsrates gewählt.

1980

7. März	Karl Dietrich Erdmann legt nach sechsjähriger Amtsführung den Beiratsvorsitz nieder. Der Beirat wählt Karl Dietrich Bracher zu seinem Nachfolger, Karl-Dietrich Erdmann und Paul Egon Hübinger werden Ehrenmitglieder.
25.–27. März	Im IfZ findet ein von Horst Möller vorbereitetes „Justizgeschichtliches Kolloquium" statt, das der rechtshistorischen Erforschung des Nationalsozialismus neuen Anstoß geben soll.
3. April	Martin Broszat wird zum Honorarprofessor an der Universität München bestellt.
1. Juli	Werner Röder übernimmt die Leitung des Archivs.
9. Juli	Aus Anlass der Vorstellung des 1. Bandes des „Biografischen Handbuchs der deutschsprachigen Emigration" veranstaltet das IfZ ein Podiumsgespräch über „Erfahrungen des Exils", das von Horst Möller eingeleitet wird und an dem Fritz Heine, Mitglied des Exilvorstandes der SPD, Herbert Weichmann, ehem. Hamburger Bürgermeister, und Johannes Schauff, ehem. Zentrumsabgeordneter, teilnehmen.
	Die DFG bewilligt ein Projekt zur Nachweisung und systematischen Sammlung von Hitler-Dokumenten aus den Jahren 1925–1932, das später mit einer Auswahledition abgeschlossen werden soll; mit der Durchführung wird Anton Hoch beauftragt. Für ein geplantes Editionsprojekt der Goebbels-Tagebücher können in Zusammenarbeit mit dem Bundesarchiv und mit Unterstützung der DFG vom Verlag Hoffmann und Campe 15 000 Blatt Tagebuchtexte erworben werden.
21. November	Das Herbstkolloquium behandelt das Thema „Nachkriegsgesellschaften im historischen Vergleich. Großbritannien – Frankreich – Bundesrepublik." Unter Leitung von Martin Broszat diskutieren Gordon Smith, Pierre Birnbaum und M. Rainer Lepsius.

1981

26. März	Zusammen mit der Stiftung Bundeskanzler-Adenauer-Haus veranstaltet das IfZ in Rhöndorf ein

	Symposion zum Thema „Deutschlandpolitik und sowjetische Märznote 1952", an dem sich Botschafter a. D. Wilhelm Grewe als Koreferent beteiligt.
19./20. Mai	Das Archiv des IfZ ist Gastgeber der Frühjahrstagung der Fachgruppe 8 (Archive an Universitäten und wissenschaftlichen Einrichtungen) im Verein Deutscher Archivare mit den Hauptthemen Datenschutz und EDV in Archiven.
20. Juli	Unter dem Titel „Datenschutz und historische Forschung" kommen im IfZ etwa 30 Historiker, Juristen und die Datenschutzbeauftragten mehrerer Bundesländer zu einem Expertensymposion zusammen, um die Auswirkungen der jüngsten Datenschutzgesetze auf die historische Forschung zu erörtern.
26. November	Beim Herbstkolloquium des IfZ zum Thema „Deutscher Sonderweg – Mythos oder Realität?" referieren unter Leitung von Horst Möller Thomas Nipperdey, Karl Dietrich Bracher, Ernst Nolte, Kurt Sontheimer und Michael Stürmer.

1982

19./20. April	Zusammen mit einer Göttinger Forschungsgruppe unter Helga Grebing veranstaltet das IfZ ein Symposion mit ehem. Verlegern und Publizisten kulturhistorischer Zeitschriften der unmittelbaren Nachkriegszeit, unter ihnen Heinz Friedrich, Eugen Kogon, Berthold Spangenberg und Dolf Sternberger, das mit einem öffentlichen Diskussionsabend abgeschlossen wird.
8. Juli	Informationsbesuch des Bundesministers für Forschung und Technologie, Andreas von Bülow, im IfZ.
31. Juli	Horst Möller, bisher Stellvertretender Direktor des IfZ und Privatdozent an der Ludwig-Maximilians-Universität München, nimmt einen Ruf auf den Lehrstuhl für Neuere Geschichte an der Universität Erlangen an.
25. November	In Zusammenarbeit mit dem Deutschen Historischen IfZ in Rom veranstaltet das IfZ ein viel be-

	achtetes Kolloquium über den italienischen Faschismus im Verständnis der Gegenwart.
Wintersemester 1982/83	Mitarbeiter des IfZ beteiligen sich mit einer elfteiligen Vorlesungsreihe zum Thema Nationalsozialismus an den Veranstaltungen des Studium generale der Ludwig-Maximilians-Universität. Sie erscheint, hrsg. von Martin Broszat und Horst Möller, unter dem Titel „Das Dritte Reich. Herrschaftsstruktur und Geschichte. Vorträge aus dem Institut für Zeitgeschichte" 1983 in erster und 1986 in zweiter Auflage.

1983

13.–15. Januar	Zusammen mit der Historischen Kommission zu Berlin und der Deutschen Vereinigung für Parlamentsfragen veranstaltet das IfZ im Berliner Reichstagsgebäude eine internationale Konferenz zum Thema „Deutschlands Weg in die Diktatur". Die Referate und Diskussionen der Veranstaltung erscheinen in einem Sammelband unter dem Titel „Deutschlands Weg in die Diktatur" im Jahr 1983.
4. Februar	Zum 30jährigen Bestehen der Vierteljahrshefte für Zeitgeschichte laden Redaktion und Verlag zu einer Festveranstaltung ein, auf der der Botschafter Italiens in Bonn, Luigi Vittorio Graf Ferraris, den Festvortrag hält.
11. Februar	Der Stiftungsrat beruft Ludolf Herbst, Universität Göttingen, mit Wirkung vom 1. Mai 1983 zum neuen Stellvertretenden Direktor des IfZ. Walter Bußmann und Paul Kluke werden Ehrenmitglieder des Beirats.
September	Mit dem Erscheinen der Bände V und VI ist das 1974 begonnene und vom Bayerischen Kultusministerium finanzierte Projekt „Bayern in der NS-Zeit" abgeschlossen.
6. Oktober	Bundesarchiv und IfZ geben in Bonn den Abschluss der von der DFG finanzierten Editionsreihe „Akten zur Vorgeschichte der Bundesrepublik Deutschland 1945–1949" bekannt.

Oktober/ November	Mit Band II, Teil 1 und 2, sowie dem Registerband liegt das „Handbuch der deutschsprachigen Emigration nach 1933" vollständig vor.
17. November	Das Herbstkolloquium des IfZ zum Thema „Alltagsgeschichte der NS-Zeit. Neue Perspektive oder Trivialisierung?" steht in engem thematischen Zusammenhang mit dem kurz zuvor abgeschlossenen Projekt „Bayern in der NS-Zeit". Unter der Leitung von Martin Broszat diskutieren Karl Bosl, Detlev Peukert, Hartmut Mehringer, Klaus Tenfelde und Heinrich August Winkler.
1984	Die Zahl externer Benutzer im Lesesaal überschreitet erstmals die Zahl von 4000. Zur Veröffentlichung biografischer Quellen wird die Reihe „Biografische Quellen zur deutschen Geschichte nach 1945" eingerichtet.
19. Januar	Zum Abschluss des Projekts das „Biografische Handbuch der deutschsprachigen Emigration seit 1933" findet ein öffentliches Kolloquium unter der Leitung von Horst Möller über das Thema „Kultur in der Emigration" statt.
13.–15. November	Auf Einladung des IfZ befasst sich eine von über 50 in- und ausländischen Historikern besuchte Konferenz mit dem ersten Jahrzehnt der deutschen Nachkriegsgeschichte; die Historiker bilanzieren den bisherigen Forschungsstand und versuchen, neue Forschungsanstöße zu geben. Das die Konferenz abschließende Herbstkolloquium des IfZ steht unter dem Thema „Die Westintegration der Bundesrepublik Deutschland".
1985	Die VW-Stiftung übernimmt die Finanzierung eines gemeinsam mit einer Arbeitsgruppe unter Hermann Weber, Universität Mannheim, vereinbarten Projekts, das ein Handbuch der politischen Institutionen, staatlichen Verwaltungen und gesellschaftlichen Organisationen der sowjetischen Besatzungszone 1945–1949/52 zum Ziele hat. Hans Woller wird für drei Jahre an das Deutsche

	Historische Institut in Rom abgeordnet, um dort die politischen Säuberungen nach dem Zusammenbruch des faschistischen Regimes zu untersuchen.
15. Januar	Christoph Weisz übernimmt die Leitung der Bibliothek.
14. November	Das Herbstkolloquium ist dem Thema „Konrad Adenauer in zeitgenössischer und historischer Sicht" gewidmet; an ihm beteiligen sich die ehemaligen Bonnkorrespondenten und Kommentatoren Rüdiger Altmann, Franz Hange, Fred Luchsinger, Claus Heinrich Meyer, Alfred Rapp, Max Schulze-Vorberg und Fried Wesemann.
1986	Nach der Teilung des Bayerischen Staatsministeriums für Unterricht und Kultus ist das neu errichtete Staatsministerium für Wissenschaft und Kunst für das IfZ zuständig. Die Thyssen-Stiftung übernimmt die Projekt-Förderung für die Nachweisung von Akten der NS-Zeit in staatlichen Archiven, bearbeitet von Heinz Boberach.
25. April	Der Stiftungsrat verlängert das Mandat von Martin Broszat als Direktor des IfZ bis August 1991. Zum 60. Geburtstag wird er mit dem Bundesverdienstkreuz I. Kl. ausgezeichnet.
6. November	Das Herbstkolloquium des IfZ behandelt das Thema „Die Wiedergutmachung nationalsozialistischen Unrechts durch die Bundesrepublik Deutschland".
11. November	An Herausgeber und Mitarbeiter des „Biographischen Handbuchs der deutschsprachigen Emigration nach 1933" wird die Walter-Meckauer-Plakette für besondere Verdienste um die Werke verfolgter Autoren verliehen.
1987	
28.–30. Mai	Das IfZ veranstaltet zusammen mit dem Deutschen Historischen Institut in Rom, der dortigen Universität und dem Goethe-Institut ein von 16 italienischen und deutschen Referenten bestrittenes Kolloquium über die italienische und die deut-

	sche Emigration der Jahre 1933–1945 im Vergleich.
27. August	Eine vierbändige Ausgabe des handschriftlichen Teils des Goebbels-Tagebuchs wird im IfZ vorgestellt.
5. November	Das Herbstkolloquium behandelt das Thema „Medizin im Nationalsozialismus".
6. November	Bundespräsident Richard von Weizsäcker würdigt während eines Besuchs im IfZ dessen Arbeit.
Dezember	Hartmut Mehringer habilitiert sich an der Universität Erlangen-Nürnberg.

1988

Februar	Der langjährige Vorsitzende des Wissenschaftlichen Beirats, Karl Dietrich Bracher, gibt den Vorsitz des Gremiums an den vom Beirat gewählten Nachfolger Hans-Peter Schwarz ab.
18. April	Das IfZ stellt gemeinsam mit dem Bundesjustizministerium die umfangreiche Studie „Justiz im Dritten Reich 1933–1940. Anpassung und Unterwerfung in der Ära Gürtner" vor; Bundesjustizminister Engelhard würdigt dabei die Verdienste des Autors Lothar Gruchmann.
3.–5. Mai	Im IfZ findet eine internationale Tagung über „Die Eingliederung der Bundesrepublik in die westliche Welt" statt, an der ca. 60 Forscher aus aller Welt teilnehmen.
8. November	Das Herbstkolloquium behandelt das Thema „Die ‚Reichskristallnacht' in historischer Perspektive".
25.–27. November	Das IfZ veranstaltet zusammen mit der Stadtbibliothek München und dem Collegium Carolinum in München das vom Adalbert-Stifter-Verein angeregte internationale Kolloquium „Drehscheibe Prag. Deutsche Emigranten 1933–1939".

1989

Januar/Februar	Im 40. Jahr der Gründung der Bundesrepublik veranstaltet das IfZ in Verbindung mit dem Institut für Sozialwissenschaften der Technischen Universität München im Lenbachhaus einen von Wolfgang Benz vorbereiteten Vortragszyklus „Fragen an die Bundesrepublik".

	Ludolf Herbst wird zum apl. Professor an der Universität München ernannt.
3.–5. Mai	Im IfZ findet eine internationale Tagung über „Die Eingliederung der Bundesrepublik in die westliche Welt" statt, an der ca. 60 Forscher aus aller Welt teilnehmen.
13. Juli	Das IfZ feiert sein 40jähriges Bestehen. Zum Thema „Zäsuren der Bundesrepublik-Geschichte" referieren in einem wissenschaftlichen Kolloquium unter der Leitung von Martin Broszat Helmut Becker, Knut Borchardt, Thomas Ellwein, Hans Günter Hockerts, Joachim Kaiser und Hans-Peter Schwarz; am Abend feiern zahlreiche Freunde des IfZ mit den Mitarbeiterinnen und Mitarbeitern.
12.–15. August	Auf Einladung der Stadt organisiert das IfZ in Pforzheim ein wissenschaftliches Symposium zum Thema „Der nationalsozialistische Krieg".
21.–23. August	Über das Thema „Die Entfesselung des Zweiten Weltkrieges und das internationale System" veranstaltet das IfZ in Zusammenarbeit mit der Historischen Kommission zu Berlin eine international besetzte Konferenz, an der auch Historiker aus dem Ostblock teilnehmen.
18. September	Der Neubau des IfZ mit Archivmagazin, Buchbinderei, Lesesaal und Cafeteria wird in Betrieb genommen; die Einweihungsfeier fand bereits am 13. Juli statt.
14. Oktober	Nach längerem Leiden stirbt Martin Broszat, seit 1956 Mitarbeiter, seit 1972 Direktor des IfZ. In einer Trauerfeier am 7. November würdigen der Vorsitzende des Stiftungsrats, Herbert Kießling, der Vorsitzende des Wissenschaftlichen Beirats, Hans-Peter Schwarz, der Stellvertretende Direktor des IfZ, Ludolf Herbst, und Christian Meier, Vorsitzender des Verbands deutscher Historiker, den Verstorbenen.
November	Auf einer Arbeitstagung der Evangelischen Akademie in Tutzing diskutieren unter Leitung von Volker Dahm als Zeitzeugen Buchhändler, Verleger, Lektoren, Dramaturgen und Schriftsteller sowie

der Verlagsreferent des ehem. Reichspropagandaministeriums mit Historikern und Literaturwissenschaftlern über den Literaturbetrieb im Dritten Reich.

1990

22. Januar — In Stuttgart stirbt Helmut Krausnick, von 1960 bis 1972 Direktor des IfZ, der der Arbeit des IfZ bis 1978 als Mitherausgeber der VfZ auch nach seinem Ausscheiden eng verbunden war.

Frühjahr — Das IfZ erhält eine Außenstelle in Bonn, die im Auftrag des Auswärtigen Amts und unter einem Herausgebergremium unter Vorsitz von Hans-Peter Schwarz die Edition der „Akten zur Auswärtigen Politik der Bundesrepublik Deutschland" bearbeitet. Die Außenstelle wird von Rainer A. Blasius geleitet.

September — Auf dem 38. Deutschen Historikertag organisiert das IfZ die unter Vorsitz von Ludolf Herbst tagende Sektion „Die Abrechnung mit Faschismus und Kollaboration in Europa".
Wolfgang Benz wechselt als Professor und Leiter des Zentrums für Antisemitismusforschung an die Technische Universität Berlin.

13./14. Dezember — Die Historische Fakultät der Universität, das Goethe-Institut und das Deutsche Historische Institut in Rom veranstalten eine Tagung, die sich mit den Forschungen des IfZ und seines verstorbenen Direktors Martin Broszat zur Geschichte des Dritten Reichs befasst; Klaus-Dietmar Henke referiert zum Thema.

1991

Das IfZ erhält eine auf 20 Bildschirm-Arbeitsplätze ausgelegte, leistungsfähige EDV-Anlage (Siemens-Nixdorf MX-500-90), in das die alte Anlage integriert wird.
In der Reihe der „Quellen und Darstellungen zur Zeitgeschichte" erscheint der nach Ländern geordnete Sammelband „Dimension des Völkermords. Die Zahl der jüdischen Opfer des Nationalsozialismus".

10. September	Der K.G. Saur Verlag stellt den ersten Band des im Auftrag des IfZ von Heinz Boberach erarbeiteten „Inventars archivalischer Quellen des NS-Staates" vor; der Vorsitzende des Vereins Deutscher Archivare, Hermann Rumschöttel, referiert über die Bedeutung des Inventars für die historische Forschung.
5. November	Das Herbstkolloquium des IfZ beschäftigt sich mit dem aktuellen Thema „Der Zusammenbruch der DDR". Unter der Leitung von Ludolf Herbst beteiligen sich Peter Bender, Dietrich Geyer, Carl-Ludwig Holtfrerich und M. Rainer Lepsius an der Diskussion.

1992

14. Februar	Die Bände I und II der Hitler-Dokumentation werden der Öffentlichkeit präsentiert. Hauptredner ist Jan Kershaw mit einem Vortrag über „Hitler in der Weimarer Republik".
1. April	Horst Möller, bisher Direktor und Professor des Deutschen Historischen Instituts in Paris, tritt sein Amt als neuer Direktor des IfZ an; parallel zu dieser Ernennung erfolgt die Berufung auf den Lehrstuhl für Neuere und Neueste Geschichte an der Universität in Regensburg. Der nach dem Tod von Martin Broszat geschäftsführende Stellvertretende Direktor Ludolf Herbst folgt einem Ruf auf den Lehrstuhl für Neuere Geschichte der Humboldt-Universität in Berlin.
1. Oktober	Udo Wengst, bisher wissenschaftlicher Mitarbeiter bei der Kommission für Geschichte des Parlamentarismus und der politischen Parteien, wird neuer Stellvertretender Direktor.
1. Dezember	Das Jahreskolloquium behandelt das Thema „Nationalbewegung und Staatsbildung in Europa". Unter der Leitung von Horst Möller diskutieren Sir Julian Bullard, Hans Maier, Torsten Ösu, Joseph Rovan und Gerhard Simon.

1993

Der bayerische Kultusminister Zehetmair beruft Horst Möller in den Beirat für Wissenschafts- und

	Hochschulfragen seines Ministeriums. Er wird außerdem in das Herausgebergremium der Zeitschrift „Revue d'Allemagne" berufen.
22. April	Unter dem Thema „30 Jahre deutsch-französischer Vertrag" findet ein Kolloquium statt. Unter der Gesprächsleitung von Horst Möller diskutieren Jacques Bariéty, Francis Bellanger, Pierre Maillard, Hans-Peter Schwarz, Jürgen Sudhoff und Bernard Tricot.
Mai	Werner Röder wird zum Vorsitzenden des Wissenschaftlichen Beirats der Herbert und Elsbeth Weichmann Stiftung gewählt.
Juli	Konrad Repgen wird Ehrenmitglied des Wissenschaftlichen Beirats.
September	Der erste Jahresband der „Akten zur Auswärtigen Politik der Bundesrepublik Deutschland", der dem Jahr 1963 gewidmet ist, wird von Horst Möller und Hans-Peter Schwarz gemeinsam mit Staatsminister Schäfer (Auswärtiges Amt) in Bad Godesberg vorgestellt. Horst Möller wird zum Membre Correspondant des Institut Charles de Gaulle (Paris) sowie zum Mitglied des Conseil scientifique des Centre Marc Bloch gewählt. In der Reihe der „Quellen und Darstellungen zur Zeitgeschichte" erscheint mit dem von Christoph Weisz herausgegebenen „OMGUS-Handbuch" die für die Benutzung der im IfZ befindlichen OMGUS-Akten unentbehrliche Organisationsgeschichte jener Behörde (2. Auflage 1994). Klaus-Dietmar Henke schließt seine Studie über die amerikanische Besetzung Deutschlands ab, die 1995 in der gleichen Reihe veröffentlicht wird (2. Auflage 1996). In Potsdam wird eine weitere Außenstelle des IfZ eingerichtet, die mit den Beständen der in Berlin und Potsdam ansässigen ehem. DDR-Archive in mehreren Projekten die Geschichte der SBZ und der DDR wissenschaftlich untersuchen wird. Die Leitung wird 1994 Hartmut Mehringer übertragen.

	Horst Möller, bisher Vorsitzender der Gründungskommission für das Deutsche Historische Institut Warschau, wird in dessen Wissenschaftlichen Beirat berufen sowie zu dessen Vorsitzenden gewählt. Er wird außerdem in den Wissenschaftlichen Beirat des Deutschen Historischen Instituts London berufen sowie in den Stiftungsrat deutscher historischer Auslandsinstitute gewählt.
Oktober	Im Rahmen eines internationalen Kolloquiums über das Thema „Nationalsozialismus und Region" finden öffentliche Vorträge von Horst Möller über „Regionalismus und Zentralismus in der neueren deutschen Geschichte" und von Walter Ziegler über „Gaue und Gauleiter" statt.
	Mit Ablauf des Jahres scheidet Hermann Graml nach 14 Jahren als Chefredakteur aus der Redaktion der VfZ, die 40 Jahre alt werden, aus; Nachfolger wird Hans Woller.
	Horst Möller wird in den Wissenschaftlichen Beirat der Stiftung Archiv der Parteien und Massenorganisationen der DDR im Bundesarchiv berufen.
1994	In Zusammenarbeit mit dem Archiv der Gedenkstätte Auschwitz beginnt unter der Leitung von Norbert Frei ein Projekt zur Erforschung der Sozialgeschichte des Konzentrationslagers Auschwitz, das u. a. die Edition der Kommandantur- und Standortbefehle beinhaltet.
	Ein vom Bundesministerium für Forschung und Technologie gefördertes Projekt zur Erforschung der deutsch-tschechischen Beziehungen in der Zwischenkriegszeit wird von Christoph Boyer und Jaroslav Kucera bis Jahresende abgeschlossen.
	Das Archiv erstellt in Verbindung mit der Bayerischen Staatskanzlei eine Dokumentation zum Thema „Widerstand gegen den Nationalsozialismus 1933–1945".
20. Juli	Zum Jahrestag des Hitler-Attentats veranstaltet das IfZ ein Kolloquium über das Thema „Tyrannis,

	Autokratie, Diktatur: Wie benennt man die Gewaltregime des 20. Jahrhunderts", an dem unter Leitung von Horst Möller Hans Maier, Klaus Hildebrand, Hermann Lübbe und Gilbert Merlio teilnehmen.
September	Ein von Horst Möller vorbereitetes gemeinsames Kolloquium des IfZ und der Association internationale d'histoire contemporaine de l'Europe mit dem Thema „Das deutsche Problem in der Neueren Geschichte" wird mit einem Vortrag von Karl Otmar Freiherr von Aretin über „Das deutsche Problem im Alten Reich" eingeleitet. An den folgenden zwei Tagen diskutieren Wissenschaftler aus aller Welt verschiedene Aspekte des Themas.

1995

1. Januar	Die Bibliothek stellt mit Beginn des Jahres die Erfassung ihrer Buchbestände auf EDV um. Seit März ist sie dem Bibliotheksverbund Bayern (BVB) angeschlossen.
21. Februar	Das IfZ präsentiert die ersten Bände einer wissenschaftlichen Gesamtedition der „Tagebücher von Joseph Goebbels" der Öffentlichkeit. Im Rahmen dieser Veranstaltung hält Joachim Fest einen Vortrag über Joseph Goebbels.
März	Ministerialdirektor Herbert Kießling tritt Ende März in den Ruhestand. Als sein Nachfolger als Vorsitzender des Stiftungsrates wird im November Ministerialdriektor Dr. Wolfgang Quint gewählt. Der bayerische Ministerrat beauftragt nach Gesprächen mit Horst Möller das IfZ, das Konzept für eine Dokumentationsstelle auf dem Obersalzberg bei Berchtesgaden zu entwickeln.
Juli	In Potsdam veranstaltet das IfZ eine Tagung über das Thema „Erobert oder befreit? Deutschland im internationalen Kräftefeld und die sowjetische Besatzungszone (1945/46)".
	Mehrere Publikationsprojekte werden im Lauf des Jahres abgeschlossen: Heinz Boberach veröffentlicht den 2. Teil seines Inventars archivalischer Quellen des NS-Staates, in dem die regionalen Be-

hörden und Hochschulen in den ostdeutschen Ländern, ferner Quellen aus Österreich und den ehemals eingegliederten Gebieten Polens und der Tschechoslowakei berücksichtigt sind; Jürgen Zarusky schließt das Projekt „Widerstand als ‚Hochverrat' 1933–1945" ab, mit dem rund 1950 Verfahren vor obersten Gerichten des NS-Staats in einer Mikrofiche-Edition vorliegen; ein Einleitungs- und Registerband sollen noch folgen.

1. Oktober   Unter der Leitung von Horst Möller und Andreas Wirsching wird mit der Arbeit an dem von der DFG finanzierten vergleichenden Projekt zur deutschen und französischen Geschichte der Zwischenkriegszeit begonnen; zwei Teilprojekte, darunter die Arbeit, mit der sich Andreas Wirsching im Juli an der Universität Regensburg habilitiert, werden seit 1992 bzw. 1993 aus Mitteln des IfZ bzw. durch Habilitationsstipendien finanziert.

16. Oktober Das IfZ wird durch eine Evaluierungsgruppe des Wissenschaftsrates begangen. Der Evaluierungsbericht vom Januar 1996 empfiehlt eine weitere Förderung im Rahmen der „Blauen Liste".
Die Außenstelle Potsdam entwickelt eine Reihe von Forschungsvorhaben zur SBZ/DDR-Geschichte.
Horst Möller wird in den Beirat der Herausgeber des „Historischen Jahrbuchs" sowie in das Herausgebergremium der Zeitschrift „Kirchliche Zeitgeschichte" berufen und erhält mehrere hohe französische Auszeichnungen.

1996   Mit dem Erscheinen der letzten drei Bände schließt der Mitarbeiterstab des Goebbels-Projekts unter Leitung von Elke Fröhlich die Edition der diktierten Teile des Goebbelschen Tagebuchs in 15 Bänden ab.

Januar   Am Jahresanfang beginnt die Arbeit am von Hans Woller geleiteten Forschungsprojekt über „Gesellschaft und Politik in Bayern 1949–1973", das vom Bayerischen Staatsministerium für Unterricht und Kultus, Wissenschaft und Kunst finanziert wird.

Das IfZ wird mit einer leistungsfähigen EDV-Anlage (RM 400 im Netz mit SINIX-Z) ausgerüstet, die u. a. die Software-Entwicklungen der nächsten Jahre im Bibliotheksverbund auffangen kann.

Die Außenstelle des IfZ in Bonn tauscht Erfahrungen im Bereich der Editionsprobleme und Quellenbestände mit dem Archiv der sozialen Demokratie der Friedrich-Ebert-Stiftung, speziell mit dessen Willy-Brandt-Archiv, und dem Archiv für Christlich-Demokratische Politik der Konrad-Adenauer-Stiftung aus.

Februar/März	Im IfZ findet ein Workshop im Zusammenhang mit dem Projekt „Studien zur Sozialgeschichte des Konzentrationslagers Auschwitz" statt.
1. April	Horst Möller, weiterhin Direktor des IfZ, wird auf einen Lehrstuhl für Neuere und Neueste Geschichte an der Universität München berufen.
	Nobert Frei habilitiert sich an der Universität Bielefeld, die Habilitationsschrift erscheint unter dem Titel „Vergangenheitspolitik" als Institutsveröffentlichung im Beck-Verlag.
5. Juni	Die Außenstelle Potsdam des IfZ zieht nach Berlin-Lichterfelde um.
25./26. Juni	Das IfZ veranstaltet ein Kolloquium zum Thema „Integration von Flüchtlingen im Nachkriegsdeutschland", das von der Außenstelle Berlin (Michael Schwartz) vorbereitet wurde.
26. August	Das IfZ wird vom bayerischen Finanzministerium mit der Planung eines Konzepts für die Dokumentationsstelle auf dem Obersalzberg beauftragt.
September	Udo Wengst erhält eine Honorarprofessur an der Universität Regensburg.
9. Oktober	Zur Einleitung eines Kolloquiums über das Thema „Emigration in autoritären Staaten: Das Beispiel Portugal" findet im IfZ eine Podiumsdiskussion über die Frage „Was ist und zu welchem Zweck studiert man Exilgeschichte?" statt. Unter der Leitung von Horst Möller diskutieren Sven Papcke, Hans-Albert Walter und Hans Würzner.

	Horst Möller wird erneut zum Vorsitzenden der AHF gewählt.
1997	Zur Verbesserung der EDV-Situation hinsichtlich der zukünftigen Anwendung des Bibliotheksprogramms SOKRATES und des Anschlusses an das Internet wird das IfZ neu verkabelt und z.T. mit neuen, netzwerkfähigen PCs ausgestattet.
Januar	Bundesinnenminister Kanther beruft Horst Möller in die deutsch-russische Historikerkommission, deren deutscher Co-Vorsitzender er wird.
März	Andreas Wirsching erhält zunächst eine Professur an der Universität Tübingen und wird im folgenden Jahr auf den Lehrstuhl für Neuere und Neueste Geschichte an der Universität Augsburg berufen.
5. Juni	Das vom IfZ entwickelte Konzept für eine Dokumentationsstelle auf dem Obersalzberg wird vom Fachbeirat genehmigt und im Oktober in Auftrag gegeben.
	Als gemeinsame Veröffentlichung des IfZ und der Kommission für Geschichte des Parlamentarismus und der politischen Parteien erscheint von Udo Wengst die politische Biographie von Thomas Dehler 1897–1967.
September	Norbert Frei wird als Nachfolger Hans Mommsens auf den Lehrstuhl für Neuere und Neueste Geschichte an der Universität Bochum berufen.
Oktober	Auf einer zweitägigen Veranstaltung wird das Projekt „Gesellschaft und Politik in Bayern 1949 bis 1973" der Öffentlichkeit vorgestellt.
November	Von der im Frühjahr 1996 veröffentlichten Studie von Hans Woller über die politischen Säuberungen in Italien 1943–1948 erscheint eine italienische Ausgabe.
2./3. Dezember	Das IfZ veranstaltet ein Kolloquium über das Thema „Die Integration von Flüchtlingen und Vertriebenen nach 1945", an dem sich zahlreiche Wissenschaftler aus unterschiedlichen Disziplinen beteiligen.

Bild 1: Besuch des Bundespräsidenten Dr. h.c. mult. Johannes Rau am 10. Mai 2003

Udo Wengst, Bundespräsident Johannes Rau, Horst Möller (v. l. n. r.)

Bild 2:   Tagung „Die ‚Achse' im Krieg" vom 13. bis 15. April 2005 in Rom

Horst Möller im Gespräch mit dem ehemaligen Staatspräsidenten Italiens, Oscar Luigi Scalfaro, in der Mitte Prof. Dr. Gian Enrico Rusconi

Bild 3: Eröffnung des Erweiterungsbaus in der Dokumentation Obersalzberg am 15. Juni 2005

MdL Dr. Manfred Ach, Staatsminister Prof. Dr. Kurt Faltlhauser, Landrat Georg Grabner, Horst Möller

Bild 4: Präsentation der Bände 1975 der „Akten zur Auswärtigen Politik der Bundesrepublik Deutschland" am 7. Februar 2006 im Auswärtigen Amt

Außenminister a.D. Hans-Dietrich Genscher, Außenminister Frank-Walter Steinmeier, Horst Möller, Ilse Dorothee Pautsch

Bild 5: Begrüßung des einmillionsten Besuchers der Dokumentation Obersalzberg am 14. Mai 2007 durch Staatsminister Prof. Dr. Kurt Faltlhauser

Bild 6: Verleihung des Bayerischen Verdienstordens durch Ministerpräsident Edmund Stoiber an Horst Möller am 11. Juli 2007

Bild 7: Informationsveranstaltung am 10. Juli 2008 im Institut für Zeitgeschichte in München

Matthias Dahlke (Preisträger „Bester Aufsatz VfZ 2007"), Horst Möller, Ulrike Leutheusser, Joachim Scholtyseck

Bild 8: Tagung „Der NATO-Doppelbeschluss" vom 26. bis 28. März 2009 in Berlin

Tim Geiger, MdB Rainer Eppelmann, Karsten Voigt (Koordinator für die deutsch-amerikanische Zusammenarbeit), Vizepräsidentin des Deutschen Bundestages a. D. Antje Vollmer, Bundesaußenminister a. D. Hans-Dietrich Genscher, Horst Möller, Hermann Wentker, PD Dr. Philipp Gassert

1998

20. Februar	Rudolf Morsey und Gerhard A. Ritter werden Ehrenmitglieder des Wissenschaftlichen Beirats.
März	Hermann Wentker wird Leiter der Außenstelle in Berlin-Lichterfelde. Der bisherige Leiter Hartmut Mehringer löst Werner Röder als Leiter des Archivs ab.
24.–26. März	Im Zusammenhang mit dem vergleichenden Projekt Frankreich-Deutschland findet im Goethe-Institut in München ein Kolloquium über „Demokratie in der Zwischenkriegszeit" statt. Eingeleitet wird die Veranstaltung mit einem Vortrag von Alfred Grosser über „Politische Kultur in Deutschland und Frankreich".
	Mit dem Erscheinen des Bandes V/2, der den Zeitraum vom Oktober 1932 bis Januar 1933 abdeckt, wird die Hitler-Dokumentation in 12 Teilbänden abgeschlossen. Ebenfalls zum Abschluß gelangt mit der Vorlage des Registerbandes auch die Mikrofiche-Edition „Widerstand als ‚Hochverrat'".
6. Juli	Die Mikrofiche-Edition „Widerstand als ‚Hochverrat'" wird in einer Veranstaltung im IfZ durch Hans-Jochen Vogel, gemeinsam mit Horst Möller und Jürgen Zarusky, der Öffentlichkeit vorgestellt.
August	Im IfZ beginnt die Arbeit an einem nach Verhandlungen mit Horst Möller vom Bayerischen Staatsministerium für Wissenschaft, Forschung und Kunst finanzierten Forschungsprojekt über die „Wehrmacht in der nationalsozialistischen Diktatur", das von Christian Hartmann geleitet wird.
Oktober	In Bonn findet die 5. Internationale Konferenz der Herausgeber diplomatischer Akten statt, die von der Außenstelle Bonn, gemeinsam mit dem Auswärtigen Amt, vorbereitet und durchgeführt wird.
November	An einem internationalen Kolloquium zum Thema „Entstalinisierung in Ostmitteleuropa im Vergleich" in Warschau beteiligt sich das IfZ als Mitveranstalter.
	Die Außenstelle Berlin des IfZ veranstaltet ein Kolloquium zum Thema „Das letzte Jahr der SBZ im

	Prozeß der Staatsgründung der DDR", auf dem alle Mitarbeiter der Außenstelle mit Beiträgen vertreten sind.
Dezember	Horst Möller wird die Ehrendoktorwürde der Universität Bordeaux verliehen.
	Der Fachbeirat für die Dokumentationsstelle Obersalzberg billigt unter dem Vorsitz von Horst Möller das vom IfZ vorgelegte „Drehbuch" mit dem dazugehörigen „Textbuch".
	Unter dem Titel „Vom Weltkrieg zum Bürgerkrieg? Politischer Extremismus in Deutschland und Frankreich 1918–1933/39. Berlin und Paris im Vergleich" erscheint die Habilitationsschrift von Andreas Wirsching als erste Veröffentlichung aus dem vergleichenden Projekt zur deutschen und französischen Geschichte in der Zwischenkriegszeit.
1999	
Januar	Das IfZ erhält den Internet- und E-Mail-Anschluß. Im Rahmen einer Podiumsdiskussion, an der sich unter der Leitung von Horst Möller Ian Kershaw, Frank-Lothar Kroll, Andreas Wirsching und Christian Hartmann beteiligen, wird die Hitler-Dokumentation der Öffentlichkeit präsentiert.
April	Ende des Monats tritt Georg Maisinger, seit 1973 Verwaltungsleiter des IfZ, in den Ruhestand. In der Abschiedsveranstaltung am 28. April werden seine großen Verdienste um das IfZ durch den Vorsitzenden des Stiftungsrates, Dr. Wolfgang Quint, und den Institutsdirektor gewürdigt.
Juli	Horst Möller wird in den Wissenschaftlichen Beirat der „Stiftung zur Aufarbeitung der SED-Diktatur" berufen.
Juli	Manfred Kittel wird an der Universität Regensburg mit einer Arbeit aus dem von der DFG finanzierten vergleichenden Projekt zur deutschen und französischen Geschichte in der Zwischenkriegszeit habilitiert.
August	Im Rahmen eines Verbundprojekts mit dem Archiv der Gedenkstätte Yad Vashem, das vom Aus-

	wärtigen Amt gefördert wird, beginnt im IfZ die Arbeit an einer Datenbank, in der die Justizverfahren zu NS-Verbrechen, die seit 1945 von Staatsanwaltschaften und Gerichten in Westdeutschland durchgeführt wurden, katalogisiert werden sollen. Im IfZ gibt es erste Planungen zu einem Projekt über Reformen und Protest in der westlichen Welt in den 1960er Jahren, das ab dem Jahr 2000 unter dem Titel „Reform und Revolte" mit einem Schwerpunkt auf der Bundesrepublik betrieben wird.
20. Oktober	In Berchtesgaden wird die „Dokumentation Obersalzberg – Orts- und Zeitgeschichte" durch den Bayerischen Staatsminister der Finanzen, Prof. Dr. Kurt Faltlhauser, eröffnet. Den Einführungsvortrag hält Horst Möller, mit der Leitung der Dokumentation ist Volker Dahm betraut.
15. Dezember	Das IfZ feiert in Anwesenheit des Bayerischen Ministerpräsidenten Dr. Edmund Stoiber, der die Arbeit des IfZ in einer Ansprache würdigt, in einem Festakt sein 50jähriges Bestehen. Die Festrede hält Prof. Dr. Jacques Bariéty (Universität Paris IV – Sorbonne).
2000	Im Frühjahr wird das Projekt zur „Sozialgeschichte des KZ Auschwitz" mit der Herausgabe von vier Bänden abgeschlossen.
	Zum Abschluss kommt ebenfalls das Projekt zur „Errichtung der Klassenjustiz nach 1945 in der SBZ/DDR in diktaturvergleichender Perspektive", zu dem drei Monographien vorgelegt werden.
	Dank eines bewilligten Sondertatbestandes wird der EDV-Bereich (Intranet, Internet etc.) zügig ausgebaut.
	Es beginnen die Arbeiten an einem Forschungsprojekt zur zweiten Berlin-Krise, das vom Bundesministerium des Innern finanziert wird.
April/Mai	Der Leiter der Außenstelle im Auswärtigen Amt, Rainer A. Blasius, wechselt zur FAZ; zur Nachfolgerin wird Ilse Dorothee Pautsch bestellt.

Oktober	Der Begleitband zur Dokumentation Obersalzberg „Die tödliche Utopie" entwickelt sich zu einem Bestseller (11 000 verkaufte Exemplare im ersten Jahr) und erscheint bereits in zweiter Auflage. Die Zahl der Besucher der Dokumentation übertrifft mit 112 000 alle Erwartungen.
November	Hartmut Mehringer wird in Paris mit dem Prix Philippe Viannay – Défense de la France ausgezeichnet.
Dezember	Im Rahmen einer Vortragsveranstaltung aus Anlass des 30. Jahrestages der Unterzeichnung des Warschauer Vertrages wird in Anwesenheit von Bundesaußenminister Joschka Fischer der Jahresband 1970 der Edition „Akten zur Auswärtigen Politik der Bundesrepublik Deutschland" in Berlin im Auswärtigen Amt vorgestellt.
	Mit Abschluss des Jahres wird der langjährige Stellvertretende Vorsitzende des Stiftungsrates (Mitglied seit 1984), Min. Rat Dr. Bernhard Döll, in den Ruhestand verabschiedet; er scheidet damit aus dem Stiftungsrat aus.
2001	Das IfZ veröffentlicht mit einem Sammelband, herausgegeben von Hans Woller und Thomas Schlemmer, den ersten Beitrag aus dem Projekt „Bayern im Bund".
	In der Dokumentation Obersalzberg wird ein digitales Führungssystem eingerichtet und die Vorführung eines Films über den Zweiten Weltkrieg in die Ausstellung aufgenommen, den das IfZ produziert hat. Der Begleitband „Die tödliche Utopie" erscheint in dritter Auflage.
	In der Bibliothek beginnt die Retrodigitalisierung aller Zettelkataloge.
27./28. März	Im IfZ findet ein Workshop zum Thema „Rechtliche Ahndung der diktatur- und kriegsbedingten Straftaten nach 1944/45" statt, an dem sich mehrere ausländische historische Institute beteiligen.

Mai/Juli	Zwei Mitarbeiter des IfZ werden habilitiert: Hermann Wentker in Leipzig und Michael Schwartz in Münster.
27./28. September	Aus Anlass des 50. Jahrestages der diplomatischen Anerkennung der Bundesrepublik Deutschland durch die Schweiz findet in Bern und in Konolfingen ein Kolloquium über die Beziehungen zwischen der Schweiz und Deutschland von 1945 bis 1961 statt, das das IfZ in Zusammenarbeit mit der Kommission für die Veröffentlichung der Diplomatischen Dokumente der Schweiz und dem Herausgebergremium der Akten zur Auswärtigen Politik der Bundesrepublik Deutschland organisiert hat. In der dem Kolloquium vorausgehenden offiziellen Veranstaltung spricht u. a. Bundespräsident a. D. Richard von Weizsäcker.
18. Dezember	Der Präsident der Leibniz-Gemeinschaft, Prof. Dr. h. c. Olaf Henkel, stattet dem IfZ einen Informationsbesuch ab.
2002	Die Außendarstellung des IfZ verändert sich durch die Einführung eines Logos. Die darin enthaltenen Ortsbezeichnungen München – Berlin sollen die Ausweitung der Forschungstätigkeit demonstrieren. Im IfZ beginnen die Vorarbeiten zur Einführung der Kostenleistungsrechnung (KLR).
März–Juli	Es finden mehrere Vortragsveranstaltungen zum Thema „Frankreich wählt" statt.
21. Juni / 1. Oktober	Verleihung der Ehrendoktorwürde der juristischen Fakultät der LMU München und des Bundesverdienstkreuzes am Bande an Lothar Gruchmann, Mitarbeiter des IfZ von 1960 bis 1992.
8. Juli	Verleihung der Ehrendoktorwürde der philosophischen Fakultät der LMU München an Hermann Graml (Mitarbeiter des IfZ von 1960 bis 1993).
Oktober	Zwei Kolloquien (mit internationaler Besetzung) finden in der Abteilung Lichterfelde statt: eines

	zum Thema „Die Ostpolitik der Bundesrepublik Deutschland im internationalen Kontext 1968 – 1974", das andere unter der Überschrift „Die Rolle der Streitkräfte der UdSSR und USA sowie ihrer jeweiligen Bündnispartner in der Kubakrise". Horst Möller übernimmt eine Gastprofessur (Lehrstuhl Alfred Grosser, Science Po-Paris).
29. November	Dietmar Süß wird für seine Dissertation „Kumpel und Genossen. Arbeiterschaft, Betrieb und Sozialdemokratie in der bayerischen Montanindustrie 1945 bis 1976", Teil des Projekts „Bayern im Bund", mit dem Nachwuchsförderpreis der Leibniz-Gemeinschaft ausgezeichnet.
2003	Mit der Veröffentlichung der Registerbände wird die Dokumentation „Hitler – Reden, Schriften, Anordnungen. Februar 1925 bis Januar 1933" abgeschlossen. Unter dem Titel „Dokumentation Obersalzberg. Täter – Gegner – Opfer" veröffentlicht das IfZ erstmals eine CD.
13. Januar/17. Juli	Das IfZ feiert im Januar den 60. Geburtstag Horst Möllers und im Juli „50 Jahre Vierteljahrshefte für Zeitgeschichte". Zu beiden Festen kommen zahlreiche Gäste von nah und fern.
5. März	Aus Anlass des 50. Jahrestages des Todes von Josef Stalin veranstaltet das IfZ ein Kolloquium über „Stalin – Eine Zwischenbilanz aus deutscher Sicht".
17./18. März	Eine Bewertungsgruppe des Senatsausschusses Evaluierung der Leibniz-Gemeinschaft besucht das IfZ. Der daraufhin erstellte Bewertungsbericht führt zu kontroversen Auseinandersetzungen in der Presse.
Mai	Horst Möller wird in den Wissenschaftlichen Beirat für das Haus der Geschichte Baden-Württemberg berufen.
8./9. Mai	Historiker aus Deutschland, Frankreich und Norwegen diskutieren im IfZ über „Willy Brandt und Frankreich". Veranstaltet wird die Tagung mit der

	Fondation Nationale des Sciences Politiques, Paris, und der Willy-Brandt-Stiftung, Berlin.
10. Mai	Bundespräsident Dr. h. c. mult. Johannes Rau besucht das IfZ.
20. Mai	Volker Dahm wird zum Vorsitzenden des Wissenschaftlichen Fachbeirats zur Konversion der NS-Ordensburg Vogelsang gewählt.
4./5. Juli	Das IfZ veranstaltet mit dem Deutschen Historischen Institut London in der Abteilung Berlin-Lichterfelde eine Tagung zum Thema „Der dritte Weg im Zeitalter des Kalten Krieges".
16./17. Juli	Angesichts der Kontroverse über die Haltung von Hans Rothfels zum Nationalsozialismus veranstaltet das IfZ ein Kolloquium über „Hans Rothfels und die deutsche Zeitgeschichte". Die dabei abgegebenen Statements gehen weit auseinander – die Haltung von Hans Rothfels bleibt umstritten.
26. August	Horst Möller wird zum Sachverständigen für die Expertengruppe zur Erarbeitung eines deutsch-französischen Geschichtsbuches ernannt.
16. September	Horst Möller wird in den Wissenschaftlichen Beirat des Hannah-Arendt-Instituts für Totalitarismusforschung berufen.
25. September	Horst Möller wird zum deutschen Co-Vorsitzenden der gemeinsamen Kommission für die Erforschung der jüngeren Geschichte der deutsch-russischen Beziehungen wiedergewählt.
November	Hermann Wentker wird in den Beirat des Deutschland Archivs berufen.
4. November	In Würzburg wird die Ausstellung „Wege in die Vernichtung. Die Deportation der Juden aus Mainfranken 1941–1943" eröffnet, die das IfZ mit dem Bayerischen Hauptstaatsarchiv Würzburg vorbereitet hat. Diese Ausstellung wird in den folgenden Jahren an vielen Orten Bayerns gezeigt.
20. November	Udo Wengst wird für zwei Jahre zum Sprecher der Sektion A der Leibniz-Gemeinschaft gewählt und gehört damit deren Präsidium an.
31. Dezember	Der Vorsitzende des Stiftungsrats, Min. Dir. Dr. Wolfgang Quint, scheidet aus dem Amt. Seine

	Nachfolge übernimmt Min. Dir. Ulrich Wilhelm. Dietmar Süß wird mit dem Bayerischen Habilitationsförderpreis ausgezeichnet.
2004	
Januar	Ab Jahresbeginn besteht eine Zusammenarbeit des IfZ mit dem elektronischen Rezensionsjournal „sehepunkte". Die Redaktion der VfZ betreut nunmehr dessen zeitgeschichtliche Rezensionen. Die DFG fördert das Forschungsvorhaben „Mecklenburg und Vorpommern im 20. Jahrhundert. Lebenswelten im Systemwandel von der Zwischenkriegszeit bis zur Nachkriegszeit". Grundlage der Arbeit des IfZ ist ab Jahresbeginn ein Programmbudget, das mit den Zuwendungsgebern ausgehandelt wird.
19. Februar	Professor Dr. Helmut Altrichter löst Professor Dr. Hans-Peter Schwarz als Vorsitzender des Wissenschaftlichen Beirats ab. Prof. Dr. Dr. h.c. mult. Karl Dietrich Bracher wird Ehrenmitglied des Wissenschaftlichen Beirats.
16.–18. März	Das IfZ veranstaltet mit dem Hamburger Institut für Sozialforschung eine gemeinsame Tagung über „Verbrechen der Wehrmacht – eine Bilanz".
Mai	Udo Wengst wird in den Wissenschaftlichen Beirat der Stiftung Bayerischer Gedenkstätten berufen.
8./9. Juli	In München findet ein Kolloquium über das Thema „Resistenz, Opposition, Widerstand im Diktaturvergleich" statt, das in Zusammenarbeit vom IfZ und der gemeinsamen Kommission für die Erforschung der jüngeren Geschichte der deutschrussischen Beziehungen vorbereitet wurde.
Juli	Die Bund-Länder-Kommission verabschiedet den Evaluierungsbericht über das IfZ, der die nächste externe Evaluierung des IfZ für das Jahr 2007 festlegt. Es erscheint die umfangreiche Monographie „Vertriebenen- und Umsiedlerpolitik. Integrationskonflikte in den deutschen Nachkriegsgesellschaften und die Assimilationsstrategien in der SBZ/DDR 1945–1961" von Michael Schwartz.

August	Die Bibliothek schließt die mit Sondermitteln finanzierte Retrodigitalisierung des Bestandskatalogs ab. Damit ist der Gesamtbestand der Bibliothek online recherchierbar.
10. September	Hermann Graml (Mitarbeiter des IfZ von 1960 bis 1992) wird mit dem Bundesverdienstkreuz am Bande ausgezeichnet.
15. Oktober	Peter Lieb wird für seine Dissertation „Kriegsführung und Partisanenbekämpfung in Frankreich 1943/44" – Teil des Wehrmachtsprojekts – mit dem Prix Guillaume Fichet-Octave ausgezeichnet.
8. November	Horst Möller wird in den Wissenschaftlichen Beirat des Deutschen Historischen Instituts in Moskau berufen.
Dezember	Das Archiv beendet die Erschließung und Verzeichnung des umfangreichen Nachlasses von Inge Aicher-Scholl, der ab Januar 2005 für die wissenschaftliche Forschung zur Verfügung steht.
	Die Erfassungsarbeiten für die Datenbank „Die Verfolgung von NS-Verbrechen in den Westzonen und in der Bundesrepublik Deutschland" werden im Wesentlichen abgeschlossen.
2005	
Januar	Start des Editionsprojekts „Die Verfolgung und Ermordung der Europäischen Juden durch das nationalsozialistische Deutschland". Die Förderung erfolgt durch die DFG (als Langzeitvorhaben). Betrieben wird es durch das IfZ, den Lehrstuhl Professor Ulrich Herbert, Historisches Seminar der Universität Freiburg, und das Bundesarchiv Berlin.
Februar	Aufgrund einer internen Evaluierung verabschiedet der Wissenschaftliche Beirat einen Bericht, der die „überregionale, nationale und internationale Bedeutung des IfZ für die Fachwelt" als unstrittig bezeichnet und dessen „herausragende Leistungen" hervorhebt.
März–Dezember	Die Abteilung Berlin – Lichterfelde veranstaltet eine Vortragsreihe zum Thema „Zwischen Krieg und Frieden. Die deutsche Gesellschaft unter alliierter Besatzung 1945–1949". An den sieben Ver-

	anstaltungsabenden sprechen jeweils zwei Wissenschaftler über dasselbe Thema.
1. März	Das IfZ beginnt ein mit Mitteln der Stiftung Preußischer Kulturbesitz finanziertes Projekt, das das Verhalten des Unternehmers Friedrich Flick und die Entwicklung des Flick-Konzerns in der Zeit der NS-Diktatur untersuchen soll.
13.–15. April	In Rom findet eine vom IfZ, dem Deutschen Historischen Institut Rom und dem Istituto nationale per la storia del movimento di liberazione in Italia veranstaltete Tagung über „Die ‚Achse' im Krieg. Strategische Ziele, ideologische Dispositionen, Kriegführung und Besatzungsherrschaft" statt. Die abschließende Podiumsdiskussion leitet der ehemalige Staatspräsident Italiens Oscar Luigi Scalfaro.
Juni	Horst Möller wird in den Wissenschaftlichen Beirat für das NS-Dokumentationszentrum in München berufen.
15. Juni	Im Beisein des Bayerischen Staatsministers für Finanzen, Professor Dr. Kurt Faltlhauser, wird in der Dokumentation Obersalzberg ein Erweiterungsbau seiner Bestimmung übergeben. Der Erweiterungsbau enthält neben Büroräumen einen in drei Seminarräume teilbaren Multifunktionsraum mit moderner Medientechnik.
Juli	Die französische Ausgabe von Horst Möllers „Weimarer Republik" wird zum livre historique du mois in Frankreich gewählt.
	Christian Hartmann wird in den Vorstand des Komitees für die Erforschung der Geschichte des Zweiten Weltkriegs gewählt.
5. August	Manfred Kittel wird zum apl. Professor für Neuere und Neueste Geschichte an der Universität Regensburg ernannt.
September	Im IfZ beginnen die Vorarbeiten für zwei neue Projekte, das erste über das Thema „Die Krise der Arbeitsgesellschaft 1973 bis 1989. Politik, Perzeption und Erfahrungsgeschichte im europäischen Vergleich", das zweite unter der Überschrift „De-

mokratischer Staat und terroristische Herausforderung. Die Anti-Terror-Politik der 1970er und 1980er Jahre in Deutschland, Frankreich und Italien".

Hans Woller wird in den Wissenschaftlichen Beirat des Italienisch-Deutschen Historischen Instituts in Trient berufen.

20.–22. September	Das IfZ veranstaltet in Zusammenarbeit mit dem Historischen Institut der Friedrich-Schiller-Universität Jena eine Tagung über „NS-Gaue – regionale Mittelinstanzen im zentralistischen ‚Führerstaat‘?"
10. November	Im Rahmen des Forschungsprojekts „Reform und Revolte" findet im IfZ eine Podiumsdiskussion mit Professor Hans Maier und Dr. Hildegard Hamm-Brücher zum Thema „Zeitzeugen im Gespräch. Hochschulpolitik in Bayern und Hessen 1958–1976" statt.
	Aus diesem Projekt erscheinen im Laufe des Jahres zwei Monographien über den Zivildienst (Patrick Bernhard) und die Entwicklungspolitik (Bastian Hein); ebenfalls zwei Monographien werden aus dem Projekt „Demokratie in der Zwischenkriegszeit" publiziert. Dabei handelt es sich um die Studien von Thomas Raithel (Vergleich zwischen dem Deutschen Reichstag und der französischen Chambre des Députés) und Daniela Neri-Ultsch (Sozialisten und Radicaux).
24. November	Udo Wengst wird erneut für zwei Jahre zum Sprecher der Sektion A der Leibniz-Gemeinschaft gewählt.
Dezember	Mit der Herausgabe von Band 2/I ist die Publikation des 29 bändigen Textcorpus der „Tagebücher von Joseph Goebbels" abgeschlossen.
	Gleichzeitig erscheint in Paris der erste Band einer französischsprachigen Auswahledition.
	Christian Hartmann wird in den Beirat des Fernsehsenders History Channel gewählt.

2006

Januar	Mit Beginn des Jahres erscheint neben der gedruckten Ausgabe der VfZ auch eine online-Ausgabe.

	Als Auswertungsprojekt des Verfilmungsprojekts von Verfahrensakten betr. die Verfolgung von NS-Verbrechen wird im IfZ mit der Arbeit an zwei Monographien zur Strafverfolgung von NS-Verbrechen durch die westdeutsche Justiz von 1945 bis 1958 begonnen.

Horst Möller wird der Wissenschaftspreis „Prix Gay Lussac/Humboldt" des Ministère délégué à l'Enseignement superiéur et à la Recherche verliehen.

7. Februar	In einer Feierstunde wird im Auswärtigen Amt in Berlin der Jahrgang 1975 der „Akten zur Auswärtigen Politik der Bundesrepublik Deutschland" der Öffentlichkeit vorgestellt. In seiner Einführung würdigt Bundesminister Frank-Walter Steinmeier die Zusammenarbeit mit dem IfZ. Die Festrede hält Bundesminister a. D. Hans-Dietrich Genscher.
9. März	Ministerialdirektor Dr. Friedrich Wilhelm Rothenpieler leitet erstmals als Vorsitzender eine Sitzung des Stiftungsrats.
April	Der im Jahr 2003 in den VfZ veröffentlichte Aufsatz von Manfred Berg über „Schwarze Bürgerrechte und liberaler Antikommunismus: Die NAACP in der McCarthy-Ära" wird mit dem David Thelen Prize der Organization of American Historians ausgezeichnet.

Hermann Wentker wird zum ordentlichen Mitglied der Historischen Kommission zu Berlin berufen.

6. Mai	Das Archiv beteiligt sich mit einer Ausstellung „‚Mit Herz und Verstand'. Frauen in der Politik" am Münchner Tag der Archive.
17. Mai	Die Bibliothek hat den IfZ-Opac grundlegend modernisiert. Er ist nunmehr dreisprachig. Es kann zwischen deutscher, englischer und französischer Oberfläche gewählt werden.
22. Juni	Horst Möller erhält die Ehrendoktorwürde der Fondation Nationale des Sciences Politiques (Sciences Po) in Paris.

Juli	Hermann Wentker wird zum Mitglied des Wissenschaftlichen Kuratoriums der Stiftung Gedenkstätten Buchenwald und Mittelbau-Dora berufen.
5. Juli	Johannes Hürter wird an der Universität Mainz habilitiert.
19. Juli	Im IfZ findet eine Informationsveranstaltung statt. Hierin wird die Öffentlichkeit über die künftige Kooperation des IfZ mit dem History Channel in Kenntnis gesetzt. Außerdem werden insbesondere die beiden Werke von Johannes Hürter (Hitlers Heerführer) und Othmar Plöckinger (Geschichte von „Mein Kampf") vorgestellt, die binnen kurzem hohe Verkaufszahlen erzielen.
6./7. Oktober	In München veranstaltet das IfZ eine gemeinsame Tagung mit dem Militärgeschichtlichen Forschungsamt über „Militärische Biographien im Zeitalter der Weltkriege".
11. Oktober	Horst Möller wird die Ehrendoktorwürde der Universität Orléans verliehen.
12. Oktober	In der Dokumentation Obersalzberg wird die erste Winterausstellung (Wechselausstellung) eröffnet. Hierfür ist ein weiterer Teil der Bunkeranlage zugänglich gemacht worden.
9.–11. November	In Suhl/Thüringen findet eine Tagung zum Thema „Gemeinsame deutsche Nachkriegsgeschichte?" statt. Veranstalter sind neben dem IfZ die Bundesstiftung zur Aufarbeitung der SED-Diktatur, die Bundeszentrale für politische Bildung und das Deutschland-Archiv.
29. November	Hermann Wentker wird an der Universität Leipzig zum apl. Professor ernannt.
Dezember	Das IfZ veröffentlicht eine neue Reihe mit dem Titel „Zeitgeschichte im Gespräch". In den relativ schmalen Bänden sollen Diskussionen veröffentlicht werden, die Öffentlichkeit wie Wissenschaft gleichermaßen bewegen und möglichst in Zusammenhang mit Forschungsprojekten des IfZ stehen.

2007

7.–9. Januar	Eine Bewertungsgruppe des Senatsausschusses Evaluierung der Leibniz-Gemeinschaft besucht das IfZ.

Februar	Aus dem Wehrmachtsprojekt erscheinen die Studie Peter Liebs über die „Kriegführung und Partisanenbekämpfung in Frankreich" und die 2. Auflage von Johannes Hürters Werk über „Hitlers Heerführer".
	Prof. Dr. Klaus Hildebrand wird Ehrenmitglied des Wissenschaftlichen Beirats.
21.–23. März	Im IfZ findet eine gemeinsame Tagung des IfZ mit den Lehrstühlen Professor Andreas Wirsching (Augsburg) und Professor Andreas Rödder (Mainz) über das Thema „Die Bundesrepublik Deutschland in den globalen Transformationsprozessen der 1970er und 1980er Jahre" statt.
April	Hermann Wentker wird in den Beirat der Stiftung Gedenkstätte Berlin-Hohenschönhausen gewählt.
23. April	Michael Schwartz wird zum apl. Professor für Neuere und Neueste Geschichte an der Universität Münster ernannt.
	Dieter Pohl wird an der LMU München habilitiert und erhält die venia legendi für Neuere und Neueste Geschichte.
10.–12. Mai	Wissenschaftler des IfZ und aus Paris und Bordeaux halten in München eine Arbeitstagung ab. Das Thema lautet „Krisen und Krisenbewusstsein in den 1960er Jahren. Deutschland und Frankreich im Vergleich".
11. Mai	Der Bewertungsbericht des Senatsausschusses Evaluierung stellt fest, dass die Qualität der Forschung des IfZ „insgesamt als sehr gut, in Teilen als hervorragend" zu beurteilen ist. Positiv bewertet werden ebenfalls Archiv und Bibliothek sowie die Dokumentation Obersalzberg.
17. Mai	Das IfZ startet die neue Homepage mit einem völlig veränderten Layout und erweiterten Serviceangeboten. Eingeführt wird außerdem ein Newsletter.
15. Juni	Der Bayerische Staatsminister für Finanzen, Professor Dr. Kurt Faltlhauser, begrüßt den einmillionsten Besucher der Dokumentation Obersalzberg.

Juli	Beginn der Arbeit an einer Datenbank zu den Strafverfahren wegen NS-Verbrechen der Justiz der SBZ/DDR seit 1945.
11. Juli	Horst Möller erhält aus den Händen des Bayerischen Ministerpräsidenten Edmund Stoiber den Bayerischen Verdienstorden, die höchste Auszeichnung des Freistaats Bayern.
	Im Rahmen seiner jährlichen Informationsveranstaltung wird erstmals der Preis „Bester Aufsatz der Vierteljahrshefte für Zeitgeschichte" verliehen. Preisträger ist der Nachwuchswissenschaftler Bernhard Dietz, der für seinen Beitrag „Gab es eine ‚Konservative Revolution' in Großbritannien?" ausgezeichnet wird.
18. Juli	Der Senat der Leibniz-Gemeinschaft bescheinigt dem IfZ, sowohl national wie international „zu den führenden Einrichtungen" zu gehören, „die sich der wissenschaftlichen Erforschung der Zeitgeschichte widmen". Die BLK schließt sich im Herbst der Senatsempfehlung an, das IfZ weiterhin durch Bund und Länder zu finanzieren.
August/September	Mit der Publikation der Monographien von Elke Scherstjanoi über die SED-Agrarpolitik und von Hermann Wentker über die Außenpolitik der DDR werden in der Abteilung Berlin-Lichterfelde zwei größere Projekte abgeschlossen.
11.–14. September	Die Redaktion der VfZ organisiert erstmals im Auftrag des IfZ in der Bildungsstätte des ehemaligen Zisterzienserklosters Aldersbach ein anwendungsorientiertes Schreibseminar („Schreib-Praxis") für junge Geisteswissenschaftler.
17. September	Der Bayerische Ministerpräsident Edmund Stoiber besucht mit seinem Kabinett die Dokumentation Obersalzberg.
21. September	In München stellen die Bayerische Staatsbibliothek, das Bundesministerium des Innern, das IfZ und die Universität Erlangen-Nürnberg das gemeinschaftliche Dokumentationsprojekt „100(0) Schlüsseldokumente zur deutschen Geschichte im 20. Jahrhundert" vor.

25./26. September	In einem internationalen Workshop im Rahmen des Projekts „Die Verfolgung und Ermordung der europäischen Juden durch das nationalsozialistische Deutschland 1933–1945" diskutieren zahlreiche Historikerinnen und Historiker aus mehreren Ländern über Quellenbestände und methodische Fragen zur Geschichte des Holocaust.
Oktober	Manfred Kittel wird in das Kuratorium des Internationalen Instituts für Nationalitätenrecht und Regionalismus berufen.
16./17. Oktober	Im IfZ findet ein Workshop zum Thema „Lieschen Müller wird politisch. Partizipation von Frauen in Deutschland im 20. Jahrhundert" statt, der von drei Doktorandinnen konzipiert und organisiert wurde.
23. Oktober	Das IfZ ehrt Karl Dietrich Bracher aus Anlass seines Ausscheidens als langjähriger Herausgeber der VfZ mit einer Podiumsdiskussion, in der Karl Dietrich Bracher und sein Werk gewürdigt werden.
November	Manfred Kittel wird in das Kuratorium für ein Museum im Sudetendeutschen Haus und in das Kuratorium des Hauses des deutschen Ostens, München, berufen.
Dezember	Es erscheint der 1. Band „Deutsches Reich 1933–1937" aus dem Projekt „Die Verfolgung und Ermordung der europäischen Juden durch das nationalsozialistische Deutschland 1933–1945".
	Die Retrodigitalisierung der Jahrgänge 1953 bis 1997 der VfZ, die zu Beginn des Jahres begonnen wurde, wird abgeschlossen.
13. Dezember	Horst Möller wird auf Beschluss des Deutschen Bundestags in den Beirat bei der Bundesbeauftragten für die Unterlagen des Staatssicherheitsdienstes der ehemaligen DDR berufen.
17. Dezember	Horst Möller wird erneut in den Wissenschaftlichen Beirat des Hannah-Arendt-Instituts für Totalitarismusforschung in Dresden berufen.

2008

Januar	Der Herausgeberkreis der VfZ hat sich geändert. Nach dem Ausscheiden von Karl Dietrich Bracher

gehören neben Horst Möller und Hans-Peter Schwarz nunmehr Helmut Altrichter und Andreas Wirsching dem Gremium an. Als Mitherausgeber fungieren die ausländischen Mitglieder des Wissenschaftlichen Beirats, Michael Burleigh, Harold James, Hélène Miard-Delacroix und Georges-Henri Soutou.
Mit Beginn des Jahres startet ein neues Forschungsprojekt über den KSZE-Prozess, das die multilaterale Konferenzdiplomatie und ihre Folgen 1975 bis 1989/90 untersuchen wird. Dabei handelt es sich um ein Gemeinschaftsvorhaben des IfZ mit den Lehrstühlen Altrichter (Universität Erlangen-Nürnberg) und Soutou (Universität Paris IV-Sorbonne), das mit Paktmitteln (Leibniz-Gemeinschaft) finanziert wird.
Im Archiv beginnt ein mit Sondermitteln finanziertes Projekt zur Digitalisierung des Personen- und Sachkatalogs.

14. Januar	Das IfZ feiert den 65. Geburtstag von Horst Möller, dem aus diesem Anlass eine umfangreiche Festschrift überreicht wird. Klaus Hildebrand würdigt das wissenschaftliche Œuvre des Jubilars.
17. Januar	Im Beisein des Bundespräsidenten Horst Köhler und seiner Gattin findet im Glashof des Jüdischen Museums in Berlin eine Lesung von Texten aus Band 1 der Edition „Die Verfolgung und Ermordung der europäischen Juden durch das nationalsozialistische Deutschland 1933–1945" statt.
März	Der von Mitarbeitern des IfZ geschriebene Essayband „Das doppelte Deutschland. 40 Jahre Systemkonkurrenz" wird in das Programm der Bundeszentrale und etlicher Landeszentralen für politische Bildung übernommen. Die Auflage dieser Sonderbände beläuft sich auf 13 000 Exemplare.
19. März	Die Retrodigitalisierung der VfZ bis zum Jahrgang 2005 wird abgeschlossen. Damit besteht open access für alle Jahrgänge von 1953 bis 2005. Bis Jahresende beläuft sich der Download auf ca. 200 000 Hefte.

April	Mit der Publikation des Buches „Die Herrschaft der Wehrmacht" von Dieter Pohl erscheint die dritte Monographie aus dem Wehrmachtsprojekt.
9./10. April	Im IfZ findet ein Workshop statt, auf dem die Probleme, die sich im Gefolge des Gesetzes zur Zahlbarmachung von Renten aus Beschäftigungen in einem Ghetto ergeben, fachübergreifend diskutiert werden.
Mai	Die 5. Auflage des Buches „Die tödliche Utopie" erscheint als vollständig überarbeitete und erweiterte Neuausgabe.
8./9. Mai	In Zusammenarbeit mit dem Italienisch-Deutschen Historischen Institut in Trient führt das IfZ in Trient eine Tagung durch, die im Zusammenhang mit dem Antiterrorismusprojekt des IfZ steht und den deutsch-italienischen Vergleich diskutiert.
26. Mai	Udo Wengst wird in den Beirat der „Arbeitsstelle für Provenienzenrecherche/-forschung" am IfZ für Museumsforschung der Staatlichen Museen zu Berlin, Stiftung Preußischer Kulturbesitz, berufen.
Juni	Mit dem Erscheinen des Bandes „Der Flick-Konzern im Dritten Reich" ist das Flick-Projekt abgeschlossen. Das Buch wird am 8. Juni in Berlin und am 10. Juli in München präsentiert und in zahlreichen Rezensionen positiv gewürdigt.
11./12. Juni	Historiker, Wirtschafts- und Sozialwissenschaftler diskutieren im IfZ auf einem Workshop über die „Krise der Arbeitsgesellschaft", der im Zusammenhang mit dem gleichnamigen Forschungsprojekt steht.
19. Juni	Horst Möller wird erneut in die gemeinsame Kommission für die Erforschung der jüngeren Geschichte der deutsch-russischen Beziehungen berufen und zu deren deutschen Co-Vorsitzenden wiedergewählt.
10. Juli	Im Zentrum der Informationsveranstaltung des IfZ steht die Vorstellung der beiden Veröffentlichungen „Die tödliche Utopie" und „Der Flick-Konzern im Dritten Reich". Den Preis „Bester Aufsatz

	der VfZ 2007" überreicht Horst Möller Matthias Dahlke für seinen Beitrag über die Entführung des CDU-Politikers Peter Lorenz 1975.
20.–22. August	Das IfZ ist Mitveranstalter einer großen internationalen Konferenz über den „Prager Frühling 1968" in Wien und Graz, an deren öffentlicher Auftaktsitzung die österreichische Außenministerin Ursula Plassnik teilnimmt.
31. August	Der langjährige Leiter der Bibliothek des IfZ, Christoph Weisz, verabschiedet sich in den Ruhestand. Sein Nachfolger wird Daniel Schlögl.
September	Im IfZ in München beginnt die Arbeit an dem von der DFG finanzierten Projekt „Die SS in der deutschen Gesellschaft".
11.–13. September	In Bordeaux findet eine weitere Tagung über „Krisen und Krisenbewusstsein in den 1960er Jahren in Deutschland und Frankreich" statt, an der sich Historikerinnen und Historiker des IfZ sowie aus Paris und Bordeaux beteiligen.
17.–19. September	In München veranstaltet das IfZ gemeinsam mit dem Collegium Carolinum eine internationale Fachkonferenz über das „Münchener Abkommen 1938 in europäischer Perspektive" mit Historikern aus zehn europäischen Ländern.
3. Oktober	Im Rahmen einer Sektion wird auf dem 47. Deutschen Historikertag in Dresden das Forschungsprojekt „Die Krise der Arbeitsgesellschaft" vorgestellt.
November	Nach langjähriger Arbeit erscheint das gemeinsam vom IfZ und dem Institut für allgemeine Geschichte der Russischen Akademie der Wissenschaften herausgegebene „SMAD-Handbuch".
19. November	Im Archiv des IfZ sind sämtliche Veröffentlichungen der NSDAP aus dem Bestand der Druckschriftenabteilung online recherchierbar.
24. November	Udo Wengst wird zum Vorsitzenden der Expertenkommission zur Beratung der Bundesregierung in Gedenkstättenfragen gewählt.
Dezember	Mit dem Erscheinen des zweibändigen Sachregisters ist die insgesamt 32 Bände umfassende Edition

	der „Tagebücher von Joseph Goebbels" abgeschlossen.
5. Dezember	Horst Möller wird erneut in den Wissenschaftlichen Beirat des Deutschen Historischen Instituts Moskau berufen.
2009	
Januar	Der Kreis der Mitherausgeber der VfZ wird um Prof. Dr. Szöllösi-Janze (Universität Köln) und Prof. Dr. Herfried Münkler (Humboldt Universität Berlin) erweitert.
29. Januar	Im Auswärtigen Amt in Berlin wird die Monographie „Außenpolitik in engen Grenzen. Die DDR im internationalen System 1949–1989" von Bundesminister a. D. Dr. Rudolf Seiters vorgestellt.
27. Februar	Prof. Dr. Dr. h.c. mult. Hans Maier wird Ehrenmitglied des Wissenschaftlichen Beirats
März	Hans Woller und Thomas Schlemmer werden in die deutsch-italienische Historikerkommission berufen.
18. März	Der Stiftungsrat verabschiedet ein Kooperationsabkommen zwischen dem IfZ und der LMU München, das insbesondere als Grundlage für die gemeinsame Berufung eines neuen Institutsdirektors dienen soll.
26.–28. März	In Berlin veranstaltet das IfZ eine gemeinsame Tagung mit dem Deutschen Historischen Institut Washington über den „NATO-Doppelbeschluss in deutsch-deutscher und internationaler Perspektive".

Institutsveröffentlichungen

I. Vierteljahrshefte für Zeitgeschichte 1–56 (1953–2008)
(Deutsche Verlagsanstalt/Oldenbourg)

Herausgeber: Theodor Eschenburg (1953–1976); Hans Rothfels (1953–1976); Helmut Krausnick (1973–1976); Karl-Dietrich Bracher (1977–2007); Hans-Peter Schwarz (ab 1977); Horst Möller (ab 1992); Helmut Altrichter (ab 2008); Andreas Wirsching (ab 2008)

Schriftleitung/Redaktion: Helmut Krausnick (1953–1972, Schriftleiter); Martin Broszat (1969–1989); Thilo Vogelsang (1969–1978); Hermann Graml (1973–1993, Chefredakteur: 1978–1993); Helmuth Auerbach (1967–1995); Wolfgang Benz (1978–1990); Horst Möller (1980–1983); Ludolf Herbst (1983–1992); Klaus-Dietmar Henke (1987–1992); Norbert Frei (1988–1997); Hans Woller (ab 1992, Chefredakteur: ab 1994); Udo Wengst (ab 1992); Andreas Wirsching (1992–1997); Jürgen Zarusky (ab); Manfred Kittel (ab 1997); Christian Hartmann (ab 1997); Johannes Hürter (ab 2005)

Register: Inhaltsverzeichnis der Jahrgänge 1–22, zusammengestellt von Ruth Körner, 1975; Inhaltsverzeichnis der Jahrgänge 1–33, zusammengestellt von Helga und Hellmuth Auerbach, 1983; Inhaltsverzeichnis der Jahrgänge 1 (1953) – 45 (1997), zusammengestellt von Helga und Hellmuth Auerbach, 1998

II. Bibliographie zur Zeitgeschichte 1–56 (1953–2008) (Beilage der Vierteljahrshefte für Zeitgeschichte) (Deutsche Verlagsanstalt/Oldenbourg)

1–26	zusammengestellt von Thilo Vogelsang
27–32	zusammengestellt von Hellmuth Auerbach unter Mitarbeit von Ursula van Laak
33–36	zusammengestellt von Christoph Weisz und Ursula van Laak
37–38	zusammengestellt von Christoph Weisz und Hedwig Straub-Woller

39	zusammengestellt von Christoph Weisz, Ingeborg Ünal und Hedwig Straub-Woller
40–56	zusammengestellt von Christoph Weisz und Ingeborg Ünal/Brückner

III. Schriftenreihe der Vierteljahrshefte für Zeitgeschichte (Deutsche Verlagsanstalt/Oldenbourg)

Band 1	Das Tagebuch von Joseph Goebbels 1925–1926. Mit weiteren Dokumenten herausgegeben von Helmut Heiber, 1961
Band 2	Martin Broszat, Nationalsozialistische Polenpolitik 1939–1945, 1961
Band 3	Hermann Pünder, Politik in der Reichskanzlei. Aufzeichnungen aus den Jahren 1929–1932. Hrsg. von Thilo Vogelsang, 1961
Band 4	Lothar Gruchmann, Nationalsozialistische Großraumordnung. Die Konstruktion einer „deutschen Monroe-Doktrin", 1962
Band 5	Conrad F. Latour, Südtirol und die Achse Berlin – Rom 1938–1945, 1962
Band 6	Rudolf Heberle, Landbevölkerung und Nationalsozialismus. Eine soziologische Untersuchung der politischen Willensbildung in Schleswig-Holstein 1918–1932, 1963
Band 7	Enno Georg, Die wirtschaftlichen Unternehmungen der SS, 1963
Band 8	Ladislaus Hory/Martin Broszat, Der kroatische Ustascha-Staat 1941–1945, 1964
Band 9	Rolf Geißler, Dekadenz und Heroismus. Zeitroman und völkisch-nationalistische Literaturkritik, 1964
Band 10	Theo Pirker, Komintern und Faschismus. Dokumente zur Geschichte und Theorie des Faschismus, 1965
Band 11	José Antonio Primo de Rivera. Der Troubadour der spanischen Falange. Auswahl und Kommentar seiner Reden und Schriften von Bernd Nellessen, 1965
Band 12	Alan S. Milward, Die deutsche Kriegswirtschaft 1939–1945. Aus dem Englischen übersetzt von Elisabeth Maria Petzina, 1966
Band 13	Hans Mommsen, Beamtentum im Dritten Reich, 1966

Band 14/15 Babette Gross, Willi Münzenberg. Eine politische Biographie. Mit einem Vorwort von Arthur Koestler, 1967
Band 16 Dieter Petzina, Autarkiepolitik im Dritten Reich. Der nationalsozialistische Vierjahresplan, 1968
Band 17 Konrad Kwiet, Reichskommissariat Niederlande. Versuch und Scheitern nationalsozialistischer Neuordnung, 1968
Band 18 Hermann Bott, Die Volksfeind-Ideologie. Zur Kritik rechtsradikaler Propaganda, 1969
Band 19 Peter Hüttenberger, Die Gauleiter. Studie zum Wandel des Machtgefüges in der NSDAP, 1969
Band 20 Klaus von Schubert, Wiederbewaffnung und Westintegration. Die innere Auseinandersetzung um die militärische und außenpolitische Orientierung der Bundesrepublik 1950–1952, ²1972
Band 21 Studien zur Geschichte der Konzentrationslager. Beiträge von Henning Timpke, Werner Johe, Gisela Rabitsch, Ino Arndt, Eberhard Kolb, Manfred Bornemann, Martin Broszat, 1970
Band 22/23 Politik in Bayern 1919–1933. Berichte des württ. Gesandten Carl Moser von Filseck. Hrsg. von Wolfgang Benz, 1971
Band 24 Hildegard Brenner, Ende einer bürgerlichen Kunst-Institution. Die politische Formierung der Preußischen Akademie der Künste ab 1933, 1972
Band 25 Peter Krüger, Deutschland und die Reparationen 1981/19. Die Genesis des Reparationsproblems in Deutschland zwischen Waffenstillstand und Versailler Friedensschluß, 1973
Band 26 Walter L. Dorn, Inspektionsreisen in der US-Zone. Notizen, Denkschriften und Erinnerungen aus dem Nachlaß, übersetzt und hrsg. von Lutz Niethammer, 1973
Band 27 Norbert Krekeler, Revisionsanspruch und geheime Ostpolitik der Weimarer Republik. Die Subventionierung der deutschen Minderheit in Polen 1919–1933, 1973
Band 28 Zwei Legenden aus dem Dritten Reich – Die Prognosen der Abteilung Fremde Heere Ost 1942–1945 – Felix Kersten und die Niederlande. Quellenkritische Studien von Hans-Heinrich Wilhelm und Louis de Jong, 1974
Band 29 Heeresadjutant bei Hitler 1938–1943. Aufzeichnungen

	des Majors Engel. Hrsg. und kommentiert von Hildegard von Kotze, 1974
Band 30	Werner Abelshauser, Wirtschaft in Westdeutschland 1945–1948. Rekonstruktion und Wachstumsbedingungen in der amerikanischen und britischen Zone, 1975
Band 31	Günter J. Trittel, Die Bodenreform in der Britischen Zone 1945–1949, 1975
Band 32	Hansjörg Gehring, Amerikanische Literaturpolitik in Deutschland 1945–1953. Ein Aspekt des Re-Education-Programms, 1976
Band 33	Die revolutionäre Illusion. Zur Geschichte des linken Flügels der USPD. Erinnerungen von Curt Geyer. Hrsg. von Wolfgang Benz und Hermann Graml, mit einem Vorwort von Robert F. Wheeler, 1976
Band 34	Reinhard Frommelt, Paneuropa oder Mitteleuropa. Einigungsbestrebungen im Kalkül deutscher Wirtschaft und Politik 1925–1933, 1977
Band 35	Hans Robinsohn, Justiz als politische Verfolgung. Die Rechtsprechung in „Rassenschandefällen" beim Landgericht Hamburg 1936–1943, 1977
Band 36	Fritz Blaich, Grenzlandpolitik im Westen 1926–1936. Die „Westhilfe" zwischen Reichspolitik und Länderinteressen, 1978
Band 37	Udo Kissenkoetter, Gregor Straßer und die NSDAP, 1978
Band 38	Seppo Myllyniemi. Die baltische Krise 1938–1941, 1979
Band 39	Brewster S. Chamberlin, Kultur auf Trümmern. Berliner Berichte der amerikanischen Information Control Section Juli–Dezember 1945, 1979
Band 40	Kai von Jena, Polnische Ostpolitik nach dem Ersten Weltkrieg. Das Problem der Beziehungen zu Sowjetrußland nach dem Rigaer Frieden von 1921, 1980
Band 41	Ian Kershaw, Der Hitler-Mythos. Volksmeinung und Propaganda im Dritten Reich. Mit einer Einführung von Martin Broszat, 1980
Band 42	Klaus-Dietmar Henke, Politische Säuberung unter französischer Besatzung. Die Entnazifizierung in Württemberg-Hohenzollern, 1981
Band 43	Rudolf Uertz, Christentum und Sozialismus in der frühen CDU. Grundlagen und Wirkungen der christlich-sozialen Ideen in der Union 1945–1949, 1981

Band 44	Dorothee Klinksiek, Die Frau im NS-Staat, 1982
Band 45	Horst Thum, Mitbestimmung in der Montanindustrie. Der Mythos vom Sieg der Gewerkschaften, 1982
Band 46	Ingeborg Fleischhauer, Das Dritte Reich und die Deutschen in der Sowjetunion, 1983
Band 47	Andreas Kranig, Lockung und Zwang. Zur Arbeitsverfassung im Dritten Reich, 1983
Band 48	Lehrjahre der CSU. Eine Nachkriegspartei im Spiegel vertraulicher Berichte an die amerikanische Militärregierung. Hrsg. von Klaus-Dietmar Henke und Hans Woller, 1984
Band 49	Hans Buchheim, Deutschlandpolitik 1949–1972, 1984
Band 50	Gerald D. Feldman/Irmgard Steinisch, Industrie und Gewerkschaften 1918–1924. Die überforderte Zentralarbeitsgemeinschaft, 1985
Band 51	Arthur L. Smith, Heimkehr aus dem Zweiten Weltkrieg. Die Entlassung der deutschen Kriegsgefangenen, 1985
Band 52	Norbert Frei, Amerikanische Lizenzpolitik und deutsche Pressetradition. Die Geschichte der Nachkriegszeitung Südost-Kurier, 1986
Band 53	Werner Bührer, Ruhrstahl und Europa. Die Wirtschaftsvereinigung Eisen- und Stahlindustrie und die Anfänge der europäischen Integration 1945–1952, 1986
Band 54	Das Tagebuch der Hertha Nathorff Berlin–New York. Aufzeichnungen 1933–1945. Hrsg. und eingeleitet von Wolfgang Benz, 1987
Band 55	Anfangsjahre der Bundesrepublik. Berichte der Schweizer Gesandtschaft in Bonn 1949–1955. Hrsg. von Manfred Todt, 1987
Band 56	Nikolaus Meyer-Landrut, Frankreich und die deutsche Einheit. Die Haltung der französischen Regierung und Öffentlichkeit zu den Stalin-Noten 1952, 1988
Band 57	Italien und die Großmächte 1943–1949. Hrsg. von Hans Woller, 1988
Band 58	Helga A. Welsh, Revolutionärer Wandel auf Befehl? Entnazifizierungs- und Personalpolitik in Thüringen und Sachsen (1945–1948), 1989
Band 59	Die Deutschnationalen und die Zerstörung der Weimarer Republik. Aus dem Tagebuch von Reinhold Quaatz 1928–1933. Hrsg. von Hermann Weiß und Paul Hoser, 1989

Band 60	Andreas Wilkens, Der unstete Nachbar. Frankreich, die deutsche Ostpolitik und die Berliner Vier-Mächte-Verhandlungen 1969–174, 1990
Band 61	Zäsuren nach 1945. Essays zur Periodisierung der deutschen Nachkriegsgeschichte. Hrsg. von Martin Broszat, 1990
Band 62	Elisabeth Chowaniec, Der „Fall Dohnanyi" 1943–1945. Widerstand, Militärjustiz, SS-Willkür, 1991
Band 63	Wolfgang Buschfort, Das Ostbüro der SPD. Von der Gründung bis zur Berlin-Krise, 1991
Band 64	Christian Jansen/Arno Weckbecker, Der „Volksdeutsche Selbstschutz" in Polen 1939/40, 1992
Band 65	Arthur L. Smith, Die „vermißte Million". Zum Schicksal deutscher Kriegsgefangener nach dem Zweiten Weltkrieg, 1992
Band 66	Roger Engelmann/Paul Erker, Annäherung und Abgrenzung. Aspekte deutsch-deutscher Beziehungen 1956–1969, 1993
Band 67	Spanien nach Franco. Der Übergang von der Diktatur zur Demokratie 1975–1982. Hrsg. von Walther L. Bernecker und Carlos Collado Seidel, 1993
Band 68	Von Adenauer zu Erhard. Studien zur Außenpolitik der Bundesrepublik Deutschland in den sechziger Jahren. Hrsg. von Rainer A. Blasius, 1994
Band 69	Martin Sabrow, Der Rathenaumord. Politische Attentate gegen die Weimarer Republik 1921/22, 1994
Band 70	Michael F. Scholz, Herbert Wehner in Schweden 1941–1946, 1995
Band 71	Die Judenpolitik des SD 1935 bis 1938. Eine Dokumentation. Hrsg. und eingeleitet von Michael Wildt, 1995
Band 72	Monika Dickhaus, Die Bundesbank im westeuropäischen Wiederaufbau. Die internationale Währungspolitik der Bundesrepublik Deutschland 1948 bis 1958, 1996
Band 73	Uwe Gerrens, Medizinisches Ethos und theologische Ethik. Karl und Dietrich Bonhoeffer in der Auseinandersetzung um Zwangssterilisation und „Euthanasie" im Nationalsozialismus, 1996
Band 74	Die Volksrichter in der SBZ/DDR. Eine Dokumentation. Hrsg. und eingeleitet von Hermann Wentker, 1997

Band 75	Vom Ständestaat zur Demokratie. Portugal im zwanzigsten Jahrhundert. Hrsg. von Fernando Rosas, 1997
Band 76	Drei Wege deutscher Sozialstaatlichkeit. Hrsg. von Hans Günter Hockerts, 1998
Band 77	Reinhard Otto, Wehrmacht, Gestapo und sowjetische Kriegsgefangene im deutschen Reichsgebiet 1941/42, 1998
Band 78	Katja Klee, Im „Luftschutzkeller des Reiches". Evakuierte in Bayern 1939–1953: Politik, soziale Lage, Erfahrungen, 1999
Band 79	Susanna Schrafstetter, Die dritte Atommacht. Britische Nichtverbreitungspolitik im Dienst von Statussicherung und Deutschlandpolitik 1952–1968, 1999
Band 80	Bert Hoppe, Auf den Trümmern von Königsberg. Kaliningrad 1946–1970, 2000
Band 81	Yfaat Weiss, Deutsche und polnische Juden vor dem Holocaust. Jüdische Identität zwischen Staatsbürgerschaft und Ethnizität 1933–1940, 2000
Band 82	Jörg Morré, Hinter den Kulissen der Nationalkomitees. Das Institut 99 in Moskau und die Deutschlandpolitik der UdSSR 1943–1946, 2001
Band 83	Hermann Graml, Zwischen Stresemann und Hitler. Die Außenpolitik der Präsidialkabinette Brüning, Papen und Schleicher, 2001
Band 84	Die Stalin-Note vom 10. März 1952. Neue Quellen und Analysen. Hrsg. von Jürgen Zarusky, 2002
Band 85	Daniel Giese, SED und Nationale Volksarmee 1956–1965, 2002
Band 86	Ulbricht, Chruschtschow und die Mauer. Eine Dokumentation. Hrsg. von Matthias Uhl und Armin Wagner, 2003
Band 87	Sven Keller, Günzburg und der Fall Josef Mengele. Die Heimatstadt und die Jagd nach dem NS-Verbrecher, 2003
Band 88	Sowjetische Partisanen in Weißrußland. Innenansichten aus dem Gebiet Baranoviči. Eine Dokumentation. Hrsg. von Bogdan Musial, 2004
Band 89	Manfred Kittel, Nach Nürnberg und Tokio. „Vergangenheitsbewältigung" in Japan und Westdeutschland 1945 bis 1968, 2004

Band 90	Hans Rothfels und die deutsche Zeitgeschichte. Hrsg. von Johannes Hürter und Hans Woller, 2005
Band 91	Die Italiener an der Ostfront 1942/43. Dokumente zu Mussolinis Krieg gegen die Sowjetunion. Hrsg. und eingeleitet von Thomas Schlemmer, 2005
Band 92	Walter Lehmann, Die Bundesrepublik und Franco-Spanien in den 50er Jahren. NS-Vergangenheit als Bürde?, 2006
Band 93	Henning Türk, Die Europapolitik der Großen Koalition 1966–1969, 2006
Band 94	Max Bonacker, Goebbels' Mann beim Radio. Der NS-Propagandist Hans Fritzsche (1900–1953), 2007
Band 95	Stalins großer Bluff. Die Geschichte der Stalin-Note in Dokumenten der sowjetischen Führung. Hrsg. und eingeleitet von Peter Ruggenthaler, 2007
Band 96	Zwei Staaten, zwei Literaturen? Das internationale Kolloquium des Schriftstellerverbandes in der DDR, Dezember 1964. Hrsg. und eingeleitet von Elke Scherstjanoi, 2008
Band 97	Besatzung, Kollaboration, Holocaust. Neue Studien zur Verfolgung und Ermordung der europäischen Juden. Mit einer Reportage von Wassili Grossman. Hrsg. von Johannes Hürter und Jürgen Zarusky, 2008

Sondernummern

Aspekte deutscher Außenpolitik im 20. Jahrhundert. Aufsätze. Hans Rothfels zum Gedächtnis. Hrsg. von Wolfgang Benz und Hermann Graml, 1976

Sommer 1939. Die Großmächte und der Europäische Krieg. Hrsg. von Wolfgang Benz und Hermann Graml, 1979

Westdeutschland 1945–1955. Unterwerfung, Kontrolle, Integration. Hrsg. von Ludolf Herbst 1986

Wiedergutmachung in der Bundesrepublik Deutschland. Hrsg. von Ludolf Herbst und Constantin Goschler, 1989

Medizin und Gesundheitspolitik in der NS-Zeit. Hrsg. von Norbert Frei, 1991

Von der SBZ zur DDR. Studien zum Herrschaftssystem in der Sowjetischen Besatzungszone und in der Deutschen Demokratischen Republik. Hrsg. von Hartmut Mehringer, 1995

Nationalsozialismus in der Region. Beiträge zur regionalen und lokalen Forschung und zum internationalen Vergleich. Hrsg. von Horst Möller, Andreas Wirsching, Walter Ziegler, 1996

Das deutsche Problem in der neueren Geschichte. Hrsg. von Karl Otmar Freiherr von Aretin, Jacques Bariéty und Horst Möller, 1997

Erobert oder befreit? Deutschland im internationalen Kräftefeld und die sowjetische Besatzungszone (1945/46). Hrsg. von Hartmut Mehringer, Michael Schwartz und Hermann Wentker, 1998

Geglückte Integration? Spezifika und Vergleichbarkeiten der Vertriebenen-Eingliederung in der SBZ/DDR. Hrsg. von Dierk Hoffmann und Michael Schwartz, 1999

Das letzte Jahr der SBZ. Politische Weichenstellungen und Kontinuitäten im Prozeß der Gründung der DDR. Veröffentlichungen zur SBZ-/DDR-Forschung im Institut für Zeitgeschichte. Hrsg. von Dierk Hoffmann und Hermann Wentker, 2000

Vertriebene in Deutschland. Interdisziplinäre Ergebnisse und Forschungsperspektiven. Hrsg. von Dierk Hoffmann, Marita Krauss und Michael Schwarz, 2000

Vor dem Mauerbau. Politik und Gesellschaft in der DDR der fünfziger Jahre. Hrsg. von Dierk Hoffmann, Michael Schwartz und Hermann Wentker, 2003

Die Schweiz und Deutschland 1945–1961. Hrsg. von Antoine Fleury, Horst Möller und Hans-Peter Schwarz, 2004

Vor dem Abgrund. Die Streitkräfte der USA und der UdSSR sowie ihrer deutschen Bündnispartner in der Kubakrise. Hrsg. von Dimitrij N. Filippovych und Matthias Uhl, 2005

Willy Brandt und Frankreich. Hrsg. von Horst Möller und Maurice Vaïsse, 2005

Sozialstaatlichkeit in der DDR. Sozialpolitische Entwicklungen im Spannungsfeld von Diktatur und Gesellschaft 1945/49–1989. Hrsg. von Dierk Hoffmann und Michael Schwartz 2005

Stalin und die Deutschen. Neue Beiträge der Forschung. Hrsg. von Jürgen Zarusky, 2006

„Republikflucht". Flucht und Abwanderung aus der SBZ/DDR 1945 bis 1961. Veröffentlichungen zur SBZ-/DDR-Forschung im Institut für Zeitgeschichte. Hrsg. von Damian van Melis und Henrik Bispinck mit einer Einleitung von Damian van Melis, 2006

Manfred Kittel, Vertreibung der Vertriebenen? Der historische deutsche Osten in der Erinnerungskultur der Bundesrepublik (1961–1982), 2007

Die NS-Gaue. Regionale Mittelinstanzen im zentralistischen ‚Führerstaat'?. Hrsg. von Jürgen John, Horst Möller, Thomas Schaarschmidt, 2007

Der Kriegseintritt Italiens im Mai 1915. Hrsg. von Johannes Hürter und Enrico Rusconi, 2007

Auf dem Weg in eine neue Moderne? Die Bundesrepublik Deutschland in den siebziger und achtziger Jahren. Hrsg. von Thomas Raithel, Andreas Rödder und Andreas Wirsching, 2009

IV. Studien zur Zeitgeschichte
(Deutsche Verlagsanstalt / Oldenbourg)

Band 1	Reinhard Bollmus, Das Amt Rosenberg und seine Gegner. Studien zum Machtkampf im nationalsozialistischen Herrschaftssystem, ²2000
Band 2	Shlomo Aronson, Reinhard Heydrich und die Frühgeschichte von Gestapo und SD, 1971
Band 3	Günter Plum, Gesellschaftsstruktur und politisches Bewußtsein in einer katholischen Region 1928–1933. Untersuchungen am Beispiel des Regierungsbezirks Aachen, 1972
Band 4	Lothar Kettenacker, Nationalsozialistische Volkstumspolitik im Elsaß, 1973
Band 5	Conrad F. Latour / Thilo Vogelsang, Okkupation und Wiederaufbau. Die Tätigkeit der Militärregierung in der amerikanischen Besatzungszone Deutschlands 1944–1947, 1973
Band 6	Michael H. Kater, Das „Ahnenerbe" der SS 1935–1945. Ein Beitrag zur Kulturpolitik des Dritten Reiches, ²1997
Band 7	Marie Elise Foelz-Schroeter, Föderalistische Politik und nationale Repräsentation 1945–1947. Westdeutsche Länderregierungen, zonale Bürokratien und politische Parteien im Widerstreit, 1974
Band 8	Alexander Fischer, Sowjetische Deutschlandpolitik im Zweiten Weltkrieg 1941–1945, 1975.
Band 9	Wilfried Loth, Sozialismus und Internationalismus. Die französischen Sozialisten und die Nachkriegsordnung Europas 1940–1950, 1977

Band 10	Gerold Ambrosius, Die Durchsetzung der Sozialen Marktwirtschaft in Westdeutschland 1945–1949, 1977
Band 11	Johannes H. Voigt, Indien im Zweiten Weltkrieg, 1978
Band 12	Heribert Piontkowitz. Anfänge westdeutscher Außenpolitik 1946–1949. Das Deutsche Büro für Friedensfragen, 1978
Band 13	Christian Streit, Keine Kameraden. Die Wehrmacht und die sowjetischen Kriegsgefangenen 1941–1945, 1978
Band 14	Hans-Dieter Kreikamp, Deutsches Vermögen in den Vereinigten Staaten. Die Auseinandersetzung um seine Rückführung als Aspekt der deutsch-amerikanischen Beziehungen 1952–1962, 1979
Band 15	Hans-Joachim Hoppe, Bulgarien – Hitlers eigenwilliger Verbündeter. Eine Fallstudie zur nationalsozialistischen Südosteuropapolitik, 1979
Band 16	Ilse Unger, Die Bayernpartei. Geschichte und Struktur 1945–1957, 1979
Band 17	Norbert Frei, Nationalsozialistische Eroberung der Provinzpresse. Gleichschaltung, Selbstanpassung und Resistenz in Bayern, 1980
Band 18	Heidrun Holzbach, Das „System Hugenberg". Die Organisation bürgerlicher Sammlungspolitik vor dem Aufstieg der NSDAP, 1981
Band 19	Hans Woller, Die Loritz-Partei. Geschichte, Struktur und Politik der Wirtschaftlichen Aufbau-Vereinigung (WAV), 1945–1955, 1982
Band 20	Peter Weilemann, Weltmacht in der Krise. Isolationistische Impulse in der amerikanischen Außenpolitik der siebziger Jahre, 1982
Band 21	Ludolf Herbst, Der Totale Krieg und die Ordnung der Wirtschaft. Die Kriegswirtschaft im Spannungsfeld von Politik, Ideologie und Propaganda 1939–1945, 1982
Band 22	Peter Jakob Kock, Bayerns Weg in die Bundesrepublik, 1983
Band 23	Holm Sundhausen, Wirtschaftsgeschichte Kroatiens im nationalsozialistischen Großraum 1941–1945. Das Scheitern einer Ausbeutungsstrategie, 1983
Band 24	Ger van Ron, Zwischen Neutralismus und Solidarität. Die evangelischen Niederlande und der deutsche Kirchenkampf 1933–1942, 1983

Band 25 Gerhard Hirschfeld, Fremdherrschaft und Kollaboration. Die Niederlande unter deutscher Besatzung 1940–45, 1984
Band 26 Leonid Luks, Entstehung der kommunistischen Faschismustheorie. Die Auseinandersetzung der Komintern mit Faschismus und Nationalsozialismus 1921–1935, 1984
Band 27 Heinz Dieter Hölsken, Die V-Waffen. Entstehung – Propaganda – Kriegseinsatz, 1984
Band 28 Patrick Moreau, Nationalsozialismus von links. Die „Kampfgemeinschaft Revolutionärer Nationalsozialisten" und die „Schwarze Front" 1930–1935, 1984
Band 29 Marie-Luise Recker, Nationalsozialistische Sozialpolitik im Zweiten Weltkrieg, 1985
Band 30 Michael Prinz, Vom neuen Mittelstand zum Volksgenossen. Die Entwicklung des sozialen Status der Angestellten von der Weimarer Republik bis zum Ende der NS-Zeit, 1986
Band 31 Wolfgang Zank, Wirtschaft und Arbeit in Ostdeutschland 1945–1949. Probleme des Wiederaufbaus in der Sowjetischen Besatzungszone Deutschlands, 1987
Band 32 Klaus Segbers, Die Sowjetunion im Zweiten Weltkrieg. Die Mobilisierung von Verwaltung, Wirtschaft und Gesellschaft im „Großen Vaterländischen Krieg" 1941– 1943, 1987
Band 33 Peter Longerich, Propagandisten im Krieg. Die Presseabteilung des Auswärtigen Amtes unter Ribbentrop, 1987
Band 34 Kai-Uwe Merz, Kalter Krieg als antikommunistischer Widerstand. Die Kampfgruppe gegen Unmenschlichkeit 1948–1959, 1987
Band 35 Margit Szöllösi-Janze, Die Pfeilkreuzlerbewegung in Ungarn. Historischer Kontext, Entwicklung und Herrschaft, 1989
Band 36 Clemens Vollnhals, Evangelische Kirche und Entnazifizierung 1945–1949. Die Last der nationalsozialistischen Vergangenheit, 1989
Band 37 Elisabeth Kraus, Ministerien für das ganze Deutschland? Der Alliierte Kontrollrat und die Frage gesamtdeutscher Zentralverwaltungen, 1990
Band 38 Reinhold Brender, Kollaboration in Frankreich im Zweiten Weltkrieg. Marcel Déat und das Rassemblement national populaire, 1992

Band 39	Jürgen Zarusky, Die deutschen Sozialdemokraten und das sowjetische Modell. Ideologische Auseinandersetzung und außenpolitische Konzeptionen 1917–1933, 1992
Band 40	Roger Engelmann, Provinzfaschismus in Italien. Politische Gewalt und Herrschaftsbildung in der Marmorregion Carrara 1921–1924, 1992
Band 41	Christoph Boyer, Zwischen Zwangswirtschaft und Gewerbefreiheit. Handwerk in Bayern 1945–1949, 1992
Band 42	Detlef Garbe, Zwischen Widerstand und Martyrium. Die Zeugen Jehovas im „Dritten Reich", ³1997
Band 43	Stefan Zauner, Erziehung und Kulturmission. Frankreichs Bildungspolitik in Deutschland 1945–1949, 1994
Band 44	Bettina Blank, Die westdeutschen Länder und die Entstehung der Bundesrepublik. Zur Auseinandersetzung um die Frankfurter Dokumente vom Juli 1948, 1995
Band 45	Petra Marquardt-Bigman, Amerikanische Geheimdienstanalysen über Deutschland 1942–1949, 1995
Band 46	Eckart Lohse, Östliche Lockungen und westliche Zwänge. Paris und die deutsche Teilung 1949 bis 1955, 1995
Band 47	Dierk Hoffmann, Sozialpolitische Neuordnung in der SBZ/DDR. Der Umbau der Sozialversicherung 1945–1956, 1996
Band 48	Abdolreza Scheybani, Handwerk und Kleinhandel in der Bundesrepublik Deutschland. Sozialökonomischer Wandel und Mittelstandspolitik 1949–1961, 1996
Band 49	Reiner Marcowitz, Option für Paris? Unionsparteien, SPD und Charles de Gaulle 1958 bis 1969, 1996
Band 50	Dieter Pohl, Nationalsozialistische Judenverfolgung in Ostgalizien 1941–1944. Organisation und Durchführung eines staatlichen Massenverbrechens, ²1997
Band 51	Matthias Peter, John Maynard Keynes und die britische Deutschlandpolitik. Machtanspruch und ökonomische Realität im Zeitalter der Weltkriege 1919–1946, 1997
Band 52	Dirk Kroegel, Einen Anfang finden! Kurt Georg Kiesinger in der Außen- und Deutschlandpolitik der Großen Koalition, 1997
Band 53	Magnus Brechtken, „Madagaskar für die Juden". Antisemitische Idee und politische Praxis 1885–1945, 1997
Band 54	Astrid von Pufendorf, Otto Klepper (1889–1957). Deutscher Patriot und Weltbürger, 1997

Band 55	Jürgen Klöckler, Abendland – Alpenland – Alemannien. Frankreich und die Neugliederungsdiskussion in Südwestdeutschland 1945–47, 1998
Band 56	Damian van Melis, Entnazifizierung in Mecklenburg-Vorpommern. Herrschaft und Verwaltung 1945–1948, 1999
Band 57	Ulrike Haerendel, Kommunaler Wohnungsbau im Dritten Reich. Siedlungsideologie, Kleinhausbau und „Wohnraumarisierung" am Beispiel Münchens, 1999
Band 58	Hans-Wilhelm Eckert, Konservative Revolution in Frankreich? Die Nonkonformisten der Jeune Droite und des Ordre Nouveau in der Krise der 30er Jahre, 2000
Band 59	Roland Ray, Annäherung an Frankreich im Dienste Hitlers? Otto Abetz und die deutsche Frankreichpolitik 1930–1942, 2000
Band 60	Franz Eibl, Politik der Bewegung. Gerhard Schröder als Außenminister 1961–1966, 2001
Band 61	Dieter Marc Schneider, Johannes Schauff (1902–1990). Migration und „Stabilitas" im Zeitalter der Totalitarismen, 2001
Band 62	Wolf Gruner, Öffentliche Wohlfahrt und Judenverfolgung. Wechselwirkung lokaler und zentraler Politik im NS-Staat (1933–1942), 2002
Band 63	Mathias Rösch. Die Münchner NSDAP 1925–1933. Eine Untersuchung zur inneren Struktur der NSDAP in der Weimarer Republik, 2002
Band 64	Theresia Bauer, Blockpartei und Agrarrevolution von oben. Die Demokratische Bauernpartei Deutschlands 1948–1963, 2003
Band 65	Winfried Süß, Der „Volkskörper" im Krieg. Gesundheitspolitik, Gesundheitsverhältnisse und Krankenmord im nationalsozialistischen Deutschland 1939–1945, 2003
Band 66	Yeshayahu A. Jelinek, Deutschland und Israel 1945–1965. Ein neurotisches Verhältnis, 2004
Band 67	Christiane Kuller, Familienpolitik im föderativen Sozialstaat. Die Formierung eines Politikfeldes in der Bundesrepublik 1949–1975, 2004
Band 68	Dorothee Hochstetter, Motorisierung und „Volksgemeinschaft". Das Nationalsozialistische Kraftfahrkorps (NSKK) 1931–1945, 2005

Band 69	Vanessa Conze, Das Europa der Deutschen. Ideen von Europa in Deutschland zwischen Reichstradition und Westorientierung (1920–1970), 2005
Band 70	Eckard Michels, Von der Deutschen Akademie zum Goethe-Institut. Sprach- und auswärtige Kulturpolitik 1923–1960, 2005
Band 71	Bernhard Gotto, Nationalsozialistische Kommunalpolitik. Administrative Normalität und Systemstabilisierung durch die Augsburger Stadtverwaltung 1933–1945, 2006
Band 72	Tobias Winstel, Verhandelte Gerechtigkeit. Rückerstattung und Entschädigung für jüdische NS-Opfer in Bayern und Westdeutschland, 2006
Band 73	Friederike Föcking, Fürsorge im Wirtschaftsboom, Die Entstehung des Bundessozialhilfegesetzes von 1961, 2007
Band 74	Bert Hoppe, In Stalins Gefolgschaft. Moskau und die KPD 1928–1933, 2007
Band 75	Ingo Loose, Kredite für NS-Verbrechen. Die deutschen Kreditinstitute in Polen und die Ausraubung der polnischen und jüdischen Bevölkerung 1939–1945, 2007
Band 76	Michael Hoffmann, Ordnung, Familie, Vaterland. Wahrnehmung und Wirkung des Ersten Weltkriegs auf die parlamentarische Rechte in Frankreich der 1920er Jahre, 2008
Band 77	Carsten Schreiber, Elite im Verborgenen. Ideologie und regionale Herrschaftspraxis des Sicherheitsdienstes der SS und seines Netzwerks am Beispiel Sachsens, 2008
Band 78	Axel Drecoll, Der Fiskus als Verfolger. Die steuerliche Diskriminierung der Juden in Bayern 1933–1941/42, 2009

V. Quellen und Darstellungen zur Zeitgeschichte
(Deutsche Verlagsanstalt/Oldenbourg)

Band 1	Peter Schneider, Ausnahmezustand und Norm. Eine Studie zur Rechtslehre von Carl Schmitt, 1957
Band 2	Bernhard Vollmer, Volksopposition im Polizeistaat. Gestapo- und Regierungsberichte 1934–1936, 1957
Band 3	Boris Celovsky, Das Münchner Abkommen 1938, 1958
Band 4	Louis de Jong, Die deutsche 5. Kolonne im 2. Weltkrieg, 1959

Band 5	Kommandant in Auschwitz. Autobiographische Aufzeichnungen von Rudolf Höss. Eingeleitet und kommentiert von Martin Broszat, 1961
Band 6	Tendenzen und Gestalten der NSDAP. Erinnerungen an die Frühzeit der Partei von Albert Krebs, 1959
Band 7	Hitlers zweites Buch. Ein Dokument aus dem Jahr 1928. Eingeleitet und kommentiert von Gerhard L. Weinberg. Mit einem Geleitwort von Hans Rothfels, 1961
Band 8	Alexander Hohenstein, Wartheländisches Tagebuch aus den Jahren 1941–1942, 1961.
Band 9	Der Hitler-Putsch. Bayerische Dokumente zum 8. und 9. November 1923. Eingeleitet und herausgegeben von Ernst Deuerlein, 1962
Band 10	Hitlers Lagebesprechungen. Die Protokollfragmente seiner militärischen Konferenzen 1942–1945. Hrsg. von Helmut Heiber, 1962
Band 11	Thilo Vogelsang, Reichswehr, Staat und NSDAP. Beiträge zur deutschen Geschichte 1930–1932, 1962
Band 12	Hermann Böhme, Entstehung und Grundlagen des Waffenstillstandes von 1940, 1966
Band 13	Helmut Heiber, Walter Frank und sein Reichsinstitut für Geschichte des neuen Deutschlands, 1966
Band 14	Eberhard Jäckel, Frankreich in Hitlers Europa, 1966
Band 15	Dieter Wolf, Die Doriot-Bewegung. Ein Beitrag zur Geschichte des französischen Faschismus, 1967
Band 16/1	Hermann Weinkauff, Die deutsche Justiz und der Nationalsozialismus. Ein Überblick. Albrecht Wagner, Die Umgestaltung der Gerichtsverfassung und des Verfahrens- und Richterrechts im natinalsozialistischen Staat, 1968
Band 16/2	Rudolf Echterhölter, Das öffentliche Recht im nationalsozialistischen Staat, 1970
Band 16/3	Walter Wagner, Der Volksgerichtshof im nationalsozialistischen Staat, 1974
Band 17	Wolfgang Rudzio, Die Neuordnung des Kommunalwesens in der Britischen Zone, 1968
Band 18	Hans-Dietrich Loock, Quisling, Rosenberg und Terboven. Zur Vorgeschichte und Geschichte der nationalsozialistischen Revolution in Norwegen, 1970
Band 19	Helmut Groscurth, Tagebücher eines Abwehroffiziers 1938–1940. Mit weiteren Dokumenten zur Militäropposi-

tion gegen Hitler. Hrsg. von Helmut Krausnick und Harold C. Deutsch unter Mitarbeit von Hildegard von Kotze, 1969

Band 20 Das Diensttagebuch des deutschen Generalgouverneurs in Polen 1939–1945. Hrsg. von Werner Präg und Wolfgang Jacobmeyer, 1975

Band 21 Hitler. Sämtliche Aufzeichnungen 1905–1924. Hrsg. von Eberhard Jäckel zusammen mit Axel Kuhn, 1980

Band 22 Helmut Krausnick/Hans-Heinrich Wilhelm, Die Gruppe des Weltanschauungskrieges. Die Einsatzgruppen der Sicherheitspolizei und des SD 1938–1942, 1981

Band 23 Lehrstücke in Solidarität. Briefe und Biographien deutscher Sozialisten 1945–1949. Hrsg. von Helga Grebing, 1983

Band 24 Alfred Kube, Pour le mérite und Hakenkreuz. Hermann Göring im Dritten Reich, 1986

Band 25 Hans Woller, Gesellschaft und Politik in der amerikanischen Besatzungszone. Die Region Ansbach und Fürth, 1986

Band 26 Von Stalingrad zur Währungsreform. Zur Sozialgeschichte des Umbruchs in Deutschland. Hrsg. von Martin Broszat, Klaus-Dietmar Henke und Hans Woller, ³1990

Band 27 Klaus-Dietmar Henke, Die amerikanische Besetzung Deutschlands, ²1996

Band 28 Lothar Gruchmann, Justiz im Dritten Reich 1933–1940. Anpassung und Unterwerfung in der Ära Gürtner, ²1990

Band 29 Hermann Graml, Europas Weg in den Krieg. Hitler und die Mächte 1939, 1990

Band 30 Vom Marshallplan zur EWG. Die Eingliederung der Bundesrepublik Deutschland in die westliche Welt. Hrsg. von Ludolf Herbst, Werner Bührer und Hanno Sowade, 1990

Band 31 Christoph Buchheim, Die Wiedereingliederung Westdeutschlands in die Weltwirtschaft 1945–1958, 1990

Band 32 Werner Bührer, Westdeutschland in der OEEC. Eingliederung, Krise, Bewährung 1947–1961, 1997

Band 33 Dimension des Völkermords. Die Zahl der jüdischen Opfer des Nationalsozialismus. Hrsg. von Wolfgang Benz, 1991

Band 34	Constantin Goschler, Wiedergutmachung. Westdeutschland und die Verfolgten des Nationalsozialismus 1945–1954, 1992
Band 35	OMGUS-Handbuch. Die amerikanische Militärregierung in Deutschland 1945–1949. Hrsg. von Christoph Weisz, ²1996
Band 36	Winfried Müller, Schulpolitik in Bayern im Spannungsfeld von Kultusbürokratie und Besatzungsmacht 1945– 1949, 1995
Band 37	Gunther Mai, Der Alliierte Kontrollrat in Deutschland 1945–1948. Alliierte Einheit – deutsche Teilung?, 1995
Band 38	Hans Woller, Die Abrechnung mit dem Faschismus in Italien 1943 bis 1948, 1996
Band 39	Deutsche Unternehmer zwischen Kriegswirtschaft und Wiederaufbau. Studien zur Erfahrungsbildung von Industrieeliten. Hrsg. von Paul Erker und Toni Pierenkemper, 1999
Band 40	Andreas Wirsching, Vom Weltkrieg zum Bürgerkrieg? Politischer Extremismus in Deutschland und Frankreich 1918–1933/39. Berlin und Paris im Vergleich, 1999
Band 41	Thomas Schlemmer, Aufbruch, Krise und Erneuerung. Die Christlich-Soziale Union 1945 bis 1955, 1998
Band 42	Christoph Boyer, Nationale Kontrahenten oder Partner? Studien zu den Beziehungen zwischen Tschechen und Deutschen in der Wirtschaft der CSR (1918–1938), 1999
Band 43	Jaroslav Kucera, Minderheit im Nationalstaat. Die Sprachenfrage in den tschechisch-deutschen Beziehungen 1918–1938, 1999
Band 44	Jan Foitzik, Sowjetische Militäradministration in Deutschland (SMAD) 1945–1949. Struktur und Funktion, 1999 *(Akademie Verlag)*
Band 45	Werner Plumpe, Betriebliche Mitbestimmung in der Weimarer Republik. Fallstudien zum Ruhrbergbau und zur Chemischen Industrie, 1999
Band 46	Petra Weber, Justiz und Diktatur. Justizverwaltung und politische Strafjustiz in Thüringen 1945–1961. Veröffentlichungen zur SBZ-/DDR-Forschung im Institut für Zeitgeschichte, 2000
Band 47	Manfred Kittel, Provinz zwischen Reich und Republik.

Politische Mentalitäten in Deutschland und Frankreich 1918–1933/36, 2000

Band 48 Stefan Grüner. Paul Reynaud (1878–1966). Biographische Studien zum Liberalismus in Frankreich, 2001

Band 49 Ulrich Lappenküper, Die deutsch-französischen Beziehungen 1949–1963. Von der „Erbfeindschaft" zur „Entente élémentaire", 2001

Band 50 Dieter Pohl, Justiz in Brandenburg 1945–1955. Gleichschaltung und Anpassung. Veröffentlichungen zur SBZ-/DDR-Forschung im Institut für Zeitgeschichte, 2001

Band 51 Hermann Wentker, Justiz in der SBZ/DDR 1945–1953. Transformation und Rolle ihrer zentralen Institutionen. Veröffentlichungen zur SBZ-/DDR-Forschung im Institut für Zeitgeschichte, 2001

Band 52 Bayern im Bund, Band 1: Die Erschließung des Landes 1949 bis 1973. Hrsg. von Thomas Schlemmer und Hans Woller, 2001

Band 53 Bayern im Bund, Band 2: Gesellschaft im Wandel 1949 bis 1973. Hrsg. von Thomas Schlemmer und Hans Woller, 2002

Band 54 Bayern im Bund, Band 3: Politik und Kultur im föderativen Staat 1949 bis 1973. Hrsg. von Thomas Schlemmer und Hans Woller, 2004

Band 55 Bayern im Bund, Band 4: Dietmar Süß, Kumpel und Genossen. Arbeiterschaft, Betrieb und Sozialdemokratie in der bayerischen Montanindustrie 1945 bis 1976, 2003

Band 56 Bayern im Bund, Band 5: Jaromír Balcar, Politik auf dem Land. Studien zur bayerischen Provinz 1945 bis 1972, 2004

Band 57 Bayern im Bund, Band 6: Thomas Schlemmer, Industriemoderne in der Provinz. Die Region Ingolstadt zwischen Neubeginn, Boom und Krise 1945 bis 1975, 2009

Band 58 Bayern im Bund, Band 7: Stefan Grüner, Wirtschaftswunder in Bayern. Industrie- und Strukturpolitik in Bayern 1949 bis 1973, 2009

Band 59 Demokratie in Deutschland und Frankreich 1918–1933/40. Beiträge zu einem historischen Vergleich. Hrsg. von Horst Möller und Manfred Kittel, 2002

Band 60 Dierk Hoffmann, Aufbau und Krise der Planwirtschaft. Die Arbeitskräftelenkung in der SBZ/DDR 1945–1961.

Veröffentlichungen zur SBZ- / DDR-Forschung im Institut für Zeitgeschichte, 2004

Band 61   Michael Schwartz, Vertriebene und „Umsiedlerpolitik". Integrationskonflikte in den deutschen Nachkriegsgesellschaften und die Assimilationsstrategien in der SBZ/DDR 1945–1961. Veröffentlichungen zur SBZ-/DDR-Forschung im Institut für Zeitgeschichte, 2004

Band 62   Thomas Raithel, Das schwierige Spiel des Parlamentarismus. Deutscher Reichstag und französische Chambre des Députés in den Inflationskrisen der 1920er Jahre, 2005

Band 63   Daniela Neri-Ultsch, Sozialisten und Radicaux – eine schwierige Allianz. Linksbündnisse in der Dritten Französischen Republik 1919–1938, 2005

Band 64   Patrick Bernhard, Zivildienst zwischen Reform und Revolte. Eine bundesdeutsche Institution im gesellschaftlichen Wandel 1961–1982, 2005

Band 65   Bastian Hein, Die Westdeutschen und die Dritte Welt. Entwicklungspolitik und Entwicklungsdienste zwischen Reform und Revolte 1959–1974, 2006

Band 66   Johannes Hürter, Hitlers Heerführer. Die deutschen Oberbefehlshaber im Krieg gegen die Sowjetunion 1941/42, ²2007

Band 67   Gerhard Wettig, Chruschtschows Berlin-Krise 1958 bis 1963. Drohpolitik und Mauerbau, 2006

Band 68   An der Spitze der CSU. Die Führungsgremien der Christlich-Sozialen Union 1946 bis 1955. Hrsg. und bearbeitet von Jaromír Balcar und Thomas Schlemer, 2007

Band 69   Peter Lieb. Konventioneller Krieg oder Weltanschauungskrieg? Kriegführung und Partisanenbekämpfung in Frankreich 1943/44, 2007

Band 70   Elke Scherstjanoi, SED-Agrarpolitik unter sowjetischer Kontrolle 1949–1953. Veröffentlichungen zur SBZ-/DDR-Forschung im Institut für Zeitgeschichte, 2007

Band 71   Dieter Pohl, Die Herrschaft der Wehrmacht. Deutsche Militärbesatzung und einheimische Bevölkerung in der Sowjetunion 1941–1944, 2008

Band 72   Hermann Wentker, Außenpolitik in engen Grenzen. Die DDR im internationalen System 1949–1989. Veröffentlichungen zur SBZ-/DDR-Forschung im Institut für Zeitgeschichte, 2007

Band 73 Matthias Uhl, Krieg um Berlin? Die sowjetische Militär- und Sicherheitspolitik in der zweiten Berlin-Krise 1958 bis 1962. Veröffentlichungen zur SBZ-/DDR-Forschung im Institut für Zeitgeschichte, 2008

VI. Biographische Quellen zur Zeitgeschichte (Bd. 1–Bd. 15: Biographische Quellen zur deutschen Geschichte nach 1945) (Oldenbourg)

Band 1 Ludwig Vaubel, Zusammenbruch und Wiederaufbau. Ein Tagebuch aus der Wirtschaft 1945–1949. Hrsg. von Wolfgang Benz, ²1985

Band 2 Entscheidung für die SPD. Briefe und Aufzeichnungen linker Sozialisten 1944–1948. Hrsg. von Helga Grebing, 1984

Band 3 Heinrich Troeger, Interregnum. Tagebuch des Generalsekretärs des Länderrats der Bizone 1947–1949. Hrsg. von Wolfgang Benz und Constantin Goschler, 1985

Band 4 Kriegsende und Neuanfang am Rhein. Konrad Adenauer in den Berichten des Schweizer Generalkonsuls Franz-Rudolph von Weiss 1944–1945. Hrsg. von Hanns Jürgen Küsters und Hans Peter Mensing, 1986

Band 5 Ludwig Bergsträsser, Befreiung, Besatzung, Neubeginn. Tagebuch des Darmstädter Regierungspräsidenten 1945–1948. Hrsg. von Walter Mühlhausen, 1987

Band 6 Wolfgang Schollwer, Potsdamer Tagebuch 1948–1950. Liberale Politik unter sowjetischer Besatzung. Hrsg. von Monika Faßbender, 1988

Band 7 Wilhelm Külz, Ein Liberaler zwischen Ost und West. Aufzeichnungen 1947–1948. Hrsg. von Hergard Robel, 1989

Band 8 Unruhige Zeiten. Erlebnisberichte aus dem Landkreis Celle 1945–1949. Hrsg. von Rainer Schulze, 1990

Band 9 Wolfgang Schollwer, Liberale Opposition gegen Adenauer. Aufzeichnungen 1957–1961. Hrsg. von Monika Faßbender, 1990

Band 10 Kriegsgefangenschaft. Berichte über das Leben in Kriegsgefangenenlagern der Alliierten von Otto Engelbert, Hans Jonitz, Kurt Glaser und Heinz Pust. Hrsg. von Wolfgang Benz und Angelika Schardt, 1991

Band 11	Ursula Hübler, Meine Vertreibung aus Prag 1945/46. Erinnerungen an den Prager Aufstand 1945 und seine Folgen. Hrsg. von Juliane Wetzel, 1991
Band 12	Johannes Vogler, Von der Rüstungsfirma zum volkseigenen Betrieb. Aufzeichnungen eines Unternehmers der Sowjetischen Besatzungszone Deutschlands von 1945–1948. Hrsg. von Burghard Ciesla, 1992
Band 13	Neuanfang auf Trümmern. Die Tagebücher des Bremer Bürgermeisters Theodor Spitta 1945–1947. Hrsg. von Ursula Büttner und Angelika Voß-Louis, 1992
Band 14	James K. Pollock, Besatzung und Staatsaufbau nach 1945. Occupation Diary and Private Correspondence 1945–1948. Hrsg. von Ingrid Krüger-Bulcke, 1994
Band 15	Wolfgang Schollwer, FDP im Wandel. Aufzeichnungen 1961–1966. Hrsg. von Monika Faßbender, 1994
Band 16	Kurt Buchheim. Eine sächsische Lebensgeschichte. Erinnerungen 1889–1972. Bearbeitet von Udo Wengst und Isabel F. Pantenburg, 1996
Band 17	Kriegsende und Neuanfang in Augsburg 1945. Erinnerungen und Berichte. Bearbeitet von Karl-Ulrich Gelberg, 1996
Band 18	Werner Terpitz, Wege aus dem Osten. Flucht und Vertreibung einer ostpreußischen Pfarrersfamilie. Bearbeitet von Michael Schwartz, 1997
Band 19	Manfred Gebhard/Joachim Küttner, Deutsche in Polen nach 1945. Gefangene und Fremde. Bearbeitet von Dieter Bingen, 1997
Band 20	Max Hirschberg. Jude und Demokrat. Erinnerungen eines Münchener Rechtsanwalts 1883 bis 1939. Bearbeitet von Reinhard Weber, 1998
Band 21	Hans Reichmann, Deutscher Bürger und verfolgter Jude. Novemberpogrom und KZ Sachsenhausen 1937 bis 1939. Bearbeitet von Michael Wildt, 1998
Band 22	Werner Bergengruen, Schriftstellerexistenz in der Diktatur. Aufzeichnungen und Reflexionen zu Politik, Geschichte und Kultur 1940 bis 1963. Hrsg. von Frank-Lothar Knoll, N. Luise Hackelsberger und Sylvia Taschka, 2005
Band 23	Friedrich Meinecke. Akademischer Lehrer und emigrierte Schüler. Briefe und Aufzeichnungen 1910–1977. Eingeleitet und bearbeitet von Gerhard A. Ritter, 2006

Band 24	Ernst Schumacher, Ein bayerischer Kommunist im doppelten Deutschland. Aufzeichnungen des Brechtforschers und Theaterkritikers in der DDR 1945–1991. Im Auftrag des Instituts für Zeitgeschichte München – Berlin, in Zusammenarbeit mit der Akademie der Künste, Berlin. Hrsg., eingeleitet und kommentiert von Michael Schwartz, 2007
Band 25	Gerhard Schulz, Mitteldeutsches Tagebuch. Aufzeichnungen aus den Anfangsjahren der SED-Diktatur 1945–1950. Hrsg., eingeleitet und kommentiert von Udo Wengst, 2009

*VII. Texte und Materialien zur Zeitgeschichte
(Oldenbourg/Saur)*

Band 1	Wörtliche Berichte und Drucksachen des Wirtschaftsrates des Vereinigten Wirtschaftsgebietes 1947–1949. 6 Bände. Hrsg. vom Institut für Zeitgeschichte und dem Deutschen Bundestag, Wissenschaftliche Dienste. Bearbeitet von Christoph Weisz und Hans Woller, 1977 *(Oldenbourg)*
Band 2	Hinrich Rüping, Bibliographie zum Strafrecht im Nationalsozialismus. Literatur zum Straf-, Strafverfahrens- und Strafvollzugsrecht mit ihren Grundlagen und einem Anhang: Verzeichnis der öffentlichen Entscheidungen der Sondergerichte. Unter Mitarbeit von Josef Deuringer, Gisela von Knorring und Kerstin Langen, 1985 *(Oldenbourg)*
Band 3	Inventar archivalischer Quellen des NS-Staates. Die Überlieferung von Behörden und Einrichtungen des Reichs, der Länder und der NSDAP. Im Auftrag des Instituts für Zeitgeschichte bearbeitet von Heinz Boberach. Teil 1: 1991, Teil 2: 1995 *(Saur)*
Band 4	Die CSU 1945–1948. Protokolle und Materialien zur Frühgeschichte der Christlich-Sozialen Union. Hrsg. von Barbara Fait und Alf Mintzel unter Mitarbeit von Thomas Schlemmer, 1993 *(Oldenbourg)*
Band 5	Ämter, Abkürzungen, Aktionen des NS-Staates. Handbuch für die Benutzung von Quellen der nationalsozialistischen Zeit. Amtsbezeichnungen, Ränge und Verwaltungs-

gliederungen, Abkürzungen und nichtmilitärische Tarnbezeichnungen. Im Auftrag des Instituts für Zeitgeschichte bearbeitet von Heinz Boberach, Rolf Thommes und Hermann Weiß, 1997 *(Saur)*

Band 6   Meldungen aus Norwegen 1940–1945. Die geheimen Lageberichte des Befehlshabers der Sicherheitspolizei und des SD in Norwegen. Hrsg. von Stein Ugelvik Larsen, Beatrice Sandberg und Volker Dahm, 3 Bände, 2008 *(Oldenbourg)*

Band 7   Widerstand als „Hochverrat" 1933–1945. Die Verfahren gegen deutsche Reichsangehörige vor dem Reichsgericht, dem Volksgerichtshof und dem Reichskriegsgericht. Erschließungsband zur Mikrofiche-Edition. Im Auftrag des Instituts für Zeitgeschichte bearbeitet von Jürgen Zarusky und Hartmut Mehringer, 1998 *(Saur)*

Band 8   Inventar der Befehle des Obersten Chefs der Sowjetischen Militäradministration in Deutschland (SMAD) 1945–1949 – Offene Serie. Im Auftrag des Instituts für Zeitgeschichte zusammengestellt und bearbeitet von Jan Foitzik, 1995 *(Saur)*

Band 9   Deutsche und Polen zwischen den Kriegen. Minderheitenstatus und „Volkstumskampf" im Grenzgebiet. Amtliche Berichterstattung aus beiden Ländern 1920–1939. Herausgegeben im Auftrag des Instituts für Zeitgeschichte und der Generaldirektion des Polnischen Staatsarchives von Rudolf Jaworski und Marian Wojciechowksi. Bearbeitet von Mathias Niendorf und Przemyslaw Hauser, 2 Bände, 1997 *(Saur)*

Band 10 Deutschland im ersten Nachkriegsjahr. Berichte von Mitgliedern des Internationalen Sozialistischen Kampfbundes (ISK) aus dem besetzten Deutschland 1945/46. Herausgegeben und bearbeitet von Martin Rüther, Uwe Schütz und Otto Dann, 1998 *(Saur)*

Band 11 Das SKK-Statut. Zur Geschichte der Sowjetischen Kontrollkommission in Deutschland 1949–1953. Eine Dokumentation. Im Auftrag des Instituts für Zeitgeschichte zusammengestellt und eingeleitet von Elke Scherstjanoi, 1998 *(Saur)*

Band 12 Inventar der Befehle der Sowjetischen Militäradministration Mecklenburg(-Vorpommern) 1945–1949. Im Auftrag des Instituts für Zeitgeschichte zusammengestellt, bearbeitet und eingeleitet von Detlev Brunner, 2003 *(Saur)*

Band 13 Michael Buddrus, Totale Erziehung für den totalen Krieg. Hitlerjugend und nationalsozialistische Jugendpolitik, 2 Bände, 2003 *(Saur)*

Band 14 Rotarmisten schreiben aus Deutschland. Briefe von der Front (1945) und historische Analysen. Hrsg. von Elke Scherstjanoi, 2004 *(Saur)*

Band 15 Die Politik der Sowjetischen Militäradministration in Deutschland (SMAD): Kultur, Wissenschaft und Bildung 1945–1949. Ziele, Methoden, Ergebnisse, Dokumente aus russischen Archiven. Im Auftrag der Gemeinsamen Kommission zur Erforschung der jüngeren Geschichte der deutsch-russischen Beziehungen herausgegeben von Horst Möller (Institut für Zeitgeschichte München – Berlin), Alexandr O. Tschubarjan (Institut für allgemeine Geschichte der Russischen Akademie der Wissenschaften Moskau) in Zusammenarbeit mit Wladimir P. Koslow (Föderale Archivagentur Rußlands), Sergei W. Mironenko (Staatsarchiv der Russischen Föderation), Hartmut Weber (Bundesarchiv) Verantwortliche Bearbeiter: Jan Foitzik und Natalja P. Timofejewa, Bearbeiter: Juri Korschunow, Christiane Künzel, Dina N. Nochotowitsch, Juli G. Orlowa und Jens Rosch, 2005 *(Saur)*

Band 16 Michael Buddrus, Sigrid Fritzlar, Die Professoren der Universität Rostock im Dritten Reich. Ein biographisches Lexikon, 2007 *(Saur)*

VIII. Kolloquien des Instituts für Zeitgeschichte (Oldenbourg)

Wissenschaftsfreiheit und ihre rechtlichen Schranken, 1978

Totalitarismus und Faschismus. Eine wissenschaftliche und politische Begriffskontroverse, 1980

Der Weg nach Pankow. Zur Gründungsgeschichte der DDR, 1980

NS-Recht in historischer Perspektive, 1981

Nachkriegsgesellschaften im historischen Vergleich. Großbritannien, Frankreich, Bundesrepublik Deutschland, 1982

Deutscher Sonderweg – Mythos oder Realität?, 1982

Der italienische Faschismus. Probleme und Forschungstendenzen, 1983

Alltagsgeschichte der NS-Zeit. Neue Perspektive oder Trivialisierung?, 1984

Medizin im Nationalsozialismus, 1988

IX. Zeitgeschichte im Gespräch 1–4
(Oldenbourg)

Band 1	Deutschland im Luftkrieg. Geschichte und Erinnerung. Hrsg. von Dietmar Süß, 2007
Band 2	Von Feldherren und Gefreiten. Zur biographischen Dimension des Zweiten Weltkriegs. Hrsg. von Christian Hartmann, 2008
Band 3	Schleichende Entfremdung? Deutschland und Italien nach dem Fall der Mauer. Hrsg. von Gian Enrico Rusconi, Thomas Schlemmer und Hans Woller, ^{2}2009
Band 4	Lieschen Müller wird politisch. Geschlecht, Staat und Partizipation im 20. Jahrhundert. Hrsg. von Nicole Kramer, Christine Hikel und Elisabeth Zellmer, 2009

X. Editionen

Akten zur Vorgeschichte der Bundesrepublik Deutschland 1945–1949 *(Oldenbourg)*
Hrsg. von Bundesarchiv und Institut für Zeitgeschichte.

Band 1	September 1945–Dezember 1946. Bearbeitet von Walter Vogel und Christoph Weisz, 1976
Band 2	Januar 1947–Juni 1947. Bearbeitet von Wolfram Werner, 1979
Band 3	Juni 1947–Dezember 1947. Bearbeitet von Günter Plum, 1982
Band 4	Januar 1948–Dezember 1948. Bearbeitet von Christoph Weisz, Hans-Dieter Kreikamp und Bernd Steger, 1983

Band 5   Januar 1949–Dezember 1949. Bearbeitet von Hans-Dieter Kreikamp, 1981

Akten zur Vorgeschichte der Bundesrepublik Deutschland 1945–1949. Sonderausgabe: 9 Bände broschiert in Kassette, 1989

Akten der Partei-Kanzlei der NSDAP *(Oldenbourg/Saur)*
Mikrofiche-Edition. Hrsg. vom Institut für Zeitgeschichte.

Erschließungsbände
Teil I   Regesten, Band 1. Bearbeitet von Helmut Heiber unter Mitwirkung von Hildegard von Kotze, Gerhard Weiher, Ino Arndt und Carla Mojto, 1983
              Regesten, Band 2. Bearbeitet von Helmut Heiber unter Mitwirkung von Gerhard Weiher und Hildegard von Kotze, 1983
              Register, Band 1/2. Bearbeitet von Helmut Heiber unter Mitwirkung von Volker Dahm, Hildegard von Kotze, Gerhard Weiher und Reinhilde Staude, 1983
Teil II   Regesten, Band 3. Bearbeitet und mit einer ausführlichen Einleitung von Peter Longerich: „Hitlers Stellvertreter", 1992
              Regesten, Band 4. Bearbeitet von Peter Longerich, 1992
              Register, Band 3/4. Bearbeitet von Peter Longerich, 1992
Mikrofiche-Edition des Bestandes. Ca. 200 000 Seiten auf 491 Mikrofiches. Lesefaktor 48x.

Akten zur Auswärtigen Politik der Bundesrepublik Deutschland *(Oldenbourg)*
Hrsg. i.A. des Auswärtigen Amts vom Institut für Zeitgeschichte. Hauptherausgeber Hans-Peter Schwarz, Mitherausheber Helga Haftendorn, Klaus Hildebrand, Werner Link, Horst Möller und Rudolf Morsey (bis 2004); Hauptherausgeber Horst Möller, Mitherausgeber Klaus Hildebrand und Gregor Schöllgen (ab 2005).

1949/50   Bearbeitet von Michael F. Feldkamp und Daniel Kosthorst. Wissenschaftlicher Leiter Rainer A. Blasius, 1997
1951   Bearbeitet von Mathias Jaroch. Wissenschaftlicher Leiter Rainer A. Blasius, 1999
1952   Bearbeitet von Martin Koopmann und Joachim Wintzer. Wissenschaftlicher Leiter Rainer A. Blasius, 2000

1953   2 Teilbände. Bearbeitet von Mathias Jaroch und Mechthild Lindemann. Wissenschaftliche Leiterin Ilse Dorothee Pautsch, 2001

1963   3 Teilbände. Bearbeitet von Mechthild Lindemann und Ilse Dorothee Pautsch. Wissenschaftlicher Leiter Rainer A. Blasius, 1994

1963   3 Teilbände. Bearbeitet von Mechthild Lindemann und Ilse Dorothee Pautsch. Wissenschaftlicher Leiter Rainer A. Blasius, 1994

1964   2 Teilbände. Bearbeitet von Wolfgang Hölscher und Daniel Kosthorst. Wissenschaftlicher Leiter Rainer A. Blasius. 1995

1965   3 Teilbände. Bearbeitet von Bearbeitet von Mechthild Lindemann und Ilse Dorothee Pautsch. Wissenschaftlicher Leiter Rainer A. Blasius, 1995

1966   2 Teilbände. Bearbeitet von Matthias Peter und Harald Rosenbach. Wissenschaftlicher Leiter Rainer A. Blasius, 1997

1967   3 Teilbände. Bearbeitet von Ilse Dorothee Pautsch, Jürgen Klöckler und Harald Rosenbach. Wissenschaftlicher Leiter Rainer A. Blasius, 1998

1968   2 Teilbände. Bearbeitet von Mechthild Lindemann und Matthias Peter. Wissenschaftlicher Leiter Rainer A. Blasius, 1999

1969   2 Teilbände. Bearbeitet von Franz Eibl und Hubert Zimmermann. Wissenschaftlicher Leiter Rainer A. Blasius, 2000

1970   3 Teilbände. Bearbeitet von Ilse Dorothee Pautsch, Daniela Taschler, Franz Eibl, Frank Heinlein, Mechthild Lindemann und Matthias Peter. Wissenschaftlicher Leiter Rainer A. Blasius, 2001

1971   3 Teilbände. Bearbeitet von Martin Koopmann, Matthias Peter und Daniela Taschler. Wissenschaftliche Leiterin Ilse Dorothee Pautsch, 2002

1972   3 Teilbände. Bearbeitet von Mechthild Lindemann, Daniela Taschler und Fabian Hilfrich. Wissenschaftliche Leiterin Ilse Dorothee Pautsch, 2003

1973   3 Teilbände. Bearbeitet von Matthias Peter, Michael Lieninger, Michael Ploetz, Mechthild Lindemann und Fabian

	Hilfrich. Wissenschaftliche Leiterin Ilse Dorothee Pautsch, 2004
1974	2 Teilbände. Bearbeitet von Daniela Taschler, Fabian Hilfrich und Michael Ploetz. Wissenschaftliche Leiterin Ilse Dorothee Pautsch, 2005
1975	2 Teilbände. Bearbeitet von Michael Kieninger, Mechthild Lindemann und Daniela Taschler. Wissenschaftliche Leiterin Ilse Dorothee Pautsch, 2006
1976	2 Teilbände. Bearbeitet von Matthias Peter, Michael Ploetz und Tim Geiger. Wissenschaftliche Leiterin Ilse Dorothee Pautsch, 2007
1977	2 Teilbände. Bearbeitet von Amit Das Gupta, Tim Geiger, Matthias Peter, Fabian Hilfrich und Mechthild Lindemann. Wissenschaftliche Leiterin Ilse Dorothee Pautsch, 2008
1978	2 Teilbände. Bearbeitet von Daniela Taschler, Amit Das Gupta und Michael Mayer. Wissenschaftliche Leiterin Ilse Dorothee Pautsch, 2009

Die Tagebücher von Joseph Goebbels *(Saur)*

a) Die Tagebücher von Joseph Goebbels. Sämtliche Fragmente. Hrsg. von Elke Fröhlich im Auftrag des Instituts für Zeitgeschichte und in Verbindung mit dem Bundesarchiv, 1987

Teil I: Aufzeichnungen 1924–1941
Band 1: 27. 6. 1924 – 31. 12. 1930
Band 2: 1. 1. 1931 – 31. 12. 1936
Band 3: 1. 1. 1937 – 31. 12. 1939
Band 4: 4. 11. 1940 – 8. 7. 1941
Interimsregister

b) Die Tagebücher von Joseph Goebbels. Hrsg. von Elke Fröhlich im Auftrag des Instituts für Zeitgeschichte und mit Unterstützung des Staatlichen Archivdienstes Rußlands

Teil I Aufzeichnungen 1923–1941
Band 1/I
Oktober 1923–November 1925. Bearbeitet von Elke Fröhlich, 2004
Band 1/II
Dezember 1925–Mai 1928. Bearbeitet von Elke Fröhlich, 2005

Band 1/III
Juni 1928–November 1929. Bearbeitet von Anne Munding, 2004
Band 2/I
Dezember 1929–Mai 1931. Bearbeitet von Anne Munding, 2005
Band 2/II
Juni 1931–September 1932. Bearbeitet von Angela Hermann, 2004
Band 2/III
Oktober 1932–März 1934. Bearbeitet von Angela Hermann, 2006
Band 3/I
April 1934–Februar 1936. Bearbeitet von Angela Hermann, Hartmut Mehringer, Anne Munding und Jana Richter 2005
Band 3/II
März 1936–Februar 1937. Bearbeitet von Jana Richter, 2001
Band 4
März–November 1937. Bearbeitet von Elke Fröhlich, 2000
Band 5
Dezember 1937–Juli 1938. Bearbeitet von Elke Fröhlich, 2000
Band 6
August 1938–Juni 1939. Bearbeitet von Jana Richter, 1998
Band 7
Juli 1939–März 1940. Bearbeitet von Elke Fröhlich, 1998
Band 8
April–November 1940. Bearbeitet von Jana Richter, 1998
Band 9
Dezember 1940–Juli 1941. Bearbeitet von Elke Fröhlich, 1998

Teil II   Diktate 1941–1945
Band 1
Juli–September 1941. Bearbeitet von Elke Fröhlich, 1996

Band 2
Oktober–Dezember 1941. Bearbeitet von Elke Fröhlich, 1996
Band 3
Januar–März 1942. Bearbeitet von Elke Fröhlich, 1995
Band 4
April–Juni 1942. Bearbeitet von Elke Fröhlich, 1995
Band 5
Juli–September 1942. Bearbeitet von Angela Stüber, 1995
Band 6
Oktober–Dezember 1942. Bearbeitet von Hartmut Mehringer, 1996
Band 7
Januar–März 1943. Bearbeitet von Elke Fröhlich, 1993
Band 8
April–Juni 1943. Bearbeitet von Hartmut Mehringer, 1993
Band 9
Juli–September 1943. Bearbeitet von Manfred Kittel, 1993
Band 10
Oktober–Dezember 1943. Bearbeitet von Volker Dahm, 1994
Band 11
Januar–März 1944. Bearbeitet von Dieter Marc Schneider, 1994
Band 12
April–Juni 1944. Bearbeitet von Hartmut Mehringer, 1995
Band 13
Juli–September 1944. Bearbeitet von Jana Richter, 1995
Band 14
Oktober–Dezember 1944. Bearbeitet von Jana Richter und Hermann Graml, 1995
Band 15
Januar–April 1945. Bearbeitet von Maximilian Gschaid, 1995

Teil III   Register 1923–1945
Geographisches Register, Personenregister. Bearbeitet von Angela Hermann, 2007

Sachregister (2 Bände). Bearbeitet von Florian Dierl, Ute Keck, Benjamin Obermüller, Annika Sommersberg und Ulla-Britta Vollhardt. Koordiniert und zusammengeführt von Ulla-Britta Vollhardt unter Mitwirkung von Angela Hermann, 2008

Hitler, Reden, Schriften, Anordnungen. Februar 1925 bis Januar 1933 *(Saur)*
Hrsg. vom Institut für Zeitgeschichte, mit einem Ergänzungsband „Der Hitler-Prozeß 1924"

Band I Die Wiedergründung der NSDAP. Februar 1925–Juni 1926. Hrsg. und kommentiert von Clemens Vollnhals, 1992

Band II Vom Weimarer Parteitag bis zur Reichstagswahl Juli 1926–Mai 1928. Hrsg. und kommentiert von Bärbel Dusik, Teil 1: Juli 1926–Juli 1927, 1992. Teil 2: August 1927–Mai 1928, 1992

Band IIA Außenpolitische Standortbetimmung nach der Reichstagswahl Juni–Juli 1928. Hrsg. und kommentiert von Gerhard L. Weinberg, Christian Hartmann und Klaus A. Lankheit, 1995

Band III Zwischen den Reichstagswahlen. Juli 1928–September 1930, Teil 1: Juli 1928–Februar 1929. Hrsg. und kommentiert von Bärbel Dusik und Klaus A. Lankheit unter Mitwirkung von Christian Hartmann, 1994. Teil 2: März 1929–Dezember 1929. Hrsg. und kommentiert von Klaus A. Lankheit, 1994. Teil 3: Januar 1930–September 1930. Hrsg. und kommentiert von Christian Hartmann, 1995

Band IV Von der Reichstagswahl bis zur Reichspräsidentenwahl. Oktober 1930–März 1932. Teil 1: Oktober 1930–Juni 1931. Hrsg. und kommentiert von Constantin Goschler, 1994. Teil 2: Juli 1931–Dezember 1931. Hrsg. und kommentiert von Christian Hartmann, 1996. Teil 3: Januar 1932–März 1932. Hrsg. und kommentiert von Christian Hartmann, 1997

Band V Von der Reichspräsidentenwahl bis zur Machtergreifung April 1932–Januar 1933. Teil 1: April 1932–September 1932. Hrsg. und kommentiert von Klaus A. Lankheit, 1996. Teil 2: Oktober 1932–Januar 1933. Hrsg. und kom-

mentiert von Christian Hartmann und Klaus A. Lankheit, 1998
Band VI Register, Karten und Nachträge. Bearbeitet von Katja Klee, Christian Hartmann und Klaus A. Lankheit, 2003
Ergänzungsband:
Der Hitler-Prozeß 1924. Hrsg. von Lothar Gruchmann und Reinhard Weber unter Mitarbeit von Otto Gritschneder

Teil 1:	1.–4. Verhandlungstag, 1997
Teil 2:	5.–11. Verhandlungstag, 1998
Teil 3:	12.–18. Verhandlungstag, 1998
Teil 4:	19.–25. Verhandlungstag, 1999

Widerstand als „Hochverrat" 1933–1945. Die Verfahren gegen deutsche Reichsangehörige vor dem Reichsgericht, dem Volksgerichtshof und dem Reichskriegsgericht *(Saur)*
Mikrofiche-Edition. Hrsg. vom Institut für Zeitgeschichte. Bearbeitet von Jürgen Zarusky und Hartmut Mehringer, 1998

Die Bundesrepublik Deutschland und Frankreich: Dokumente 1949–1963 *(Saur)*
Hrsg. von der Historischen Kommission bei der Bayerischen Akademie der Wissenschaften und dem Institut für Zeitgeschichte, 1996–1998

Band 1	Außenpolitik und Diplomatie. Hrsg. von Horst Möller und Klaus Hildebrand. Bearbeitet von Ulrich Lappenküper, 1997
Band 2	Wirtschaft. Hrsg. von Horst Möller und Klaus Hildebrand. Bearbeitet von Andreas Wilkens, 1997
Band 3	Parteien, Öffentlichkeit, Kultur. Hrsg. von Horst Möller und Klaus Hildebrand. Bearbeitet von Herbert Elzer, 1997
Band 4	Register. Bearbeitet von Herbert Elzer, in Zusammenarbeit mit Ulrich Lappenküper und Andreas Wilkens, in Vorbereitung

Die Verfolgung und Ermordung der europäischen Juden durch das nationalsozialistische Deutschland 1933–1945 *(Oldenbourg)*

| Band 1 | Deutsches Reich 1933–1937. Bearbeitet von Wolf Gruner, 2008 |

XI. Projektveröffentlichungen in eigenen Reihen

Deutsche Geschichte seit dem Ersten Weltkrieg *(Oldenbourg)*

Band 1   Helmut Heiber, Die Republik von Weimar. Hermann Graml, Europa zwischen den Kriegen. Martin Broszat, Der Staat Hitler, 1971

Band 2   Lothar Gruchmann, Der Zweite Weltkrieg. Thilo Vogelsang. Das geteilte Deutschland. Dietmar Petzina, Grundriß der deutschen Wirtschaftsgeschichte 1918–1945, 1973

Band 3   Wolfgang Benz, Quellen zur Zeitgeschichte, 1973

Bayern in der NS-Zeit. Studien und Dokumentationen in sechs Bänden *(Oldenbourg)*

Bayern in der NS-Zeit I. Soziale Lage und politisches Verhalten der Bevölkerung im Spiegel vertraulicher Berichte. Hrsg. von Martin Broszat, Elke Fröhlich und Falk Wiesemann, 1977

Bayern in der NS-Zeit II. Herrschaft und Gesellschaft im Konflikt. Teil A. Hrsg. von Martin Broszat und Elke Fröhlich, 1979

Bayern in der NS-Zeit III. Herrschaft und Gesellschaft im Konflikt. Teil B. Hrsg. von Martin Broszat, Elke Fröhlich und Anton Grossmann, 1981

Bayern in der NS-Zeit IV. Herrschaft und Gesellschaft im Konflikt. Teil C. Hrsg. von Martin Broszat, Elke Fröhlich und Anton Grossmann, 1981

Bayern in der NS-Zeit V. Hrsg. von Martin Broszat und Hartmut Mehringer. Die Parteien KPD, SPD, BVP in Verfolgung und Widerstand. Von Hartmut Mehringer, Anton Grossmann und Klaus Schönhoven, 1983

Bayern in der NS-Zeit VI. Hrsg. von Martin Broszat und Elke Fröhlich. Die Herausforderung des Einzelnen. Geschichten über Widerstand und Verfolgung. Von Elke Fröhlich, 1983

Biographisches Handbuch der deutschsprachigen Emigration nach 1933. International Biographical Dictionary of Central European Emigrés 1933–1945 *(Saur)*

Hrsg. vom Institut für Zeitgeschichte, München und der Research Foundation for Jewish Immigration, New York unter der Gesamtleitung von Werner Röder und Herbert A. Strauss

Band I	Politik, Wirtschaft, Öffentliches Leben (in Deutsch), 1980
Band II	The Arts, Sciences and Literature (in Englisch), 1983
Band III	Gesamtregister/Index (zweisprachig)

Bibliographie zur Zeitgeschichte 1953–1995 *(Saur)*

Im Auftrag des Instituts für Zeitgeschichte, München, begründet von Thilo Vogelsang, bearbeitet von Hellmuth Auerbach, Christoph Weisz, Ursula van Laak, Hedwig Straub-Woller und Ingeborg Ünal

Band I	Allgemeiner Teil, 1982
Band II	Geschichte des 20. Jahrhunderts bis 1945, 1982
Band III	Geschichte des 20. Jahrhunderts seit 1945, 1983
Band IV	Supplement 1981–1989, 1991
Band V	Supplement 1990–1995, 1996

Darstellungen und Quellen zur Geschichte von Auschwitz
(Saur)

Band 1	Standort- und Kommandanturbefehle des Konzentrationslagers Auschwitz 1940–1945. Hrsg. im Auftrag des Instituts für Zeitgeschichte von Norbert Frei, Thomas Grotum, Jan Parcer, Sybille Steinbacher und Bernd C. Wagner, 2000
Band 2	Sybille Steinbacher, „Musterstadt" Auschwitz. Germanisierungspolitik und Judenmord in Ostoberschlesien, 2000
Band 3	Bernd C. Wagner, IG Auschwitz: Zwangsarbeit und Vernichtung von Häftlingen des Lagers Monowitz 1941–1945, 2000
Band 4	Ausbeutung, Vernichtung, Öffentlichkeit. Neue Studien zur nationalsozialistischen Lagerpolitik. Hrsg. im Auftrag des Instituts für Zeitgeschichte von Norbert Frei, Sybille Steinbacher und Bernd C. Wagner, 2000

XII. Veröffentlichungen des Instituts für Zeitgeschichte zur Dokumentation Obersalzberg
(Selbstverlag des IfZ)

Die tödliche Utopie. Bilder, Texte, Dokumente, Daten zum Dritten Reich. Hrsg. von Volker Dahm, Albert A. Feiber, Hartmut Mehringer und Horst Möller. 5. vollst. überarbeitete und erweiterte Auflage 2008

Dokumentation Obersalzberg. Täter – Gegner – Opfer. Tondokumente zum Dritten Reich. Hrsg. von Albert. A. Feiber und Volker Dahm. CD. Erweiterte Neuauflage 2008

Gewalt, Vernichtung, Tod. Szenen aus dem Zweiten Weltkrieg. Buch: Volker Dahm. Redaktion: Albert A. Feiber. Musik: Roland Merz. Sprecher: Axel Wostry. DVD-Video, 2005

Dokumentation Obersalzberg. Unterlagen und Quellen für die Gruppenarbeit. Hrsg. und bearbeitet von Volker Dahm und Albert A. Feiber unter Mitwirkung von Elisabeth Sommer und Wolfgang Wintersteller, CD 2005

XIII. Einzelveröffentlichungen

Das Dritte Reich und Europa. Bericht über die Tagung des Instituts für Zeitgeschichte in Tutzing, 1957 *(Selbstverlag des IfZ)*

Günter Plum, Die Gauleiter der NSDAP, 1925–1945 (Bibliographie), 1966 (2. Aufl. 1970 u.d.T.: Bibliographie der Gauleiter der NSDAP) *(Selbstverlag des IfZ)*

Hermann Mau und Helmut Krausnick, Deutsche Geschichte der jüngsten Vergangenheit, 1933–1945. Mit einem Nachwort von Peter Rassow, 1956 (Erstmals in: Deutsche Geschichte im Überblick. Ein Handbuch. Hrsg. von Peter Rassow, 1953) *(Bundeszentrale für Heimatdienst)*

Helmut Krausnick, Vorgeschichte und Beginn des militärischen Widerstandes gegen Hitler. Sonderdruck aus: Die Vollmacht des Gewissens. (Einmaliger Sonderdruck für die Teilnehmer der Internationalen Tagung für Zeitgeschichte), 1956 *(Selbstverlag des IfZ)*

Gutachten des Instituts für Zeitgeschichte, Band 1, 1958, und Band 2, 1966 *(Bd. 1: Selbstverlag des IfZ, Bd. 2: Deutsche Verlagsanstalt)*

Stationen der deutschen Geschichte 1919–1945. Internationaler Kongreß zur Zeitgeschichte München. Hrsg. von Burghard Freudenfeld, 1962 *(Deutsche Verlagsanstalt)*

Anatomie des SS-Staates. Gutachten des Instituts für Zeitgeschichte (mit Beiträgen von Hans Buchheim, Martin Broszat, Hans-Adolf Jacobsen und Helmut Krausnick), 2 Bände, 1965 *(Walter)*

Karlheinz Dederke, Reich und Republik. Deutschland 1917–1933. In Verbindung mit dem Institut für Zeitgeschichte, 1969 *(Klett)*

Die jüdischen Gemeinden in Bayern 1918–1945. Geschichte und Zerstörung. Hrsg. und bearbeitet von Baruch Z. Ophir und Falk Wiesemann, 1979 *(Oldenbourg)*

Nach Hitler. Der schwierige Umgang mit unserer Geschichte. Beiträge von Martin Broszat. Hrsg. von Hermann Graml und Klaus-Dietmar Henke, 1986 *(Oldenbourg)*

Deutschlands Weg in die Diktatur. Internationale Konferenz zur nationalsozialistischen Machtübernahme im Reichstagsgebäude in Berlin. Referate und Diskussionen. Im Auftrag der Historischen Kommission in Berlin, dem Institut für Zeitgeschichte, München, der Deutschen Vereinigung für Parlamentsfragen, Bonn. Hrsg. von Martin Broszat u. a., 1983 *(Siedler)*

Das Dritte Reich. Herrschaftsstruktur und Geschichte. Vorträge aus dem Institut für Zeitgeschichte. Hrsg. von Martin Broszat und Horst Möller, ²1986 *(Beck)*

SBZ-Handbuch. Staatliche Verwaltungen, Parteien, gesellschaftliche Organisationen und ihre Führungskräfte in der Sowjetischen Besatzungszone Deutschlands 1945–1949. Im Auftrag des Arbeitsbereiches Geschichte und Politik der DDR an der Universität Mannheim und des Instituts für Zeitgeschichte, München. Hrsg. von Martin Broszat und Hermann Weber, ²1994 *(Oldenbourg)*

Die Juden in Deutschland 1933–1945. Leben unter nationalsozialistischer Herrschaft. Unter Mitarbeit von Volker Dahm, Konrad Kwiet, Günter Plum, Clemens Vollnhals, Juliane Wetzel hrsg. von Wolfgang Benz, 1988, ⁴1996 *(Beck)*

Hartmut Mehringer, Waldemar von Knoeringen. Teil 1 – Eine politische Biographie. Der Weg vom revolutionären Sozialismus zur sozialen

Demokratie. Hrsg. vom Forschungsinstitut der Friedrich-Ebert-Stiftung und dem Institut für Zeitgeschichte (Schriftenreihe der Georg-von-Vollmar-Akademie, Band 2), 1989 *(Saur)*

Peter Longerich, Hitlers Stellvertreter. Führung der Partei und Kontrolle des Staatsapparates durch den Stab Heß und die Partei-Kanzlei Bormanns. Eine Publikation des Instituts für Zeitgeschichte, 1992 *(Saur)*

Norbert Frei, Vergangenheitspolitik. Die Anfänge der Bundesrepublik und die NS-Vergangenheit, ²1997 *(Beck)*

Udo Wengst, Thomas Dehler 1897–1967. Eine politische Biographie. Eine Veröffentlichung des Instituts für Zeitgeschichte und der Kommission für Geschichte des Parlamentarismus und der politischen Parteien, 1997 *(Oldenbourg)*

Helmut Heiber, Universität unterm Hakenkreuz. Publiziert mit Unterstützung des Instituts für Zeitgeschichte *(Saur)*

Teil I	Der Professor im Dritten Reich. Bilder aus der akademischen Provinz, 1991
Teil II	Die Kapitulation der Hohen Schulen. Das Jahr 1933 und seine Themen. Band 1: 1992, Band 2: 1994

Neutralität – Chance oder Chimäre? Konzepte des Dritten Weges für Deutschland und die Welt 1945–1990. Hrsg. i. A. des DHI London und des Instituts für Zeitgeschichte von Dominik Geppert und Udo Wengst, 2005 *(Oldenbourg)*

Othmar Plöckinger, Geschichte eines Buches: Adolf Hitlers „Mein Kampf" 1922–1945. Eine Veröffentlichung des Instituts für Zeitgeschichte München – Berlin, 2006 *(Oldenbourg)*

Deutschsprachige Minderheiten 1945. Ein europäischer Vergleich. Hrsg. von Manfred Kittel, Horst Möller, Iří Pešek, Oldřich Tůma. Hrsg. vom Institut für Zeitgeschichte München – Berlin und dem Institut für Zeitgeschichte der Akademie der Wissenschaften der Tschechischen Republik im Auftrag des Deutsch-Tschechischen Zukunftsfonds, 2007 *(Oldenbourg)*

Andreas Toppe, Militär- und Kriegsvölkerrecht. Rechtsnorm, Fachdiskurs und Kriegspraxis in Deutschland 1899–1940. Hrsg. in Verbindung mit dem Institut für Zeitgeschichte, 2008 *(Oldenbourg)*

Geschichtswissenschaft und Zeiterkenntnis. Von der Aufklärung bis zur Gegenwart. Festschrift zum 65. Geburtstag von Horst Möller. Hrsg. von Klaus Hildebrand, Udo Wengst, Andreas Wirsching, 2008 *(Oldenbourg)*

Der Flick-Konzern im Dritten Reich. Von Johannes Bähr, Axel Drecoll, Bernhard Gotto sowie Kim C. Priemel und Harald Wixforth, 2008 *(Oldenbourg)*

SMAD-Handbuch. Die Sowjetische Militäradministration in Deutschland 1945–1949. Im Auftrag der Gemeinsamen Kommission zur Erforschung der neuesten Geschichte der deutsch-russischen Beziehungen. Hrsg. von Horst Möller und Alexandr O. Tschubarjan. Bearbeitet von Jan Foitzik und Tatjana W. Zarewskaja-Djakina unter Mitarbeit von Christiane Künzel und Dina N. Nochotowitsch, 2009 *(Oldenbourg)*

Thomas Raithel, Die Strafanstalt Landsberg am Lech und der Spöttinger Friedhof (1944–1958). Eine Dokumentation im Auftrag des Instituts für Zeitgeschichte München–Berlin, 2009 *(Oldenbourg)*

Einführung in die Zeitgeschichte. Hrsg. von Horst Möller und Udo Wengst, 2003 *(Beck)*

Das doppelte Deutschland. 40 Jahre Systemkonkurrenz. Eine Veröffentlichung des Instituts für Zeitgeschichte. Hrsg. von Udo Wengst und Hermann Wentker, 2008 *(Links Verlag, Bundeszentrale für politische Bildung)*

XIV. Taschenbuchreihen

dtv-Weltgeschichte des 20. Jahrhunderts Hrsg. von Martin Broszat und Helmut Heiber *(Deutscher Taschenbuch Verlag)*

Hans Herzfeld, Der Erste Weltkrieg, [7]1985

Gerhard Schulz, Revolutionen und Friedensschlüsse 1917–1920, [6]1985

Helmut Heiber, Die Republik von Weimar, [22]1996

Ernst Nolte, Die faschistischen Bewegungen, [9]1984

Hermann Graml, Europa zwischen den Kriegen, [5]1982

Gottfried-Karl Kindermann, Der Ferne Osten, 1970

Erich Angermann, Die Vereinigten Staaten von Amerika seit 1917, [9]1995

Karl-Heinz Ruffmann, Sowjetrußland. Struktur und Entfaltung einer Weltmacht, ^{10}1984

Martin Broszat, Der Staat Hitlers. Grundlagen und Entwicklung seiner inneren Verfassung, ^{15}2000

Lothar Gruchmann, Der Zweite Weltkrieg. Kriegsführung und Politik, ^{11}2005

Thilo Vogelsang, Das geteilte Deutschland, ^{13}1985

Franz Ansprenger, Auflösung der Kolonialreiche, ^{4}1981

Wilfried Loth, Die Teilung der Welt 1941–1945, ^{9}2000

Wolfgang Wagner, Europa zwischen Aufbruch und Restauration, 1968

Deutsche Geschichte der neuesten Zeit vom 19. Jahrhundert bis zur Gegenwart. Hrsg. von Martin Broszat, Wolfgang Benz und Hermann Graml in Verbindung mit dem Institut für Zeitgeschichte *(Deutscher Taschenbuch Verlag)*

Peter Burg, Der Wiener Kongreß. Der Deutsche Bund im europäischen Staatensystem, 1993

Wolfgang Hardtwig, Vormärz. Der monarchische Staat und das Bürgertum. Überarbeitete Neuauflage ^{4}1998

Hagen Schulze, Der Weg zum Nationalstaat. Die deutsche Nationalbewegung vom 18. Jahrhundert bis zur Reichsgründung, ^{5}1997

Michael Stürmer, Die Reichsgründung. Deutscher Nationalstaat und europäisches Gleichgewicht im Zeitalter Bismarcks, ^{5}1997

Wilfried Loth, Das Kaiserreich. Obrigkeitsstaat und politische Mobilisierung, ^{2}1997

Richard H. Tilly, Vom Zollverein zum Industriestaat. Die wirtschaftlich-soziale Entwicklung Deutschlands 1834–1914, 1990

Helga Grebing, Arbeiterbewegung. Sozialer Protest und kollektive Interessensvertretung bis 1914, ^{3}1993

Hermann Glaser, Bildungsbürgertum und Nationalismus. Politik und Kultur im Wilhelminischen Deutschland, 1993

Michael Fröhlich, Imperialismus. Deutsche Kolonial- und Weltpolitik 1880–1914, ^{2}1997

Gunther Mai, Das Ende des Kaiserreichs. Politik und Kriegführung im Ersten Weltkrieg, ³1997

Klaus Schönhoven, Reformismus und Radikalismus. Gespaltene Arbeiterbewegung im Weimarer Sozialstaat, 1989

Horst Möller, Weimar. Die unvollendete Demokratie, ⁹2008

Peter Krüger, Versailles. Deutsche Außenpolitik zwischen Revisionismus und Friedenssicherung, ²1993

Corona Hepp, Avantgarde. Moderne Kunst, Kulturkritik und Reformbewegungen nach der Jahrhundertwende, ²1992

Fritz Blaich, Der Schwarze Freitag. Inflation und Wirtschaftskrise, ³1994

Martin Broszat, Die Machtergreifung. Der Aufstieg der NSDAP und die Zerstörung der Weimarer Republik, ⁵1994

Norbert Frei, Der Führerstaat. Nationalsozialistische Herrschaft 1933 bis 1945, ⁸2007

Bernd-Jürgen Wendt, Großdeutschland. Außenpolitik und Kriegsvorbereitung des Hitler-Regimes, ²1993

Hermann Graml, Reichskristallnacht. Antisemitismus und Judenverfolgung im Dritten Reich, ³1998

Hartmut Mehringer, Widerstand und Emigration. Das NS-Regime und seine Gegner, ²1998

Lothar Gruchmann, Totaler Krieg. Vom Blitzkrieg zur bedingungslosen Kapitulation, 1991

Wolfgang Benz, Potsdam 1945. Besatzungsherrschaft und Neuaufbau im Vier-Zonen-Deutschland, Neuausgabe 2005

Wolfgang Benz, Die Gründung der Bundesrepublik. Von der Bizone zum souveränen Staat, ⁵1999

Dietrich Staritz, Die Gründung der DDR. Von der sowjetischen Besatzungsherrschaft zum sozialistischen Staat, ³1995

Kurt Sontheimer, Die Adenauer-Ära. Grundlegung der Bundesrepublik, ⁴2005

Ludolf Herbst, Option für den Westen. Vom Marshallplan bis zum deutsch-französischen Vertrag, ²1996

Peter Bender, Die „Neue Ostpolitik" und ihre Folgen. Vom Mauerbau bis zur Vereinigung, ^{4}1996

Thomas Ellwein, Krisen und Reformen. Die Bundesrepublik seit den sechziger Jahren, ^{2}1993

Helga Haftendorn, Sicherheit und Stabilität. Außenbeziehungen der Bundesrepublik zwischen Ölkrise und Nato-Doppelbeschluß, 1986

XV. Selbständige Veröffentlichungen bis 1955:
(Deutsche Verlagsanstalt)

Henry Picker, Hitlers Tischgespräche im Führerhauptquartier 1941–1942. Im Auftrag des Deutschen Instituts für Geschichte der nationalsozialistischen Zeit geordnet, eingeleitet und veröffentlicht von Gerhard Ritter, 1951

Hermann Foertsch, Schuld und Verhängnis. Die Fritsch-Krise im Frühjahr 1938 als Wendepunkt in der Geschichte der nationalsozialistischen Zeit, 1951

Erich Matthias, Sozialdemokratie und Nation. Ein Beitrag zur Ideengeschichte der sozialdemokratischen Emigration in der Prager Zeit des Parteivorstandes 1933–1938, 1952

Hans Buchheim, Glaubenskrise im Dritten Reich. Drei Kapitel nationalsozialistischer Religionspolitik, 1953

Walter Hofer, Die Entfesselung des Zweiten Weltkrieges. Eine Studie über die internationalen Beziehungen im Sommer 1939, 1954

Hedwig Conrad-Martius, Utopien der Menschenzüchtung. Der Sozialdarwinismus und seine Folgen, 1955 *(Kösel-Verlag)*

Fritz Frhr. V. Siegler, Die höheren Dienststellen der deutschen Wehrmacht 1933–1945. Im Auftrag des Instituts für Zeitgeschichte zusammengestellt und erläutert von Fritz Frhr. V. Siegler, 1953

Franz Herre und Hellmuth Auerbach, Bibliographie zur Zeitgeschichte und zum Zweiten Weltkrieg für die Jahre 1945–1950, 1955

Personalienverzeichnisse

Mitglieder des Kuratoriums bzw. des Stiftungsrates

Kuratorium (1949–September 1961)

Bund:	Staatssekr. a.D.	Dr. Erich Wende	1950–1953
	Staatssekretär	Dr. Walter Strauß	1950–1962
	Min.Dir.	Prof. Dr. Paul Egon Hübinger	1954–1959
	Min.Rat/ Min.Dir.	Karl-Ulrich Hagelberg	1959–1962
Bayern:	Staatsminister	Dr. Anton Pfeiffer	1949
	Staatssekretär	Dr. Dieter Sattler	1949–1952
	Min.Rat/ Min.Dirig.	Johannes von Elmenau	1952–1962
Hessen:	Staatssekretär	Dr. Hermann L. Brill	1949–1950
	Min.Rat	Dr. Dr. Walter Kühn	1951–1959
	Min.Dir.	Prof. Dr. Hans Heckel	1960–1962
Württemberg-Baden:	Staatssekretär	Dr. Fritz Eberhard	1949–1950
	Min.Dir.	Dr. Hermann Gögler	1951
	Min.Rat/ Bundesrichter	Dr. Hans Rupp	1951–1952
Württemberg-Hohenzollern:	Staatsrat	Prof. Dr. Theodor Eschenburg	1951–1952
Baden-Württemberg:	Staatsrat	Prof. Dr. Theodor Eschenburg	1952–1962
Bremen:	Staatsrat	Dr. Wilhelm Haas	1949
	Vortr. Leg. Rat	Dr. Wilhelm Melchers	1949

Vorsitzende (Kuratorium):

Staatssekretär a.D.	Dr. Erich Wende	1951–1953
Min.Dir.	Prof. Dr. Paul Egon Hübinger	1954–1959
Staatssekretär	Dr. Walter Strauß Geschäftsführender Vorsitzender	1960–1962

Stiftungsrat (ab März 1962)

Bund:	Min.Dir.	Karl-Ulrich Hagelberg	1962–1972
	Min.Rat	Dr. Konrad Petersen	1966–1983
	Staatssekretär	Dr. Walter Strauß	1962–1972
	Min.Rat	Dr. Horst-Harald Lewandowski	1972–1973
	Min.Rat	Manfred Hohnstock	1973–1976
	Reg.Dir.	Dr. Peter Busse	1977–1980
	Reg.Dir.	Klaus Leonhardt	1981–1992
	Min.Rat	Dr. Bernhard Döll	1984–2000
	Min.Rat	Dr. Herbert Linden	1992–2000
	Vortr. Leg.Rat I. Klasse	Heinz Waldner	1994–1996
	Vortr. Leg.Rat I. Klasse	Dr. Hans Jochen Pretsch	1996–2003
	Min.Dirig.	Hermann Müller-Solger	2000–2002
		Volker Hering	2000–2005
	Min.Dirig.	Dr. Christian Uhlhorn	2002–2004
	Vortr. Leg.Rat I. Klasse	Dr. Ludwig Biewer	ab 2003
	Min.Dirig.	Hartmut Grübel	ab 2004
	Ref. Leiter	Eberhard Kuhrt	ab 2005
Bayern:	Min.Dirig.	Dr. Dr. Walter Keim	1962–1964
	Min.Dir.	Dr. Emil Kessler	1964–1974
	Min.Dir.	Dr. Karl Böck	1974–1979
	Min.Dir.	Herbert Kießling	1979–1995
	Min.Dir.	Dr. Wolfgang Quint	1995–2003
	Min.Dir.	Ulrich Wilhelm	2004–2005
	Min.Dir.	Dr. Friedrich-Wilhelm Rothenpieler	ab 2006
Baden-Württemberg	Min.Dir.	Heinz Authenrieth	1962–1969
	Min.Dirig.	Karl Otto Schlau	1969–1985

	Min.Dirig.	Dr. Siegfried Dederer	1985–1987
	Min.Dirig.	Dr. Bernhard Bläsi	1987–1991
	Ltd.Min.Rat	Dr. Klaus Herberger	1991–2006
	Min.Rat	Lutz Bölke	2007–2008
	Min.Rat.	Dr. Helmut Messer	ab 2008
Brandenburg:	Min.Dirig.	Dr. Klaus Faber	1993–1995
	Min.Dirig.	Dr. Heinz-Ulrich Schmidt	1995–2002
	Min.Dirig.	Dr. Josef Glombik	ab 2003
Hessen:	Min.Dirig.	Prof. Dr. Hans Heckel	1962–1966
	Min.Dirig.in	Dr. Helene von Bila	1966–1970
	Min.Rat	Dr. Dr. Udo Kollatz	1970–1975
	Min.Dir.	Dr. Kurt Kettner	1975–1985
	Min.Rat	Helmut Weber	1985–1988
	Min.Rat	Gerd Mangel	1988–2003
	Reg.Oberrätin	Birgit Maske-Demand	2004–2007
	Min.Rätin	Dr. Ulrike Mattig	ab 2007
Niedersachsen:	Staatssekretär	Conrad Müller	1962–1968
	Staatssekretär	Albert Nouvortne	1968–1970
	Staatssekretär	Hans Wedemeyer	1970–1973
	Staatssekretär	Dr. Günther Wichert	1975
	Staatssekretär	Prof. Dr. Axel Frhr. v. Campenhausen	1976–1979
	Staatssekretär	Rolf Möller	1979–1983
	Staatssekretär	Weert Börner	1983–1987
	Min.Dir.	Dr. Christian Hodler	1987–1996
	Staatssekretär	Dr. Uwe Reinhardt	1996–2003
	Staatssekretär	Dr. Josef Lange	ab 2003
Nordrhein-Westf.:	Min.Rat	Prof. Dr. Theo Kordt	1962–1966
	Min.Dirig.	Hans Wolfgang Rombach	1966–1985
	Min.Dirig.	Dr. Ekkehard Wienholtz	1985–1989
	Min.Dirig.	Dr. Franz-Josef Hessing	1989–1995
	Min.Rat	Dr. Ulrich Heinemann	1995–2003
	Min.Rat	Dr. Thomas Grünewald	2003–2006
Sachsen:	Min.Dirig.	Dr. Jürgen Poeschel	1993–1996
	Min.Rätin	Dr. Eva Wiese	1997–2005
	Min.Rat	Joachim Linek	ab 2006

Vorsitzende (Stiftungsrat)

Min.Dirig.	Dr. Dr. Walter Keim	1962–1964
Min.Dir.	Dr. Emil Kessler	1964–1974
Min.Dir.	Dr. Karl Böck	1974–1979
Min.Dir.	Herbert Kießling	1979–1995
Min.Dir.	Dr. Wolfgang Quint	1995–2003
Min.Dir.	Ulrich Wilhelm	2004–2005
Min.Dir.	Dr. Friedrich-Wilhelm Rothenpieler	ab 2006

Mitglieder des Wissenschaftlichen Rates bzw. des Wissenschaftlichen Beirates

Wissenschaftlicher Rat (1949/1950)

Prof. Dr. Ludwig Bergsträsser
Prof. Dr. Walter Goetz
Prof. Dr. Theodor Heuss
Prof. Dr. Erich Kaufmann
Prof. Dr. Gerhard Ritter
Prof. Dr. Franz Schnabel
General a.D. Prof. Dr. Hans Speidel

Wissenschaftlicher Beirat (ab 1950)

Prof. Dr. Helmut Altrichter	ab 1996
Dr. Philipp Auerbach	1950–1951
Prof. Dr. h.c. Helmut Becker	1951–1977
Prof. Dr. Ludwig Bergsträsser	1950–1959
Prof. Dr. Dr. Gerhard Besier	2000–2009
Prof. Dr. Adolf M. Birke	1994–2002
Prof. Dr. Hans Booms, Präsident des Bundesarchivs	1972–1989
Prof. Dr. Knut Borchardt	1969–1988
Prof. Dr. Dr. h.c. mult. Karl Dietrich Bracher	1962–2004
Prof. Dr. Michael Brenner	ab 2007
Prof. Dr. Michael Burgleigh	ab 2004
Prof. Dr. Dr. h.c. Max Braubach	1953–1970
Prof. Dr. Hermann Brill	1950–1959
Dr. Karl G. Bruchmann, Direktor des Bundesarchivs	1962–1968
Prof. Dr. Hans Buchheim	1969–1977
Prof. Dr. Walter Bußmann	1966–1982
Prof. Dr. Werner Conze	1958–1968
Staatsarchivdirektor Dr. Ludwig Dehio	1950–1958
Prof. Dr. Dr. h.c. Constantin von Dietze	1950–1958
Prof. Dr. Karl Dietrich Erdmann	1962–1979
Prof. Dr. Theodor Eschenburg	1962–1977
Prof. Dr. Alexander Fischer	1992–1995
Prof. Dr. Ernst Fraenkel	1962–1972
Prof. Dr. Otto Heinrich von der Gablentz	1958–1972
Prof. Dr. Lothar Gall	1993–2003
Prof. Dr. Dr. h.c. Fritz Hartung	1950–1958
Prof. Dr. Hans Hattenhauer	1977–1988

Prof. Dr. Ulrich von Hehl	1998–2006
Prof. Dr. Beatrice Heuser	ab 2004
Prof. Dr. Günther Heydemann	ab 2009
Prof. Dr. Dr. h.c. Hans Herzfeld	1958–1977
Prof. Dr. Klaus Hildebrand	1983–2007
Prof. Dr. Christian Hillgruber	ab 2004
Prof. Dr. Ernst von Hippel	1950–1951
Prof. Dr. Hans Günter Hockerts	1988–2003
Prof. Dr. Carl-Ludwig Holtfrerich	1988–2003
Prof. Dr. Paul Egon Hübinger	1962–1979
Prof. Dr. Walter Jaroschka, Generaldirektor der Staatlichen Archive Bayerns	1978–1998
Prof. Dr. Wolfgang Jäger	1992–2002
Prof. Dr. Harold James	ab 2003
Prof. Dr. Friedrich P. Kahlenberg, Präsident des Bundesarchivs	1989–1999
Prof. Dr. Erich Kaufmann	1950–1968
Prof. Dr. Paul Kluke	1959–1982
Prof. Dr. Eugen Kogon	1950–1953
Prof. Dr. Frank-Lothar Kroll	ab 2009
Dr. Margit Ksoll-Marcon, Generaldirektorin der Staatlichen Archive Bayerns	ab 2008
Prof. Dr. M. Rainer Lepsius	1985–1995
Prof. Dr. Theodor Litt	1950–1962
Prof. Dr. Golo Mann	1962–1970
Prof. Dr. Dr. h.c. mult. Hans Maier	1995–2009
Prof. Dr. Hélène Miard-Delacroix	ab 2006
Dr. Wolfgang Mommsen, Präsident des Bundesarchivs	1968–1972
Prof. Dr. Dr. h.c. Rudolf Morsey	1978–1998
Prof. Dr. Thomas Nipperdey	1972–1992
Prof. Dr. Ernst Nolte	1978–1988
Prof. Dr. Dr. h.c. Konrad Repgen	1970–1992
Prof. Dr. Drs. h.c. Gerhard Ritter	1950–1955
Prof. Dr. Drs. h.c. Gerhard A. Ritter	1979–1998
Prof. Keith Gilbert Robbins, Ph. D.	1999–2004
Prof. Dr. Hans Rothfels	1960–1974
Prof. Dr. Karl Heinz Ruffmann	1983–1991
Prof. Dr. Hermann Rumschöttel, Generaldirektor der Staatlichen Archive Bayerns	1998–2007

Prof. Dr. Theodor Schieder	1958–1974
Prof. Dr. Dr. h.c. Franz Schnabel	1950–1962
Prof. Dr. Joachim Scholtyseck	ab 2007
Prof. Dr. Gerhard Schulz	1983–1993
Prof. Dr. Dr. h.c. Hans-Peter Schwarz	1980–2007
Prof. Dr. Georges-Henri Soutou	ab 1998
General a.D. Prof. Dr. Hans Speidel	1950–1977
Prof. Dr. Georg Stadtmüller	1962–1975
Prof. Dr. Dolf Sternberger	1976–1984
Prof. Dr. Günther Stökl	1969–1982
Staatssekretär a.D. Dr. Walter Strauß	1972–1975
Prof. Dr. Friedrich H. Tenbruck	1978–1983
Staatsarchivdirektor Dr. Bernhard Vollmer	1950–1958
Prof. Dr. Hartmut Weber	ab 2000
Prof. Dr. Hermann Weber	1979–2000
Prof. Dr. Heinrich August Winkler	1998–2003
Prof. Dr. Wilhelm Winkler	1950–1963
Dr. Georg Winter, Direktor des Bundesarchivs	1958–1961
Prof. Dr. Andreas Wirsching	ab 2004
Prof. Dr. Bernhard Zittel, Generaldirektor der Staatlichen Archive Bayerns	1970–1976

Vorsitzende:

Prof. Dr. Ludwig Bergsträsser	1950–1959
Prof. Dr. Hans Rothfels	1959–1974
Prof. Dr. Karl Dietrich Erdmann	1974–1980
Prof. Dr. Dr. h.c. mult. Karl Dietrich Bracher	1980–1988
Prof. Dr. Dr. h.c. Hans-Peter Schwarz	1988–2004
Prof. Dr. Helmut Altrichter	ab 2004

Ehrenmitglieder:

Prof. Dr. Dr. h.c. mult. Karl Dietrich Bracher	ab 2004
Prof. Dr. Walter Bußmann	1982–1993
Prof. Dr. Karl Dietrich Erdmann	1980–1990
Prof. Dr. Theodor Heuss	1950–1963
Prof. Dr. Klaus Hildebrand	ab 2007
Prof. Dr. Paul-Egon Hübinger	1980–1987
Prof. Dr. Paul Kluke	1983–1987
Prof. Dr. Dr. h.c. mult. Hans Maier	ab 2009

Prof. Dr. Friedrich Meinecke	1950–1954
Prof. Dr. Dr. h.c. Rudolf Morsey	ab 1998
Prof. Dr. Dr. h.c. Konrad Repgen	ab 1993
Prof. Dr. Drs. h.c. Gerhard A. Ritter	ab 1998
Prof. Dr. Dr. h.c. Hans-Peter Schwarz	ab 2007

Wissenschaftliche Mitarbeiter und Mitarbeiterinnen:

Christiana Abele	1973–1976
Prof. Dr. Wilhelm Alff	1962–1968
Dr. Heike Amos	ab 2007 (Werkvertrag)
Dr. Ino Arndt	1963–1986
Hellmuth Auerbach	1969–1995
Giles Wesley Bennett M.A.	ab 2008 (befristet)
Prof. Dr. Wolfgang Benz	1969–1990
Dr. Sven Olaf Berggötz	1997–1998
Dr. Patrick Bernhard	2000–2003
Henrik Bispinck	2000–2007
Prof. Dr. Rainer A. Blasius	1990–2000
Prof. Dr. Christoph Boyer	1990–1994
Prof. Dr. Martin Broszat	1956–1989
PD Dr. Detlev Brunner	ab 2007 (befristet)
Brigitte Bruns	1975–1976, 1977–1978
Prof. Dr. Karl Buchheim	1950–1952
Prof. Dr. Hans Buchheim	1953–1966
Prof. Dr. Christoph Buchheim	1985–1989
Dr. Michael Buddrus	ab 1994
Prof. Dr. Werner Bührer	1985–1992
Dr. Brewster S. Chamberlin	1978–1980
Andrea Cors M.A.	1999–2004
Dr. Volker Dahm	1981–1985, 1987–2009
Dr. Amit Das Gupta	ab 2005 (befristet)
Dr. Armand Dehlinger	1950–1951
Günter Dehnert M.A.	ab 2008 (befristet)
Dr. Axel Drecoll	ab 2005 (befristet)
Bärbel Dusik	1989–1992
Ulrike Druwe	1983–1984
Dr. Ludwig Eiber	1979–1980
Dr. Franz Eibl	1998–2001
Dr. Andreas Eichmüller	ab 1999 (befristet)
Dr. Ulrich Enders	1977–1978
Dr. Roger Engelmann-Moock	1990–1992
Dr. Paul Erker	1990–1992
Dr. Friederike Euler	1975

Albert Feiber M.A.	ab 1999
Prof. Dr. Barbara Fait	1988–1989
Dr. Siegfried Fauck	1959–1962
Dr. Michael Feldkamp	1996–1997
Dr. Hermann Foertsch	1951–1952
Dr. Jan Foitzik	1978–1978, ab 1994
Prof. Dr. Nobert Frei	1979–1997
Gudrun Friedrich	1977–1978
Dr. Elke Fröhlich-Broszat	1973–2009
Dr. Michael Fröhlich	1990–1992
Dr. Tim Geiger	ab 2005 (befristet)
Gisela Gerdes	1975–1976
Ada-Rebecca Gerowitt	2002–2003
Prof. Dr. John Gillingham	1985
Benjamin Gisch M.A.	ab 2008 (befristet)
Prof. Dr. Constantin Goschler	1991–1992
Dr. Bernhard Gotto	ab 2005 (befristet)
Dr. Maximilian Gschaid	1992–1993
Dr. h.c. Hermann Graml	1960–1993
Dr. Anton Großmann	1980–1982
Dr. Dr. h.c. Lothar Gruchmann	1960–1992
PD Dr. Stefan Grüner	1997–1998
Prof. Dr. Wolf Gruner	2005–2007
Anja Hanisch M.A.	ab 2008 (befristet)
Dr. Christian Hartmann	ab 1993
Dr. Helmut Heiber	1954–1984
Dr. Bastian Hein	2001–2004, ab 2008 (befristet)
Dr. Frank Heinlein	1999–2000
Prof. Dr. Klaus-Dietmar Henke	1979–1992
Dr. Wolfram von Hentig	1962–1964
Prof. Dr. Ludolf Herbst	1983–1992
Angela Hermann M.A.	2002–2005, 2008 (befristet)
Dr. Veronika Heyde	ab 2008 (befristet)
Dr. Fabian Hilfrich	2001–2006
Dr. Anton Hoch	1949–1978
Dr. Wolfgang Hölscher	1990–1993
Tobias Hof M.A.	ab 2007 (befristet)

Dr. Dierk Hoffmann	ab 1994
Martin Holler M.A.	ab 2008 (befristet)
PD Dr. Johannes Hürter	ab 1998
Prof. Dr. Peter Hüttenberger	1974–1975
Katharina Hundhammer M.A.	ab 2008 (befristet)
Dr. Edouard Husson	1999–2000
Prof. Dr. Wolfgang Jacobmeyer	1971–1978
Dr. Ute Jancke	ab 1996
Dr. Matthias Jaroch	1998–2001
Cornelia Jurrmann M.A.	2003–2005, ab 2007
Dr. Michael Kieninger	2002–2005
Prof. Dr. Manfred Kittel	ab 1993
Dr. Katja Klee	1995–1998
Helmar Klier	1977–1979
Dr. Jürgen Klöckler	1996–1998
Prof. Dr. Paul Kluke	1953–1959
Dr. Martin Koopmann	1998–2001
Dr. Daniel Kosthorst	1993–1997
Dr. Hildegard von Kotze	1962–1989
Prof. Dr. Helmut Krausnick	1952–1972
Prof. Dr. Wolfgang Krieger	1985–1986
Dr. Gerhard Kroll	1949–1951
Dr. Michael Kubina	ab 2007 (befristet)
Dr. Jaroslav Kucera	1991–1994
Dr. Christiane Künzel	2001–2006
Dr. Klaus Lankheit	ab 1992
Stephan Lehnstaedt M.A.	ab 2008 (befristet)
Dr. Peter Lieb	2001
Dr. Mechthild Lindemann	ab 1991
Dr. Andrea Löw	ab 2007 (befristet)
Prof. Dr. Hans Dietrich Loock	1959–1962
Prof. Dr. Günther Mai	1986–1989
Dr. habil. Hermann Mau	1951–1952
Dr. Michael Mayer	ab 2008 (befristet)
Dr. habil. Harmut Mehringer	1978–1982, ab 1988
Lenya Meislan M.A.	ab 2008 befristet
Dr. Damian van Melis	1999–2000

Prof. Dr. Dr. h.c. mult. Horst Möller	1979–1982, ab 1992
Carla Mojto (geb. Braun von Stumm)	1975–1976
Prof. Dr. Hans Mommsen	1961–1962
PD Dr. Guido Müller	2000–2003
Maria Helene Müller	1983–1988
Martin Müller	1973–1975
Anne Mundig M.A.	2004–2005
Andreas Nagel M.A.	ab 1998
Dr. Manfred Nebelin	1990–1992
PD Dr. Daniela Neri	1995–2000
Mathias Niendorf	1992
Dr. Sonja Noller	1960–1969
Dr. Eva Oberloskamp	ab 2004 (befristet)
Dr. Ilse Dorothee Pautsch	ab 1990
Dr. Matthias Peter	ab 1994
Prof. Dr. Dietmar Petzina	1967–1970
Dr. Michael Ploetz	ab 2001 (befristet)
Dr. Günter Plum-Grossmann	1963–1989
PD Dr. Dieter Pohl	ab 1995
Dr. Kim C. Priemel	2006
Dr. Edith Raim	ab 1999 (befristet)
Susanne Raillard M.A.	2004–2007
PD Dr. Thomas Raithel	1995–2000, ab 2004 (befristet)
Dr. Jana Richter	1996–2000
Dr. Werner Röder	1968–2000
Anne Rohstock M.A.	2004–2008
Dr. Harald Rosenbach	1993–1998
Yulia von Saal M.A.	ab 2008 (befristet)
Marcelle Santana M.A.	ab 2008 (befristet)
Helmut Schabel	1978–1980
Dr. Elke Scherstjanoi	ab 1994
PD Dr. Thomas Schlemmer	1993–2001, ab 2005 (befristet)
Helmut Schneider	1978–1979
Dr. Dieter Marc Schneider	1975–2002
Dr. Alexander Schönwiese	1949–1951
Dr. Gudrun Schroeter	ab 2007 (befristet)
Prof. Dr. Michael Schwartz	ab 1994

Dr. Jessica von Seggern	2006–2007
Dr. Peter Skyba	2002–2005
Dr. Bernd Steger	1976–1980
Dr. Sybille Steinbacher	1994–1996
Dr. Heinrich Stübel	1950–1951
Dr. Dietmar Süß	1999–2000
Dr. Tim Christian Szatkowski	ab 2004 (befristet)
Dr. Daniela Taschler	ab 1999 (befristet)
Dr. Andreas Toppe	1999–2001
Dr. Matthias Uhl	2000–2005
Prof. Dr. Thilo Vogelsang	1951–1978
Dr. Clemens Vollnhals	1989–1992
Dr. Petra Weber	ab 1995
Ingrid Wehrle-Willeke	1977–1978
Dr. Gerhard Weiher	1977–1981
Florian Weiß	1991–1993
Hermann Weiß	1975–1997
Dr. Christoph Weisz	1970–2008
Prof. Dr. Helga Welsh	1980, 1981–1984
Prof. Dr. Udo Wengst	ab 1992
Prof. Dr. Hermann Wentker	ab 1994
Joanna Isabelle Carina Wermuth M.A.	2007–2008
Dr. Juliane Wetzel	1988–1991
Dr. Falk Wiesemann	1974–1978
Hans-Heinrich Wilhelm	1972–1973
PD Dr. Cornelia Wilhelm	1992–1994, 2002–2003
Dr. Joachim Winter	1999–2000
Prof. Dr. Andreas Wirsching	1992–1997
Dr. Hans Woller	1980–1985, ab 1988
Dr. Jürgen Zarusky	ab 1990
Elisabeth Zellmer M.A.	ab 2006 (befristet)
Dr. Hubert Zimmermann	1997–1999

Direktoren und Stellvertretende Direktoren:

Direktoren

Gerhard Kroll, Geschäftsführer	1949–1951
Hermann Mau, Generalsekretär	1951–1952
Helmut Krausnick, mit der Wahrnehmung der Geschäfte des Generalsekretärs beauftragt	1952–1953
Paul Kluke, Generalsekretär	1953–1959
Helmut Krausnick, Generalsekretär/Direktor	1959–1972
Martin Broszat, Direktor	1972–1989
Ludolf Herbst, Stellv. Direktor, mit der Wahrnehmung der Geschäfte des Direktors beauftragt	1989–1992
Horst Möller, Direktor	ab 1992

Stellvertretende Direktoren

Horst Möller	1979–1982
Ludolf Herbst	1983–1989 (1992)
Udo Wengst	ab 1992

Verwaltungsleiter:

Heinrich Teichgreber	1949–1952
Heinz Förster	1952–1971
Horst Gewiese	1972–1973
Georg Maisinger	1973–1999
Ingrid Morgen	ab 1999

www.ingramcontent.com/pod-product-compliance
Lightning Source LLC
Chambersburg PA
CBHW070830300426
44111CB00014B/2512